中西部太平洋金枪鱼渔业管理

戴小杰　许柳雄　主编

科学出版社

北　京

内 容 简 介

本书阐述《中西部太平洋高度洄游鱼类种群养护和管理公约》，以及中西部太平洋渔业委员会（WCPFC）通过的有约束力的养护和管理措施，内容涉及热带金枪鱼的大眼金枪鱼、黄鳍金枪鱼和鲣鱼的管理措施，以及温带金枪鱼的北太平洋长鳍金枪鱼、南太平洋长鳍金枪鱼和北太平洋蓝鳍金枪鱼的养护和管理措施，管理措施包括渔获量配额制度、捕捞能力控制以及禁渔区制度等，也涉及金枪鱼渔业兼捕的旗鱼、鲨鱼、海龟、海鸟和海洋哺乳动物的养护和管理措施。其他内容包括渔业统计数据提交，捕捞策略，渔船注册和授权捕捞，打击非法、不报告和不管制（IUU）捕鱼，公海登临和检查，海上渔获物转运，区域观察员计划，港口国措施、履约监管计划等。本书是深入了解中西部太平洋金枪鱼渔业管理制度的重要参考资料。

本书可供关心和研究金枪鱼渔业履约工作的渔业管理人员、有关远洋企业的管理人员、渔业观察员和科研人员参考，也可作为培训远洋渔业从业人员的参考材料之一。

图书在版编目（CIP）数据

中西部太平洋金枪鱼渔业管理/戴小杰，许柳雄主编. —北京：科学出版社，2023.11

ISBN 978-7-03-074254-4

Ⅰ. ①中… Ⅱ. ①戴… ②许… Ⅲ. ①太平洋–金枪鱼–渔业管理 Ⅳ. ①F316.4

中国版本图书馆 CIP 数据核字(2022)第 236187 号

责任编辑：朱 瑾 白 雪 习慧丽 / 责任校对：郑金红
责任印制：肖 兴 / 封面设计：无极书装

科学出版社 出版
北京东黄城根北街 16 号
邮政编码：100717
http://www.sciencep.com
北京建宏印刷有限公司印刷
科学出版社发行 各地新华书店经销
*
2023 年 11 月第 一 版 开本：787×1092 1/16
2024 年 11 月第二次印刷 印张：14
字数：332 000
定价：180.00 元
(如有印装质量问题，我社负责调换)

序　言

中西部太平洋渔业委员会（WCPFC），是根据《中西部太平洋高度洄游鱼类种群养护和管理公约》建立的政府间区域渔业管理组织，被授权管理中西部太平洋高度洄游鱼类种群，目标是通过促进 WCPFC 的成员、参与领地以及合作非成员之间的合作，实现渔业的有效管理，确保公约区域高度洄游鱼类种群的长期养护和可持续利用。1994 年 12 月，太平洋岛国论坛渔业局（FFA）成员在所罗门群岛霍尼亚拉发起召开中西部太平洋高度洄游鱼类种群养护和管理多边高级别大会（MHLC）。2000 年 8 月 30 日至 9 月 5 日，在美国夏威夷召开的多边高级别大会第七轮谈判中因未能就决策机制、捕鱼实体、法属领地和公约区域北部界线等重要事项达成一致，最后以超过三分之二的票数通过了《中西部太平洋高度洄游鱼类种群养护和管理公约》，日本和韩国投了反对票，中国、法国和汤加投了弃权票。该公约自 2000 年 9 月 5 日起向参加中西部太平洋高度洄游鱼类种群养护和管理多边高级别大会的国家开放签署 12 个月。截至 2001 年 9 月 4 日，已有 19 个国家签署了该公约。2004 年 6 月 19 日，《中西部太平洋高度洄游鱼类种群养护和管理公约》生效。为实施该公约，成立了 WCPFC，总部设在密克罗尼西亚联邦波纳佩。中国于 2004 年 11 月 2 日交存了加入书，并声明该公约适用于中华人民共和国澳门特别行政区，但在中国政府另有声明之前不适用于中华人民共和国香港特别行政区。自 2004 年 12 月 2 日起该公约对中国生效，我国成为依该公约成立的 WCPFC 的缔约方成员。

截至 2022 年 5 月，WCPFC 有 26 个成员（含一个捕鱼实体）、7 个参与领地、8 个合作非成员。成员分别是：澳大利亚、中国、加拿大、库克群岛、欧盟、密克罗尼西亚联邦、斐济、法国、印度尼西亚、日本、基里巴斯、韩国、马绍尔群岛、瑙鲁、新西兰、纽埃、帕劳、巴布亚新几内亚、菲律宾、萨摩亚、所罗门群岛、中国台北、汤加、图瓦卢、美国、瓦努阿图。参与领地分别是：美属萨摩亚、北马里亚纳群岛、法属波利尼西亚、关岛、新喀里多尼亚、托克劳、瓦利斯和富图纳。合作非成员分别是：库拉索、厄瓜多尔、萨尔瓦多、利比里亚、尼加拉瓜、巴拿马、泰国、越南。WCPFC 的附属机构包括科学分委会（SC）、技术和履约分委会（TCC）及北方分委会（NC）。其中，北方分委会负责北纬 20 度以北区域的高度洄游鱼类种群的资源评估并向委员会提供养护和管理措施建议。委员会设立秘书处，管理日常工作。太平洋共同体秘书处（SPC）是 WCPFC 的科研机构。北太平洋金枪鱼和类金枪鱼国际科学委员会（ISC）是北方分委会的科研机构。

中西部太平洋是金枪鱼的主要作业渔场之一。2020 年，公约区域金枪鱼总渔获量约为 267 万吨，产值约为 60 亿美元，约占太平洋金枪鱼总渔获量的 80%，占全球金枪鱼总渔获量的 52%。公约区域 267 万吨金枪鱼总渔获量中，鲣鱼约为 177 万吨，黄鳍金枪鱼约为 64 万吨，大眼金枪鱼约为 15 万吨，长鳍金枪鱼约为 11 万吨（包括南太平洋长鳍金枪鱼 7 万吨）。根据 WCPFC 第 18 届科学分委会会议的结果，WCPFC 目前管理的鲣鱼、黄鳍金枪鱼、大眼金枪鱼和长鳍金枪鱼均未出现资源型过度捕捞和强度型过度捕捞，而北太平洋蓝鳍金枪鱼处于资源型过度捕捞状态。

截至 2022 年 5 月，WCPFC 注册渔船共 3381 艘，包括延绳钓船 2072 艘（占总船数的 61.28%）、围网船 466 艘（占总船数的 13.78%）、竿钓船 78 艘（占总船数的 2.31%）、运输船 454 艘（占总船数的 13.43%）、辅助船 222 艘（占总船数的 6.57%）及其他船（曳绳钓船、渔业调查船、多用途船、手工钓船等）89 艘（占总船数的 2.63%）。在注册渔船中，数量排在前七位的成员分别是：日本注册渔船 724 艘（延绳钓船 398 艘，围网船 69 艘，竿钓船 69 艘，辅助船 58 艘，运输船 85 艘，其他船 45 艘）；中国台北注册渔船 624 艘（延绳钓船 577 艘，围网船 34 艘，运输船 13 艘）；中国注册渔船 608 艘（延绳钓船 496 艘，围网船 77 艘，运输船 21 艘，其他船 14 艘）；菲律宾注册渔船 347 艘（围网船 75 艘，辅助船 164 艘，运输船 108 艘）；美国注册渔船 193 艘（延绳钓船 152 艘，围网船 15 艘，竿钓船 7 艘，其他船 19 艘）；韩国注册渔船 176 艘（延绳钓船 100 艘，围网船 42 艘，运输船 34 艘）；欧盟注册渔船 71 艘（延绳钓船 48 艘，围网船 23 艘）。

我国中西部太平洋金枪鱼渔业按渔具分为延绳钓和围网两种作业方式。其中，金枪鱼延绳钓按渔获物保鲜储藏方式分为超低温延绳钓、常温延绳钓和冰鲜延绳钓。超低温金枪鱼延绳钓船一般在公海作业，主捕大眼金枪鱼等；常温金枪鱼延绳钓船一般在公海或岛国专属经济区作业，主捕长鳍金枪鱼；冰鲜金枪鱼延绳钓船都在岛国专属经济区作业，捕捞大眼金枪鱼和黄鳍金枪鱼等。我国在 WCPFC 注册的 77 艘围网船中，包括在我国近海部分兼捕小型金枪鱼的围网船（产品主要出口欧盟市场）。我国在岛国专属经济区作业的金枪鱼围网船主捕鲣鱼。

我国在中西部太平洋的金枪鱼延绳钓渔业始于 20 世纪 80 年代末。1988 年 6 月，中远国际和广东省远洋渔业公司建造的 11 艘 19 米小型玻璃钢金枪鱼竿钓船和延绳钓船，从广东汕头出发，赴帕劳和密克罗尼西亚联邦水域，开始了我国在中西部太平洋的小型金枪鱼渔业生产。当年 7 艘冰鲜金枪鱼延绳钓船捕捞金枪鱼 38 吨。1998 年，我国在中西部太平洋的金枪鱼延绳钓船达到 66 艘，金枪鱼渔获量为 6770 吨；2002 年，金枪鱼延绳钓船为 123 艘，金枪鱼捕捞产量为 7941 吨；2005 年，金枪鱼延绳钓船增加到 212 艘，金枪鱼产量为 15 005 吨；2010 年，金枪鱼延绳钓船为 244 艘，金枪鱼产量为 31 806 吨；2017 年，金枪鱼延绳钓船为 362 艘，金枪鱼产量为 48 785 吨。2021 年，金枪鱼延绳钓船为 335 艘，金枪鱼产量为 32 911 吨。

我国在中西部太平洋的金枪鱼围网渔业始于 21 世纪初。2001 年 9 月，山东中鲁渔业股份有限公司的 1 艘中国籍围网船入渔巴布亚新几内亚，开创了我国金枪鱼围网渔业的先河。2002 年 3 月，该公司增加 1 艘金枪鱼围网船入渔；2005 年，我国金枪鱼围网船增加到 11 艘；2006 年，金枪鱼围网船达到 13 艘，产量达到 5.25 万吨；2021 年，金枪鱼围网船为 29 艘，这些渔船绝大多数被太平洋小岛国租赁，在其专属经济区内或公海生产，捕捞产量约 21 万吨。

随着我国金枪鱼渔业的发展，履约已经成为我国金枪鱼渔业生产和管理中的一项重要工作，实质上就是要严格遵守《中西部太平洋高度洄游鱼类种群养护和管理公约》及其委员会通过的养护和管理措施，这既是委员会实现可持续渔业发展的目标要求，也是我国金枪鱼渔业实现规范高质量发展的内在需求。良好的履约表现将提升我国负责任渔业大国的国际形象。WCPFC 的决定分为养护和管理措施、决议两部分，养护和管理措施是对委员会成员、参与领地和合作非成员具有约束力的决定，而决议则是对委员会成员、参与领地和合作非成员没有约束力的声明和建议。养护和管理措施以及决议都按照顺序编号，并包含通过的年份。截至 2021 年 12 月 31 日，WCPFC 生效的养护和管理措施共 40 个，决议共 6 个，内容涉及捕捞能力控制，渔船注册和监控制度，打击非法、不报告和不管制（IUU）捕鱼，公海登临和检查，海上渔获物转运，观察员计划，港口国措施，渔业统计数据提交，捕捞控制规则，履约监测计划，减少海龟、海鸟和鲨鱼兼捕等。本书仅包含 40 个生效的养护和管理措施的内容。此外，WCPFC 船舶监测系统的标准、规范和程序（SSP）内容是履约的重要辅助信息，了解该部分内容将有助于渔船的规范管理，因此列在养护和管理措施后面。

　　履约是区域渔业管理组织每一个成员的重要责任和义务。我国金枪鱼渔业的履约体系主要由行政主管部门、中国远洋渔业协会、科研机构、捕捞企业和渔船构成，行政主管部门是履约的领导力量，中国远洋渔业协会是履约的协调机构，科研机构是履约的技术支撑力量，捕捞企业及其渔船是履约的实施主体。为了及时掌握公约和委员会的养护和管理措施及其动向，上海海洋大学远洋渔业国际履约研究中心组织相关人员对 WCPFC 生效的养护和管理措施进行翻译和整理，并和《中西部太平洋高度洄游鱼类种群养护和管理公约》、WCPFC 议事规则等汇编成本书——《中西部太平洋金枪鱼渔业管理》，供关心和研究远洋渔业履约工作的渔业管理人员、有关企业的管理人员、渔业观察员和科研人员参考，也可作为培训远洋渔业从业人员的参考材料之一。为全面了解 WCPFC 养护和管理措施的历史沿革，本书在第五部分列出了被取代的养护和管理措施。为便于读者查阅和理解，本书专门列出有关缩略语和术语词汇解释。

　　本书由戴小杰和许柳雄主编，由刘小兵主审。因时间紧迫和水平有限，译文文字表达可能存在不规范、表达不准确之处，均以英文版为准。欢迎提出宝贵意见，以便后续修改更正。

　　本书的出版获得 WCPFC 执行主任的授权，并得到了农业农村部中国远洋渔业数据中心经费的支持，在此表示感谢。

编　者
2022 年 10 月

缩略语和术语词汇解释

ALC（automatic location communicator）：自动定位装置。

B（biomass）：生物量，即种群或种群一部分的总重量。

B_{MSY}：最大持续产量对应的生物量，指产生最大持续产量时的平均生物量。

$B_{threshold}$：临界生物量，指临界状态对应的生物量，种群生物量低于该临界值，则属于资源型过度捕捞状态。一般使用某一种群最大持续产量对应的生物量（B_{MSY}）的某一百分比来定义该种群的临界生物量。

B_0：未捕捞时的平均生物量，指没有捕鱼时的平均生物量。

C of C（Code of Conduct）：行为守则，指联合国粮食及农业组织（FAO）《负责任渔业行为守则》（*Code of Conduct for Responsible Fisheries*）。

CCMs（commission members, cooperating non-members and participating territories）：委员会成员、合作非成员以及参与领地。

CDS（catch document scheme）：渔获文件计划。

CMM（conservation and management measure）：养护和管理措施。

CMS（compliance monitoring scheme）：履约监测计划。

CNM（cooperating non-members）：WCPFC 合作非成员，包括库拉索、厄瓜多尔、萨尔瓦多、利比里亚、尼加拉瓜、巴拿马、泰国和越南。

COFI（committee on fisheries）：渔业委员会。

CPUE（catch per unit effort）：单位捕捞努力量渔获量。

dCMR（draft compliance monitoring report）：履约监测报告草案。

DP（delegation paper）：代表团文件。

ED（executive director）：执行主任。

EEZ（exclusively economic zone）：专属经济区。

EHSP-SMA（eastern high seas pocket-special management area）：东部小公海特别管理区。

EM（electronic monitoring）：电子监管。

EPO（eastern Pacific Ocean）：东太平洋。

F（fishing mortality）：捕捞死亡率，也称捕捞死亡系数。

FAD（fish aggregating device）：集鱼装置。

FAO（Food and Agriculture Organization of the United Nations）：联合国粮食及农业组织，简称联合国粮农组织或粮农组织。

FFA（Pacific Islands Forum Fisheries Agency）：太平洋岛国论坛渔业局，是由 17 个成员（澳大利亚、库克群岛、密克罗尼西亚联邦、斐济、基里巴斯、马绍尔群岛、瑙鲁、新西兰、纽埃、帕劳、巴布亚新几内亚、萨摩亚、所罗门群岛、托克劳、汤加、图瓦卢和瓦努阿图）于 1979 年成立的分区域政府间渔业组织，总部设在所罗门群岛的霍尼亚拉。其宗旨是推动区域合作，在可持续利用渔业资源中创造和实现最大的长期社会效益和经济效益。

$F_{current}$（average fishing mortality rate over the period）：某一期间的平均捕捞死亡率。

F_{msy}（maximum rate of fishing mortality）：最大持续产量对应的捕捞死亡率。

$F_{threshold}$：临界状态对应的捕捞死亡率，也称最大捕捞死亡率阈值，该值小于产生最大持续产量时的捕捞死亡率。

GRT（gross registered tonnage）：总注册吨位。

GT（gross tonnage）：总吨位。

HCR（harvest control rule）：捕捞控制规则，也称控制规则，即商定的必须根据预先定义的有关种群状况做出的管理反应。

HMS（highly migratory species）：高度洄游物种。

HS（high seas）：公海。

HSP（high seas pocket）：小公海，指被太平洋岛国所包围的公海海域。

IATTC（Inter-American Tropical Tuna Commission）：美洲间热带金枪鱼委员会。

IMO（International Maritime Organization）：国际海事组织。

IP（information paper）：信息文件。

IPOA（international plan of action）：国际行动计划。

IRCS（international radio call sign）：国际无线电呼号。

ISC（International Scientific Committee）：北太平洋金枪鱼和类金枪鱼国际科学委员会。

ITU（International Telecommunication Union）：国际电信联盟。

IUU（illegal, unreported and unregulated）：非法、不报告和不管制。

IW（international waters）：国际水域。

IWG（intersessional working group）：闭会期间工作组。

LOA（length overall）：（船）总长。

LR（Lloyd's register）：劳氏注册号。

LRP（limit reference point）：限制性参考点，用于规定一种不希望出现的种群生物学状态指标的基准。为确保种群安全，突破限制性参考点的概率应非常低。超出该参考点，则认为渔业和（或）资源状态是不令人满意的。

LSPSV（large scale purse seine vessel）：大型围网船。

MARPOL（*International Convention for the Prevention of Pollution from Ships*）：《国际防止船舶造成污染公约》。

MCS（monitoring, control and surveillance）：监测、控制和监督。

MSE（management strategy evaluation）：管理策略评价。

MHLC（multilateral high level conference）：多边高级别大会。

MSY（maximum sustainable yield）：最大持续产量。

NC（Northern Committee）：北方分委会。负责北纬 20 度以北区域的高度洄游鱼类种群的资源评估并向委员会提供养护和管理措施建议。

NOAA（National Oceanic Atmospheric Administration）：美国国家海洋和大气管理局。

OFP（oceanic fisheries programme）：太平洋共同体秘书处的海洋渔业计划。

Overfished：资源型过度捕捞，指鱼类种群生物量（B）小于某一临界状态的种群生物量（$B_{threshold}$），临界状态的种群生物量也称极限生物量。

Overfishing：强度型过度捕捞，指捕捞死亡率（F）大于临界状态的捕捞死亡率（$F_{threshold}$），其特征是种群耗竭的速度很快，尽管种群的生物量或许仍很大。

PNA（parties to the Nauru agreement）：瑙鲁协定缔约方，由密克罗尼西亚联邦、基里巴斯、马绍尔群岛、瑙鲁、帕劳、巴布亚新几内亚、所罗门群岛和图瓦卢 8 个国家于 1982 年成立的组织，管理共有的渔业资源，控制着世界上最大的金枪鱼围网渔业，鲣鱼年捕捞量占全球捕捞量的 50%。

precautionary approach：预防性做法，也称预防性措施或预防性方法。

Prep Con（preparatory conference）：筹备大会。

pCMR（provisional compliance monitoring report）：暂定履约监测报告。

RFMO（Regional Fisheries Management Organization）：区域渔业管理组织。

RFV（record of fishing vessel）：渔船记录。

ROP（regional observer programme）：区域观察员计划。

SC（Science Committee）：科学分委会。

SIDS（small island developing state）：小岛屿发展中国家。

SOLAS（International Convention for Safety of Life at Sea）：国际海上人命安全公约。

SPC（Secretariat of Pacific Community）：太平洋共同体秘书处。

SPR（spawning-potential-ratio）：产卵群体潜力比，指种群被捕捞时的补充群体在生命周期内的平均繁殖力除以种群未遭受捕捞时补充群体在生命周期内的平均繁殖力。

SB（spawning biomass）：产卵生物量，也称产卵群体生物量，指种群中所有成鱼的总重量。

SSB（spawning stock biomass）：产卵群体生物量，指种群中所有成鱼的总重量。

SSP（standard, specification and procedure）：标准、规范和程序。

TCC（Technical and Compliance Committee）：技术和履约分委会。

TOR（term of reference）：权限范围。

TRP（target reference point）：目标参考点，一个应达到和维持的目标渔业状况指标的基准，目标参考点旨在建立一个缓冲区以确保不会突破限制性参考点，是基于生物、生态和经济因素考虑而确定的。

UNCLOS（*United Nations Convention on the Law of the Sea*）：《联合国海洋法公约》。

UST（multilateral treaty on fisheries between certain governments of the Pacific Islands States and government of the United States of America）：太平洋岛国和美国政府签署的多边渔业条约，通常称为美国条约。

UVI（unique vessel identifier）：唯一船舶识别号。

VDS（vessel day scheme）：船天数计划。

VID（vessel identifier）：船舶识别号。

VMS（vessel monitoring system）：船舶监测系统。

WCPFC（Western and Central Pacific Fisheries Commission）：中西部太平洋渔业委员会。

WCPFC Members：中西部太平洋渔业委员会成员，包括澳大利亚、中国、加拿大、库克群岛、欧盟、密克罗尼西亚联邦、斐济、法国、印度尼西亚、日本、基里巴斯、韩国、马绍尔群岛、瑙鲁、新西兰、纽埃、帕劳、巴布亚新几内亚、菲律宾、萨摩亚、所罗门群岛、中国台北、汤加、图瓦卢、美国和瓦努阿图。

WCPFC Participating Territories：WCPFC 参与领地，包括美属萨摩亚、北马里亚纳群岛、法属波利尼西亚、关岛、新喀里多尼亚、托克劳以及瓦利斯和富图纳。

WCPO（western central Pacific Ocean）：中西部太平洋。

WIN（WCPFC identification number）：WCPFC 识别号。

WP（working paper）：工作文件。

目　　录

第一部分 《中西部太平洋高度洄游鱼类种群养护和管理公约》①

本公约缔约方:

决定为当代和子孙后代确保中西部太平洋高度洄游鱼类种群的长期养护和可持续利用,特别是为人类的食品消费;

注意到 1982 年 12 月 10 日《联合国海洋法公约》(1982 年公约)和 1995 年《执行 1982 年 12 月 10 日〈联合国海洋法公约〉有关养护和管理跨界鱼类种群和高度洄游鱼类种群的规定的协定》(协定)的有关条款;

注意到按照 1982 年公约和协定,在本区域内的沿海国和捕鱼国有义务在高度洄游鱼类种群洄游的整个区域确保对其的养护和促进对其的适度利用;

意识到有效养护和管理措施所要求的应用预防性措施和能够获得的最佳科学信息;

意识到有必要避免对海洋环境造成不利影响、保持生物多样性、维持海洋生态系统的完整,并尽量减少捕鱼作业产生长期或不可逆转影响的危险;

注意到本区域的小岛屿发展中国家、参与领地和属地在生态、地理方面的脆弱性及其经济和社会对高度洄游鱼类种群的依赖以及对财政、科学和技术援助等特别援助的需求,以使其能有效参与养护、管理和可持续利用高度洄游鱼类种群;

进一步注意到更小的发展中岛国所具有的独特需求,要求在提供财政、科技援助方面给予特别关注和考虑;

确认只能通过本区域的沿海国和捕鱼国的合作方能获得互不抵触、有效和有约束力的养护和管理措施;

相信通过建立一个区域委员会最有利于实现在中西部太平洋高度洄游鱼类种群分布的整个区域对其有效养护和管理的目标;

达成协议如下。

---

① 该公约于 2000 年 9 月 4 日通过,2004 年 6 月 19 日生效。我国于 2004 年 11 月 2 日交存了加入书并做了声明。该公约于 2004 年 12 月 2 日对我国生效。

第一章 一般规定

第一条 术语的使用

就本公约而言：

（a）"1982 年公约"是指 1982 年 12 月 10 日通过的《联合国海洋法公约》；

（b）"协定"是指 1995 年 8 月 4 日通过的《执行 1982 年 12 月 10 日〈联合国海洋法公约〉有关养护和管理跨界鱼类种群和高度洄游鱼类种群的规定的协定》；

（c）"委员会"是指根据本公约建立的养护和管理中西部太平洋高度洄游鱼类种群的委员会；

（d）"捕鱼"是指：

（i）对鱼类的搜寻、捕捞、采捕或捕获

（ii）试图搜寻、捕捞、采捕或捕获鱼类

（iii）从事其他任何可被合理地认为导致对鱼类的定位、捕捞、采捕或捕获的活动

（iv）放置、搜寻或回收集鱼设施或相关的电子设备，如无线电指向标

（v）为（i）至（iv）分项所表述的任何活动在海上提供直接支持或准备提供支持的行为，包括转运

（vi）为（i）至（v）分项所表述的任何活动而使用任何运载工具、空中和海上承载工具，但在紧急情况下为船员健康和安全或船舶的安全而使用时除外

（e）"渔船"是指任何为捕捞而使用或准备使用的船舶，包括加工母船、补给船、运载船和任何其他直接介入这类捕捞作业的船舶；

（f）"高度洄游鱼类种群"是指在公约区域出现的 1982 年公约附件一所列鱼类种群以及委员会可能决定的其他任何鱼类；

（g）"区域经济一体化组织"是指其成员将本公约涵盖的事务，包括在这些事务方面做出对其成员有约束力的决定权，转移给该组织的一个区域经济一体化组织；

（h）"转运"是指在海上或在港口将一艘渔船上的全部或部分渔获物卸到另一艘渔船上的行为。

第二条 目 标

公约的目标是根据 1982 年公约和协定，通过有效的管理，确保中西部太平洋高度洄游鱼类种群的长期养护和可持续利用。

第三条　适 用 区 域

1. 顾及下文第四条，委员会的权限区域（以下简称"公约区域"）包括以下述界线为南部和东部边界的整个太平洋海域：

从澳大利亚南部沿海正南沿东经141度经线到与南纬55度线的交会处；然后沿南纬55度线向正东到与东经150度经线的交会处；再沿东经150度线向正南到与南纬60度线的交会处；再沿南纬60度线向正东到与西经130度线的交会处；然后沿西经130度线向正北到与南纬4度线的交会处；再沿南纬4度线向正西到与西经150度线的交会处；然后沿西经150度线向正北。

2. 本公约不应构成承认任何委员会成员所要求的关于水域和区域法律地位和范围的任何主张或立场。

3. 本公约适用于所有在公约区域的高度洄游鱼类种群，但不包括竹刀鱼类。本公约下的养护和管理措施应适用于这些种群分布的所有海域，或在委员会认为适当时适用于公约区域的特定区域。

第四条　本公约与1982年公约的关系

本公约不损害各国在1982年公约下的权利、管辖权和义务。对本公约的解释和应用应在范围和方式上与1982年公约和协定相一致。

第二章　高度洄游鱼类种群的养护和管理

第五条　养护和管理的原则和措施

为在公约区域高度洄游鱼类种群分布的整个区域对其进行养护和管理，缔约各方应根据1982年公约和协定及本公约履行其合作职责：

（a）采取措施以确保公约区域高度洄游鱼类种群的长期可持续性，并促进最佳利用目标的实现；

（b）确保这类措施是在可获得的最佳科学信息的基础上制定的，以便能按照有关环境和经济因素，包括公约区域发展中国家的特殊要求，特别是小岛屿发展中国家的特殊要求，保持和恢复种群，并考虑捕鱼方式、种群间的相互依赖关系和任何分区域、区域或全球范围内一般建议的国际最低标准而确定的产生最大可持续产量的水平；

（c）根据本公约和任何国际认同的标准、建议的方式和程序应用预防性做法；

（d）评价捕捞、其他人类活动和环境因素对目标种群、非目标种群和与目标种群属于相同生态系的种类或从属种类或相关种类的影响；

（e）采取措施，尽量减少浪费、丢弃及丢失或丢弃渔具所捕的渔获物、渔船造成的污染、非目标种（包括鱼类和非鱼种类）的捕捞，以及对相关种或从属种，特别是对濒危物种的影响，并促进开发和使用有选择性的、环境安全的和具有成本效益的渔具和捕鱼技术；

（f）保护海洋环境的生物多样性；

（g）采取措施防止或消除过度捕捞和过剩的捕捞能力，并确保捕捞努力量不超过与可持续利用渔业资源相称的水平；

（h）考虑到手工渔民和自给性渔民的利益；

（i）及时收集和分享完整而准确的捕鱼活动数据，除其他外，包括船舶位置、目标种和非目标种的渔获量及捕捞努力量等，以及国家和国际研究计划所提供的资料；

（j）通过有效的监测、控制和监督，以实施和执行养护和管理措施。

第六条　应用预防性做法

1. 为应用预防性做法，委员会成员应：

（a）适用作为本公约一部分的协定附件二所载指南，并根据可获得的最佳科学资料确定特定种群的参考点，以及在逾越这些参考点时应采取的行动；

（b）要考虑种群大小和繁殖力的不明确情况、参考点、相对于这种参考点的种群状况、捕捞死亡率的程度和分布、捕鱼活动对非目标种和相关种或从属种的影响，以及海洋、环境、社会经济现状和预测的情况；

（c）确立数据收集和研究方案，以评估捕鱼对非目标种和相关种或从属种及其环境的影响，并制定必要的计划，确保养护这些种类和保护特别关切的生境。

2. 委员会成员在资料不明确、不可靠或不充足时应更为慎重，不得以科学资料不足为由而推迟或不采取养护和管理措施。

3. 如已接近参考点，委员会成员应采取措施确保不致逾越参考点。如已逾越参考点，委员会成员应立即采取 1 款（a）项所确定的行动以恢复种群。

4. 如目标种或非目标种或相关种或从属种的状况令人关注，委员会成员应对这些种群和物种加强监督，以审查其状况及养护和管理措施的效力。委员会成员应根据新的资料定期修订这些措施。

5. 就新渔业或试捕性渔业而言，委员会成员应尽快制定审慎的养护和管理措施，其中应特别包括捕捞量和努力量极限。这些措施应在有足够数据允许就该渔业对种群的长期可持续能力的影响进行评估之前始终有效，其后则应执行以这一评估为基础的养护和管理措施。后一类措施应酌情允许这些渔业逐渐发展。

6. 如某种自然现象对高度洄游鱼类种群的状况有重大的不利影响，委员会成员应紧急采取养护和管理措施，确保捕鱼活动不致使这种不利影响更趋恶化。捕鱼活动对这些种群的可持续能力造成严重威胁时，委员会成员也应紧急采取这种措施。紧急采取的措施应属临时性质，并应以可获得的最佳科学证据为根据。

第七条　国家管辖区内执行的原则

1. 第五条所列举的养护和管理的原则及措施,应由公约区域的沿海国在其国家管辖区内为开发、勘查、养护和管理高度洄游鱼类种群而行使主权权利时应用。

2. 委员会成员应对公约区域的发展中沿海国,特别是小岛屿发展中国家,在其国家管辖区内应用第五条和第六条的能力,以及本公约所载的接受援助方面的需要给予适当考虑。

第八条　养护和管理措施的互不抵触

1. 为公海订立的和为国家管辖区制定的养护和管理措施应互不抵触,以确保整体养护和管理高度洄游鱼类种群。为此,委员会成员有义务进行合作,以便就这些种群达成互不抵触的措施。

2. 在公约区域建立高度洄游鱼类种群养护和管理措施时,委员会应:

（a）考虑到种群的生物学统一性和其他生物特征及种群的分布、渔业和有关区域的地理特征之间的关系,包括种群在国家管辖区内出现和被捕捞的程度;

（b）考虑:

（i）沿海国根据 1982 年公约第 61 条在国家管辖区内对同一种群所制定和适用的养护和管理措施,并确保在整个公约区域为这些种群订立的措施不削弱这些措施的效力

（ii）有关沿海国和公海捕鱼国以前根据 1982 年公约和协定为构成公约区域一部分的公海的同一鱼类种群订立和适用的议定措施

（c）考虑到分区域或区域渔业管理组织或安排以前根据 1982 年公约和协定为同一种群订立和适用的议定措施;

（d）考虑到沿海国和公海捕鱼国各自对有关种群的依赖程度;

（e）确保这些措施不致对整体海洋生物资源造成有害影响。

3. 沿海国应确保在其国家管辖区内适用于高度洄游鱼类种群的措施不破坏委员会根据本公约为同一种群订立的措施的有效性。

4. 在公约区域完全由一个以上委员会成员的专属经济区包围的孤立公海海域内,为实施本条,委员会应给予特别的考虑以确保在这类公海确立的养护和管理措施与周边沿海国在其国家管辖区内根据 1982 年公约第 61 条为同一种群确立的养护和管理措施互不抵触。

第三章　中西部太平洋渔业委员会

第一节　一　般　条　款

第九条　建立委员会

1. 建立中西部太平洋高度洄游鱼类种群养护和管理委员会,简称中西部太平洋渔业委员会（WCPFC）,其应根据本公约条款行使职责。

2. 协定中所述的捕鱼实体,根据附件一的规定同意受本公约建立的机制的约束,可根据本条和附件一的规定参加委员会的工作,包括参加决策。

3. 委员会应召开年会。委员会可在为行使公约下的职能所需时召开其他这类会议。

4. 委员会应从缔约方中选举一位主席和一位副主席,他们应具有不同的国籍,任期两年,可连选连任。主席和副主席应保留其职务直至选举产生其继任者。

5. 委员会及其下属机构的会议频度、会期和时间安排应遵循高效、低成本的原则。在适当时,委员会可与其他有关机构达成合同安排,以提供有效行使委员会职能并保证有效履行其职责所需的专家服务。

6. 委员会应具有国际法人资格以及行使其职能和实现其目标所需要的法律能力。委员会及其官员在缔约方领土内享有的特权及豁免权应由委员会和有关成员商议决定。

7. 缔约方应决定委员会总部的地点并任命执行主任。

8. 委员会应为规范其会议,包括附属机构的会议,以及有效行使其职能以协商一致的方式通过和在有要求时修改议事规则。

第十条　委员会的职能

1. 在不损害沿海国为开发、勘查、养护和管理高度洄游鱼类种群在其国家管辖区内的主权权利的情况下,委员会的职能应为:

（a）在公约区域确定高度洄游鱼类种群的允许捕捞量或捕捞努力量,以及委员会可能决定和通过的为确保公约区域高度洄游鱼类种群的长期可持续性所需的其他养护和管理措施及建议;

（b）促进委员会成员之间的合作和协调以确保国家管辖区与公海对相同高度洄游鱼类种群的养护和管理措施互不抵触;

（c）必要时对与目标种群属于相同生态系的种类或从属种类以及与目标种群相关的种类制定养护和管理措施及建议,以保持和恢复这些种群的数量,使其数量高于物种繁殖受到严重威胁的水平之上;

（d）根据应作为公约组成部分的协定附件一,通过在公约区域捕捞高度洄游鱼类种

群的渔业数据的收集、核查、及时交流和报告的标准;

（e）编辑和分发准确和完整的统计数据以确保获得最佳科学证据，在适当时保守数据的秘密;

（f）获得和评价科学咨询意见，审议种群状况，促进相关科学研究并分发有关科研成果;

（g）必要时确立公约区域高度洄游鱼类种群总允许捕捞量或捕捞努力量水平分配的标准;

（h）通过一般建议的负责任捕捞行为国际最低标准;

（i）为有效监测、控制、监督和执法建立适当的合作机制，包括船舶监测系统;

（j）获得和评价与委员会工作有关的经济和其他与渔业有关的数据和信息;

（k）同意照顾委员会新成员渔业利益的办法;

（l）通过其议事规则、财务规定和为行使其职能所需的其他内部行政管理规定;

（m）考虑并批准所提议的委员会预算;

（n）促进争端的和平解决;

（o）讨论委员会职能内的任何问题或事项并通过为实现公约目标所需的任何措施或建议。

2. 为实施本条 1 款，除其他外，委员会可通过与下列事项有关的措施:

（a）可能捕捞的任何种类或种群的数量;

（b）捕捞努力量水平;

（c）限制捕捞强度，包括与船数、类型和大小有关的措施;

（d）发生捕鱼行为的地点和时期;

（e）可能捕到的任何种类的规格;

（f）可能使用的渔具和技术;

（g）特别的区域和分区域。

3. 在确立总允许捕捞量或捕捞努力量水平分配标准时，除其他外，委员会应考虑:

（a）渔业中种群状况和现有捕捞努力量的水平;

（b）渔业中参加者的各自利益、过去和现在的捕鱼方式和习惯捕鱼法，以及渔获物用于自身消费的程度;

（c）在一个区域内的历史捕捞量;

（d）在公约区域经济、食物供应和生活完全依赖开发海洋生物资源的小岛屿发展中国家、参与领地和属地的需要;

（e）参加者各自对养护和管理种群，包括提供在公约区域的准确数据和其对从事科学研究的贡献;

（f）参加者对养护和管理措施履约情况的记录;

（g）主要依赖捕捞这些种群的沿海社区的需要;

（h）一国的有限专属经济区被其他国家专属经济区所包围的特殊情况;

（i）由公海海域相隔开的、具有独特经济和文化特征的不相连的岛屿组成的一个小岛屿发展中国家的地理情况;

（j）在公约区域其国家管辖区内也有种群分布的发展中国家缔约方，特别是小岛屿发展中国家、参与领地和属地的捕鱼利益和愿望。

4. 委员会可做出与分配总允许捕捞量或捕捞努力量水平有关的决定，包括有关排除作业渔船类型的决定，应协商一致做出决定。

5. 委员会应考虑科学分委会、技术和履约分委会在其各自职能内提出的报告及建议。

6. 委员会应立即通知所有成员由委员会决定的措施和建议，并妥为公布委员会通过的养护和管理措施。

第十一条　委员会的附属机构

1. 建立科学分委会及技术和履约分委会作为委员会的附属机构，向委员会提供在其各自职能内的事项上的咨询意见和建议。

2. 委员会每一成员应有资格任命一名分委会的代表，其可由数名专家或顾问陪同。该代表应在分委会的权限领域内有适当资格或有相关经验。

3. 每一分委会应为有效行使其职能所需而召开会议，但任何情况下分委会都应在委员会的年会前召开会议，并应将商议结果报告委员会。

4. 每一分委会应努力协商一致通过其报告，如为达成协商一致的努力失败，该报告应指明多数和少数观点，并可在全部报告或报告的任何部分中包括各成员代表的不同观点。

5. 在行使其职能时，每一分委会可在适当时与其他在有关所要协商的问题上有权限的渔业管理、技术或科学组织协商，寻求专门的专家咨询意见。

6. 委员会可以在行使其职能而必要时建立其他这类附属机构，包括为审议与特定种类或种群有关的技术事项，并为向委员会报告而建立工作组。

7. 委员会应建立一个分委会，以提出执行委员会可能通过的在北纬 20 度以北区域的养护和管理措施的建议，并制定针对主要出现在该区域的种群的措施。该分委会应包括位于该区域的成员以及在该区域捕鱼的成员。不是该分委会成员的任何委员会成员，可派代表作为观察员参加该分委会的审议工作。在该分委会工作中发生的任何特别的费用应由该分委会成员承担。该分委会应协商一致通过向委员会提交的建议。在通过与该区域有关的特定种群和种类的措施时，委员会的决定应基于该分委会的建议。这类建议应与委员会通过的与这些种类或种群有关的一般原则和措施，以及本公约所载养护与管理的原则和措施相一致。如果委员会根据实质性事项决策的议事规则，不接受该分委会提出的在任何事项上的建议，该事项应退回该分委会进一步考虑。该分委会应按照委员会表达的观点重新考虑该事项。

第二节　科学信息和咨询

第十二条　科学分委会的职能

1. 为确保委员会获得并考虑最佳科学信息而建立科学分委会。

2. 科学分委会的职能应为：

（a）向委员会提出研究计划，包括科学专家或其他组织或个人提出的特定事项或议题，并酌情确定所需数据和协调满足这些需求的活动；

（b）在委员会考虑有关建议之前审议科学专家为委员会准备的评价、分析、其他工作和建议，并在必要时据此提供信息、咨询意见和评论；

（c）考虑 1982 年公约第 246 条，鼓励和促进科学研究方面的合作以便改善对公约区域高度洄游鱼类种群、非目标种群以及与这类种群属于相同生态系的种类或从属种类或相关种类的了解；

（d）审议公约区域对目标种或非目标种或相关种或从属种的研究和分析结果；

（e）向委员会报告其对公约区域目标种或非目标种或相关种或从属种状况的结果或结论；

（f）与技术和履约分委会磋商，向委员会建议区域观察员计划的优先领域和目标，并评价该计划的结果；

（g）应要求或主动就公约区域目标种或非目标种或相关种或从属种状况的养护、管理和研究问题向委员会或单独提出报告和建议；

（h）从事委员会可能要求或交办的其他工作或任务。

3. 科学分委会应根据委员会通过的指南和指令行使其职能。

4. 太平洋共同体的海洋渔业计划和美洲间热带金枪鱼委员会或其后继组织的代表，应被邀请参加科学分委会。该分委会也可邀请具有与委员会的工作有关的科学专长的其他组织或个人参加会议。

第十三条 科学服务

1. 委员会在考虑科学分委会的建议的情况下，可聘请科学专家提供公约包括的渔业资源以及与养护和管理这些资源有关的其他事项的信息和咨询意见。为利用科学服务，委员会可做出行政和财政安排。在这方面，为低成本、高效益和高效率地行使其职能，委员会应尽最大可能，利用现有区域组织的服务，并应在适当时，与其他在委员会工作方面有专长的渔业管理、技术或科学组织协商。

2. 科学专家可在委员会的指令下：

（a）从事科学研究和分析以支持委员会的工作；

（b）确立并向委员会和科学分委会提出委员会所关心的主要种类的特定种群的参考点；

（c）按委员会确定的参考点分析和评价种群状况；

（d）向委员会和科学分委会提供包括其科学成果、意见和建议的报告，以支持制定养护和管理措施以及其他措施；

（e）从事可能被要求的其他工作或任务。

3. 为进行其工作，科学专家可：

（a）根据委员会商定的原则和程序，包括数据保密的程序，协调渔业数据的收集、编辑和分发；

（b）从事公约区域高度洄游鱼类种群、非目标种群以及与这类种群属于相同生态系种类的或从属种类或相关种类的评估；

（c）评价捕捞、其他人类活动和环境因素对目标种群以及与目标种群属于相同生态系的种类或从属种类或相关种类的影响；

（d）评价所提议的捕捞方式或捕捞水平以及养护、管理措施变化的可能影响；

（e）从事委员会认为必要的这类其他科学工作。

4. 委员会可做出适当安排以定期详细审议科学专家向委员会提供的科学信息和咨询意见。

5. 科学专家的报告和建议应向委员会和科学分委会提供。

第三节 技术和履约分委会

第十四条 技术和履约分委会的职能

1. 技术和履约分委会的职能应为：

（a）向委员会提供与执行和遵守养护和管理措施有关的信息、技术意见和建议；

（b）监督、审议委员会通过的养护和管理措施的遵守情况，并在必要时向委员会提出这类建议；

（c）审议委员会通过的监测、控制、监督和执法合作措施的执行情况，并在必要时向委员会提出这类建议。

2. 为行使其职能，技术和履约分委会应：

（a）为委员会成员交流在公海实施委员会通过的养护和管理措施，以及在国家管辖区内实施补充措施方面的信息提供论坛；

（h）接受委员会每一成员对违反本公约条款和据此通过的措施的调查和处罚情况的报告；

（c）与科学分委会磋商，在建立区域观察员计划时，确定该计划的优先领域和目标，并评价该计划的结果；

（d）考虑并调查委员会可能交办的这类其他事务，包括确立和审议对渔业数据的核查和确认的措施；

（e）在技术方面向委员会提出建议，如渔船和渔具标识；

（f）与科学分委会磋商，就使用的渔具和捕鱼技术向委员会提出建议；

（g）就养护和管理措施遵守情况的结果和结论向委员会报告；

（h）就有关监测、控制、监督和执法事项向委员会提交建议。

3. 技术和履约分委会应在委员会批准时，建立为行使其职能所需的附设机构。

4. 技术和履约分委会应根据委员会通过的指南和指令来行使其职能。

第四节 秘 书 处

第十五条 秘 书 处

1. 委员会可建立一个常设秘书处，包括一名执行主任和委员会所要求的其他工作人员。

2. 执行主任应由委员会任命，一届任期四年，并可由委员会再次任命第二届四年的任期。

3. 执行主任应是委员会的首席行政官员，应在委员会和附属机构的所有会议上发挥首席行政官员的作用，并应行使委员会委托的其他这类行政管理职能。

4. 秘书处的职能应包括以下内容：

（a）接受和传送委员会的正式通知；

（b）编辑和分发为完成公约目标而需要的数据；

（c）为委员会、科学分委会以及技术和履约分委会准备行政管理和其他报告；

（d）对已同意的有关监测、控制和监督及提供科学服务的安排进行行政管理；

（e）印制委员会及其附属机构的决定并促进其活动；

（f）财务、人员和其他行政职能。

5. 为尽量减少缔约方的开支，在本公约下建立的秘书处应以低投入、高效率的方式运行。秘书处的建立和运行还应在适当时考虑由现有区域机构发挥某些技术秘书处的作用。

第十六条 委员会的职员

1. 委员会的职员应包括为行使委员会职能所要求的称职的科学技术人员和其他人员。职员应由执行主任任命。

2. 在招收和雇佣职员时最优先考虑的应是确保在效率、能力和诚实方面的高标准。在顾及这一考虑后，在委员会成员之间以平等的方式招收职员的重要性应给予考虑，以确保有广泛基础的秘书处。

第五节 委员会的财务安排

第十七条 委员会的资金

1. 委员会的资金应包括：

（a）根据第十八条2款由委员会成员交纳的基础会费；

（b）自愿捐款；

（c）第三十条3款所述的资金；

（d）委员会可能接受的任何其他资金。

2. 委员会应以协商一致的方式通过和在有要求时修改用于委员会行政管理和行使其他职能的财务规则。

第十八条 委员会的预算

1. 执行主任应起草委员会的预算建议并提交委员会。建议的预算应表明委员会的行政费用中由第十七条 1 款（a）项基础会费开支的部分，以及这类费用中从依据第十七条 1 款（b）、（c）和（d）项收集的资金中开支的部分。委员会应协商一致通过其预算。如果为达成协商一致通过预算的所有努力失败，委员会行政预算的摊款额应根据前一年度的预算决定，以便满足下一年度委员会的开支，直至委员会协商一致通过新的预算。

2. 委员会每一成员在预算中的摊款数额应根据委员会以协商一致的方式通过的摊款计划决定，并在有要求时按修改的摊款计划决定。在通过摊款计划时，应适当考虑每一成员交纳相同的基础会费和有关其富有情况的费用，以反映有关成员的发展情况以及其支付能力，并包括可变会费。可变会费除其他外应按照在公约区域的国家管辖区内、外的委员会特别确定的种类的捕捞量计算，但悬挂一成员旗帜的船舶在该发展中成员的专属经济区内的捕捞量适用折扣率。委员会通过的方案应载入委员会的财务规则中。

3. 委员会成员拖欠向委员会交纳的会费数额相当于或超过其在连续两个完整年度应交纳的会费数额，则不应参加委员会的表决。未支付的会费应按委员会在其财务规则中确定的利率交纳利息。然而，在委员会认为成员未能支付会费是由于该成员无法控制的原因所致时，可不要求其支付利息并允许其参加表决。

第十九条 委员会的年度审计

委员会的记录、书籍和账目，包括年度财务报告，应由委员会任命的一名独立审计员进行年度审计。

第六节 决 策

第二十条 决 策

1. 作为一般指南，委员会的决策应协商一致做出。在本条中，"协商一致"意味着在做出决定时没有任何正式反对意见。

2. 除本公约明确需要协商一致的情况外，如经一切努力无法协商一致地做出决定，对有关程序问题的决定应由出席和表决的多数票做出，对有关实质问题的决定应由出席和表决的四分之三多数票做出，但这类多数票应包括出席和投票的太平洋岛国论坛渔业局成员的四分之三多数票，以及出席和投票的非太平洋岛国论坛渔业局成员的四分之三多数票。此外，在任一议事小组中，两票或更少票数不构成对一项建议的否决。当提出某一问题是否是实质问题时，应将该问题视为实质问题，除非委员会以协商一致意见或就实质问题做出决定所需的多数意见另有决定。

3. 如会议主席认为为达成协商一致的所有努力失败，其应在委员会的该届年会上确定一个日期以通过投票做出决定。在任何代表的要求下，委员会可由出席和投票的多数成员同意推迟做出决定，直至委员会可能决定的该届会议的另一时间。在该另一时间，委员会应就被推迟表决的问题进行表决。这一规则对任何问题只适用一次。

4. 在公约载明关于一项提议的决定应协商一致做出，而会议主席认为为有对该项提议的反对意见时，委员会应为协商一致通过该事项任命一名调停者以调和分歧。

5. 顾及 6、7 款，委员会通过的一项决定应在通过之日 60 天后具有约束力。

6. 一个成员投票反对一项决定或未能出席做出决定的会议，可以在委员会通过该决定 30 天内，在根据本公约附件二所载程序组成的复议工作组中按下列理由寻求复议：

（a）决定不符合本公约、协定或 1982 年公约的条款；

（b）决定不公正地歧视该成员，无论是在形式上还是事实上。

7. 在复议工作组的证据和建议以及委员会要求采取的行动没有产生之前，不应要求委员会成员执行被提请复议的决定。

8. 如复议工作组认为委员会的该项决定不需要修改、修订或废除，该项决定应在执行主任将复议工作组的结论和建议通知委员会所有成员之日起的 30 天后生效。

9. 如复议工作组向委员会建议，该决定应修改、修订和废除，委员会应在其下届年会上修改、修订其决定以便与复议工作组的结论和建议相一致或可决定废除该决定，但在多数成员提出书面要求时，委员会应在将复议工作组的证据和建议通知其成员之日的 60 天内召开委员会特别会议。

第七节　透明度和与其他组织的合作

第二十一条　透　明　度

委员会应促进其决策过程和其他活动的透明度。与执行本公约事务有关的政府间组织和非政府组织的代表应有机会作为观察员或酌情以其他适当方式参加委员会及其附属机构的会议，委员会应通过议事规则允许这种参与。议事规则不得在这方面作不适当限制。这类政府间组织和非政府组织应能及时取得有关信息，但须顾及委员会可能通过的有关规则和程序。

第二十二条　与其他组织的合作

1. 委员会应在适当时与联合国粮食及农业组织以及其他联合国的专门机构就共同感兴趣的事项进行合作。

2. 委员会应同有着相关目标以及可以对实现本公约目标有贡献的其他政府间组织做出咨询、合作和协作方面的适当安排，如南极海洋生物资源养护委员会、南方蓝鳍金枪鱼养护委员会、印度洋金枪鱼委员会以及美洲间热带金枪鱼委员会。

3. 在公约区域与另一个渔业管理组织的规则区域有重叠时,委员会应与这类组织进行合作,以避免在该重叠区域对其他区域组织管理的种类适用有关措施。

4. 委员会应与美洲间热带金枪鱼委员会合作,以确保本公约第二条所载目标的实现。为此,委员会应开始与美洲间热带金枪鱼委员会磋商,就出现在两个组织公约区域的鱼类种群达成一致的养护和管理措施,包括有关监测、控制和监督的措施。

5. 为获得最佳科学和其他与渔业有关的信息,以促进本公约目标的实现以及尽量减少重复工作,委员会可与本条所提及的组织,以及其他适当的组织,如太平洋共同体秘书处和太平洋岛国论坛渔业局,达成关系协定。

6. 任何按 1、2 和 5 款与委员会做出安排或达成协议的组织可根据委员会议事规则指派代表作为观察员参加委员会会议。应确立程序以在适当情况下获得这类组织的意见。

第四章 委员会成员的义务

第二十三条 委员会成员的义务

1. 委员会每一成员应立即执行本公约条款和依据本公约同意的任何养护和管理措施以及其他措施或事项,并应合作促进本公约目标的实现。

2. 委员会每一成员应:

(a) 根据协定附件一,每年向委员会提供统计、生物学和其他数据和信息,以及委员会可能要求的其他数据;

(b) 按委员会要求的方式和周期向委员会提供公约区域渔船活动的信息,包括捕捞区域和捕捞船舶,以便于编辑可靠的渔获量和努力量的统计数据;

(c) 按委员会要求的周期向委员会提供为执行委员会通过的养护和管理措施而采取的步骤的信息。

3. 每一委员会成员应定期通知委员会公约区域的其国家管辖区中采用的养护和管理高度洄游鱼类种群的措施。委员会应定期向所有成员提供这些信息。

4. 每一委员会成员应定期通知委员会其为规范公约区域悬挂其旗帜船舶的活动而采取的措施。委员会应定期向所有成员提供这类信息。

5. 每一委员会成员应尽最大可能采取措施确保其国民、被其国民拥有和控制的在公约区域捕鱼的渔船遵守本公约条款。为此,委员会成员可与这类渔船所悬挂旗帜的船旗国达成协议以便于开展执法行动。委员会每一成员应在其他任何成员要求下并在提供了有关信息后,调查其国民、被其国民拥有和控制的在公约区域捕鱼的渔船违反本公约条款或委员会通过的任何养护和管理措施的情况,并尽快但在任何情况下两个月内向提出指控的成员和委员会报告调查的进展和结果，适当时包括对被指控的违法行为采取的行动或建议采取的行动。

第五章　船旗国责任

第二十四条　船旗国责任

1. 委员会每一成员应采取必要措施，确保：

（a）悬挂其旗帜的渔船遵守本公约条款以及据此通过的养护和管理措施，并确保这类船舶不从事破坏这类措施有效性的活动；

（b）悬挂其旗帜的渔船不在本公约的任何缔约方的国家管辖区内从事未经授权的捕鱼活动。

2. 委员会成员不得允许未得到该成员的一个或多个适当主管机构授权的有权悬挂其旗帜的渔船在公约区域国家管辖区外从事捕捞生产。委员会成员在这类船舶有效履行1982年公约、协定和本公约责任的情况下，方能授权悬挂其旗帜的船舶在公约区域国家管辖区外从事捕捞生产。

3. 委员会成员向渔船颁发每一授权时应设定一个条件：

（a）在其他国家的国家管辖区中从事捕鱼的应得到该其他国家所要求的任何执照、许可或授权；

（b）按照附件三的要求在公约区域的公海从事生产，该项要求应作为根据公约确立的所有船舶作业的一般义务。

4. 委员会每一成员应保留有权悬挂其旗帜并被授权在公约区域国家管辖区外作业渔船的记录，并确保所有这类渔船均被载入该记录中。

5. 委员会每一成员应根据委员会可能通过的程序，每年向委员会提供本条4款要求保留的记录中每一渔船的按本公约附件四所载的信息，并应立即将任何变化通知委员会。

6. 委员会每一成员应立即通知委员会以下事项：

（a）记录中增加的内容；

（b）记录中删除的内容及原因：

　　（i）渔船船主或经营者自愿放弃授权或没有重新申请授权

　　（ii）撤销按2款颁发的捕鱼授权

　　（iii）事实上有关渔船不再有资格悬挂其旗帜

　　（iv）有关渔船已报废、退役或失踪

　　（v）任何其他原因，具体说明以上所列哪一条原因适用

7. 委员会应记录依据本条5款和6款向其提供的4款所述的渔船的信息。委员会应定期将这类记录中包含的信息向所有成员分发，并在有要求时，单独向任何成员分发。

8. 委员会每一成员应要求在公约区域的公海捕捞高度洄游鱼类种群的渔船,使用最新实时卫星位置报告仪器。使用这类传送仪器的标准、技术要求和程序应由委员会确立,其应运行一个对所有在公约区域的公海捕捞高度洄游鱼类种群的渔船进行监督的系统。在确立标准、技术要求和程序时,委员会应考虑发展中国家的传统渔船的特点。委员会应根据通过的程序,直接或在船旗国要求时,或通过委员会指定的其他组织,接受该船舶监测系统的信息。委员会通过的程序应包括保守这类从船舶监测系统所获信息的秘密性的适当措施。委员会的任何成员可要求其国家管辖水域包括在这类船舶监测系统的区域内。

9. 委员会每一成员应要求在公约区域另一成员的国家管辖区内捕鱼的悬挂其旗帜的船舶,按该沿海国决定的标准、技术要求和程序使用最新实时卫星位置报告仪器。

10. 委员会成员应合作确保国家和公海的船舶监测系统兼容。

第六章　遵守和执法

第二十五条　遵守和执法

1. 委员会每一成员应执行本公约条款以及由委员会通过的任何养护和管理措施。

2. 委员会每一成员应在其他成员要求和提供有关信息时,全力调查被指控的悬挂其旗帜的船舶对公约条款或委员会通过的任何养护和管理措施的违反情况。调查进展的报告,包括对被指控的违规行为已经或建议要采取的行动,应尽快向提出要求的成员和委员会报告,并在任何情况下于这类要求的两个月内进行。调查的结果报告应在调查结束时提供。

3. 委员会每一成员如认为已对悬挂其旗帜的渔船的违法行为掌握足够证据,应将案件送交本国当局,毫不迟延地依其法律提起司法程序,并酌情扣押有关船舶。

4. 委员会每一成员应在确定了一艘悬挂其旗帜的船舶严重违反了公约条款或委员会通过的任何养护和管理措施时,确保该船舶在公约区域停止捕鱼活动并不得从事这类活动,直至船旗国对该违法行为所定的但尚未执行的所有制裁得到执行时为止,或在有关船舶在公约区域中本公约沿海国缔约方的国家管辖区内从事了未经授权的捕鱼活动时,船旗国应根据其法律,确保该船舶立即遵守这类沿海国依据其国家法规处以的制裁,或根据 7 款处以适当的制裁。就本条而言,严重违法行为应包括协定第二十一条 11 款(a)项到(h)项规定的任何违法行为,以及委员会可能决定的其他违法行为。

5. 委员会每一成员应在国家法律和规章许可的范围内做出安排,向其他国家的检查当局提供涉嫌违法行为的证据。

6. 如有合理理由相信一艘在公海上的船舶曾在本公约沿海国缔约方的国家管辖区内未经许可进行捕鱼,该船的船旗国在有关沿海国提出请求时,应立即并充分调查。该船旗国应与该沿海国合作,就这种案件采取适当执法行动,并可授权沿海国有关当局在公海上登临和检查该船。本款不妨害 1982 年公约第 111 条。

7. 所有调查和司法程序应迅速进行。适用于违法行为的制裁应严厉到足以有效地确保遵守和阻止违法行为在任何地方发生,并应剥夺违法者从其非法活动中获得的利益。适用于渔船船长和其他职务船员的措施应包括:除其他外,可拒发、撤销或吊销批准其在此类船上担任船长和其他职务船员的证书的规定。

8. 委员会每一成员应向委员会提交遵守措施的年度报告,包括其根据本条对任何违法活动的处罚情况。

9. 本条的规定不妨害:

(a)任何委员会成员根据其国家渔业法规的权利,包括根据这类国家渔业法规对发生在国家管辖区内的违法事件予以适当制裁的权利;

(b)有关双边或多边入渔协定中没有与本公约、协定或 1982 年公约条款不一致的涉及遵守和执法条款的各缔约方的权利。

10. 委员会每一成员如有合理理由相信一艘悬挂另一国旗帜的渔船从事了损害公约区域制定的养护和管理措施的有效性的活动,应提请有关船旗国注意,并在适当时可提请委员会注意。该成员应在其国内法规许可范围内,向该船旗国提供充分的支持性证据并可向委员会提供这类证据的摘要。在该船旗国未对被指称的事件和提供的证据做出评论,或可能拒绝该案件之前,委员会不应分发这类信息。

11. 委员会成员可根据协定和国际法,包括通过委员会为此通过的程序采取行动,阻止从事破坏委员会通过的养护和管理措施的有效性或以其他方式违反这些措施的活动的渔船在公约区域捕鱼,直至船旗国采取适当行动。

12. 委员会必要时应确立程序,允许对任何委员会管理的种类采取与委员会成员国际义务相一致的非歧视贸易措施,以针对其渔船以破坏委员会通过的养护和管理措施有效性的方式捕鱼的任何国家或实体。

第二十六条　登临和检查

1. 为确保遵守养护和管理措施,委员会应制定公约区域的公海登临和检查渔船的程序。在公约区域的公海海域用于登临和检查渔船的所有船舶应清楚地标识和标明是为政府服务的船舶并被授权根据公约承担公海登临和检查任务。

2. 如果在本公约生效后两年内,委员会不能就建立这类程序,或另一个使委员会成员有效履行在本公约和协定下的义务以确保遵守委员会确立的养护和管理措施的替代机制达成一致,顾及应适用协定第二十一条和第二十二条作为本公约一部分,在公约区域对渔船的登临和检查以及任何随后的执法行动,应按照协定所载程序内容以及委员会可能决定为执行协定第二十一条和第二十二条必要的额外可操作的程序进行。

3. 委员会每一成员应确保悬挂其旗帜的渔船根据这类程序接受经正式授权的检查员登临。这类经正式授权的检查员应遵守登临和检查的程序。

第二十七条 港口国采取的措施

1. 港口国有权利和义务根据国际法采取措施,提高分区域、区域和全球养护和管理措施的效力。港口国在采取这类措施时不得在形式上或事实上歧视任何国家的船舶。

2. 港口国除其他外,可检查自愿进入其港口或岸外码头的委员会另一成员的渔船上的文件、渔具和渔获物。

3. 委员会成员可制定规章,授权有关国家当局禁止经证实以破坏委员会通过的养护和管理措施的方式所捕捞的渔货物上岸和转运。

4. 本条不影响委员会成员按照国际法对其领土内的港口的主权权利。

第七章 区域观察员计划及转运规定

第二十八条 区域观察员计划

1. 委员会应建立一个区域观察员计划,以从公约区域收集经核实的渔业和其他科学数据,以及与渔业有关的额外信息,并监督委员会通过的养护和管理措施的执行情况。

2. 观察员计划应由委员会秘书处协调,并应在考虑渔业特点和其他有关因素的情况下,以灵活的方式组织。在这方面,委员会可缔结提供区域观察员计划的合同。

3. 区域观察员计划应包括由委员会秘书处授权的独立和公正的观察员。该计划应在最大程度上与其他区域、分区域和国家观察员计划相协调。

4. 委员会每一成员应确保在公约区域悬挂其旗帜的渔船在委员会要求时准备接受该区域观察员计划中的一名观察员,但专门在该船旗国国家管辖区内作业的渔船除外。

5. 本条4款规定应适用于专门在公约区域公海作业、在公海并在一个或一个以上国家管辖区作业以及在两个或两个以上沿海国管辖区作业的船舶。一艘船舶在同一航次既在该船旗国管辖水域捕鱼,又在邻近的公海捕鱼,当该船在其船旗国管辖区域时,按区域观察员计划派驻的观察员不应从事6款(e)项规定的活动,除非该船旗国的渔船同意。

6. 区域观察员计划应根据以下指南并按附件三3款所载条件进行:

(a) 该计划应提供充分水平的覆盖率,以确保委员会考虑渔业特点得到在公约区域的产量水平和有关事项方面的适当数据和信息;

(b) 委员会每一成员应有资格使其国民包括在该计划中;

(c) 观察员应按委员会批准的统一程序培训和发证;

(d) 观察员在行使其职能时不得对渔船的合法作业进行不适当的干预,他们应适当考虑渔船的作业要求,并为此定期与船长交流;

(e) 观察员的活动应包括收集渔业和其他科学数据,监督委员会通过的养护和管理措施的执行情况，并根据委员会确立的程序报告其发现的情况；

（f）该计划应具有低成本和高效率，应避免与现有分区域、区域和国家观察员计划重复，并应尽可能减少对公约区域渔船作业的干扰；

（g）在通知派驻观察员时，应留有一段合理的时间。

7. 委员会应为运行区域观察员计划确立进一步的程序和指南，包括：

（a）确保委员会认为属于保密范畴的非合计数据和其他信息的安全的程序；

（b）向委员会成员分发由观察员收集的信息的程序；

（c）载明观察员在船上期间船长和船员的权利和义务，以及观察员在行使其职能时的权利和义务。

8. 委员会应决定支付区域观察员计划费用的方式。

第二十九条 转 运 规 定

1. 为支持确保准确报告渔获量的努力，委员会成员应鼓励其渔船尽最大可能地在港口内进行转运。为此，委员会成员可指定其一个或多个港口作为转运港。委员会应定期向所有成员分发这种指定港的清单。

2. 在委员会成员的国家管辖区内的港口或海域的转运应根据适用的国家法律进行。

3. 委员会应确立程序以获得和核实在公约区域的港口和海上转运的数量和种类，并确立决定公约下的转运何时结束的程序。

4. 在公约区域内国家管辖区域以外的海上转运应仅按照附件三 4 款的条件以及委员会依本条 3 款规定的程序进行。这类程序应考虑有关渔业的特点。

5. 尽管有以上 4 款的规定并顾及委员会可能允许的反映作业现状的特别豁免，在公约区域围网船在海上的转运应被禁止。

第八章 发展中国家的要求

第三十条 承认发展中国家的特殊要求

1. 委员会成员应充分承认本公约发展中国家缔约方，特别是小岛屿发展中国家、参与领地和属地，在公约区域养护和管理高度洄游鱼类种群和发展这类种群的渔业的特殊要求。

2. 在履行合作义务制定高度洄游鱼类种群养护和管理措施时，委员会应考虑到发展中国家缔约方，特别是小岛屿发展中国家、参与领地和属地的特殊需要，尤其是：

（a）依赖开发海洋生物资源，包括以此满足其人口或部分人口的营养需要的发展中国家缔约方，特别是小岛屿发展中国家的脆弱性；

（b）有必要避免给发展中国家缔约方，特别是小岛屿发展中国家缔约方、参与领地和属地的自给、小规模和手工渔民、妇女渔工和土著人民造成不利影响，并确保其可从事捕鱼活动；

（c）有必要确保这些措施不会造成直接或间接地将养护和管理行动的重担不合比例地转嫁到发展中国家缔约方、参与领地。

3. 委员会应设立一个基金，以为发展中国家缔约方，特别是小岛屿发展中国家提供便利，并在适当情况下，参与领地和属地有效参与委员会的工作，包括委员会及其附属机构的会议。委员会的财务条例应包括基金管理指南和获得援助资格的标准。

4. 就本条而言，与发展中国家、领地和属地的合作可包括提供财政援助、与人力资源开发有关的援助、技术援助、技术转让（包括通过合资安排）以及咨询服务。这类援助除其他外应直接用于：

（a）通过收集、报告、核查、交流和分析渔业数据和有关信息改进高度洄游鱼类种群的养护和管理；

（b）资源评价和科学研究；

（c）监测、管制、监督、遵守和执法，包括当地培训、能力提高，开发和资助国家及区域的观察员计划以及得到技术和设备。

第九章　和平解决争端

第三十一条　解决争端程序

协定第八部分所载有关争端解决的条款比照适用于有关委员会成员之间的任何争端，无论其是否也是协定的成员。

第十章　本公约的非成员

第三十二条　本公约的非成员

1. 委员会每一成员应采取与本公约、协定和国际法相一致的措施，防止悬挂本公约非成员旗帜的船舶从事破坏委员会通过的养护和管理措施效力的活动。

2. 委员会成员应交换在公约区域从事捕鱼活动的悬挂本公约非成员旗帜的渔船活动的信息。

3. 委员会应提请不是本公约缔约方的任何国家注意，按委员会的观点，影响了实现本公约目标的其国民或悬挂其旗帜的船舶的活动。

4. 委员会成员应单独或联合要求有船在公约区域的本公约的非成员完全合作以执行委员会通过的养护和管理措施，并确保这类措施适用于公约区域的所有渔业活动。本公约的这类非成员从参加捕捞所得利益应与其为遵守关于有关种群的养护和管理措施所作承诺及遵守养护和管理措施的情况相称。

5. 本公约非缔约方，经请求并经委员会成员同意，并依照有关给予观察员地位的议事规则，可被邀请作为观察员参加委员会的会议。

第十一章　诚意和滥用权利

第三十三条　诚意和滥用权利

本公约下的义务应以诚意履行，并应以不致构成滥用权利的方式行使本公约所承认的权利。

第十二章　最　终　条　款

第三十四条　签字、批准、接受、核准

1. 本公约应向澳大利亚、加拿大、中国、库克群岛、密克罗尼西亚联邦、斐济、法国、印度尼西亚、日本、基里巴斯、马绍尔群岛、瑙鲁、新西兰、纽埃、帕劳、巴布亚新几内亚、菲律宾、韩国、萨摩亚、所罗门群岛、汤加、图瓦卢、英国（代表皮特凯恩岛、亨德森岛、迪西岛和奥埃诺岛）、美国和瓦努阿图开放签字，并应从 2000 年 9 月 5 日起 12 个月内开放供签字。

2. 本公约须经签字者批准、接受或核准。

3. 批准、接受或核准的文书应由保存方保存。

4. 每一缔约方应是公约建立的委员会的成员。

第三十五条　加　　　入

1. 本公约保留开放供第三十四条 1 款所述的国家以及 1982 年公约第 305 条 1 款（c）、（d）和（e）所述的并位于公约区域的任何实体加入。

2. 本公约生效后，缔约方可以协商一致的方式邀请其国民和渔船希望在公约区域从

事捕捞高度洄游鱼类种群的其他国家、区域经济一体化组织加入本公约。

3. 加入的文书应由保存方保存。

第三十六条 生 效

1. 本公约应在以下批准、接受、核准或加入的文书交存之日的 30 天起生效：

（a）位于北纬 20 度以北的三个国家；

（b）位于北纬 20 度以南的七个国家；

2. 如在本公约通过后的 3 年内，本公约没有被 1 款（a）项所述的三个国家批准，本公约应在收到第 13 份批准、接受、核准或加入的文书后 6 个月生效或根据 1 款生效，以较早的日期为准。

3. 对于在公约生效后批准、正式确认、接受和核准本公约或加入本公约的国家，以及 1982 年公约第 305 条 1 款（c）、（d）和（e）所述的并位于公约区域的任何实体或区域经济一体化组织，本公约应在其交存批准、正式确认、接受和核准书或加入后的第 30 天对其生效。

第三十七条 保留和例外

不得对本公约做出保留或例外。

第三十八条 声明和说明

第三十七条不排除国家以及 1982 年公约第 305 条 1 款（c）、（d）和（e）所述的并位于公约区域的实体或区域经济一体化组织在签署、批准或加入本公约时，做出不论如何措辞或用何种名称的声明或说明，目的在于除其他外使其法律和规章同本公约条文取得协调，但须这种声明或说明无意排除或修改本公约条文适用于该国、实体或区域经济一体化组织的法律效力。

第三十九条 与其他协定的关系

本公约不应改变缔约方以及第九条 2 款所述的捕鱼实体根据与本公约相符合的其他协定而产生的权利和义务，但以不影响其他缔约方根据本公约享有的权利和义务为限。

第四十条 修 正

1. 任何委员会成员可提出对公约的修正供委员会审议。任何这类修正应在由委员会召开审议该修正案的会议前至少 60 天以书面形式通知执行主任。执行主任应立即向所有委员会成员分发该通知。

2. 对公约的修正应在委员会的年会上考虑,但多数成员要求召开特别会议以考虑所提议的修正案除外,特别会议可在通知的 60 天后举行。对公约的修正案应协商一致通过。由委员会通过的任何修正案的文本应由执行主任立即分送所有成员。

3. 对公约的修正案应在多数缔约方交存其核准或加入书之日起的第 30 天对批准或加入的缔约方生效。随后,对批准或加入该修正案的每一缔约方所要求的这类文书的数量交存后,该修正案应在其交存批准或加入书之日起的第 30 天生效。

第四十一条 附 件

1. 各附件为本公约的组成部分,除另有明文规定外,凡提到本公约或其一个部分也就包括提到与其有关的附件。

2. 本公约的附件可被修改,委员会的任何成员可提议修改附件。尽管有第四十条的规定,但如果关于附件的修改在委员会会议上被协商一致通过,其应作为本公约的一部分并应在通过之日起有效或按照这类修正案中规定的其他日期起有效。

第四十二条 退 出

1. 一缔约方可书面通知保存方退出本公约,并可说明其理由。未说明理由不应影响退出的效力。退出应在接到通知之日后一年生效,除非通知中注明一个较后的日期。

2. 一缔约方退出公约不应影响在退出生效之前发生的该成员的财政义务。

3. 一缔约方退出决不影响其按照国际法而无须基于本公约即应履行的本公约所载的这类成员的任何义务。

第四十三条 领地的参加

1. 委员会及其附属机构应对以下经对其负有国际事务责任的缔约方适当授权的领地开放:

(a) 美属萨摩亚;

(b) 法属波利尼西亚;

(c) 关岛;

(d) 新喀里多尼亚;

(e) 北马里亚纳群岛;

(f) 托克劳;

(g) 瓦利斯和富图纳。

2. 这类参加的特征和范围应由缔约方考虑国际法、本公约管辖事务的权限分配以及这类领地行使和履行公约下的权利和义务的能力的变化,在委员会单独的议事规则中规定。

3. 尽管有以上 2 款,但所有这类参加者应有资格充分参加委员会的工作,包括有权参加委员会及其附属机构的会议并发言。在行使其职能和做出决定时，委员会应考虑所有参加者的利益。

第四十四条 保 存 方

新西兰政府应是本公约以及任何公约修正案的保存方。保存方应根据《联合国宪章》第一百零二条向联合国秘书长注册本公约。

下列全权代表，经正式授权，在本公约上签字，以资证明。

2000 年 9 月 5 日在檀香山签署单一正本。

附件一　捕 鱼 实 体

1. 在本公约生效后，有船在公约区域捕捞高度洄游鱼类种群的任何捕鱼实体，可向保存方交送书面文书并同意接受公约建立的机制。这类同意应在交送该文书的 30 天后生效。任何这类捕鱼实体可以书面通知保存方的形式撤回这种同意。撤回应在保存方收到该通知之日后一年生效，除非通知中注明一个较后的日期。

2. 这类捕鱼实体应参加委员会的工作，包括参加决策并应遵守本公约下的义务。就本公约而言，在上述情形下提及委员会或委员会成员的情况包括这类捕鱼实体以及缔约方。

3. 如关于本公约的解释和应用的有关争端涉及一个捕鱼实体，并且该争端当事方之间不能达成解决办法，该争端应在任一当事方的要求下，根据常设仲裁法院的有关规则提交最终和有约束力的仲裁。

4. 本附件有关捕鱼实体的参加条款仅就本公约而言。

附件二　复议工作组

1. 根据第二十条 6 款，对委员会一项决定的复议申请应在该决定通过后的 30 天内以书面通知执行主任的形式递交。这类通知应附要求复议的理由的声明。执行主任应向所有委员会成员分发该通知以及声明的副本。

2. 复议工作组应按以下构成：

（a）根据本附件，复议工作组应在依据 1982 年公约附件八第 2 条由联合国粮食及农业组织起草并保留的渔业领域的专家名单或由执行主任保留的相同专家名单中任命三个成员；

（b）提交申请复议的委员会成员（申请人）应任命一位成员，该成员可以是也可以不是其国民，该任命应包括在本附件 1 款所述书面通知中；

（c）在超过一个的委员会成员对相同的决定寻求复议时，这类成员应在收到第一个提交的书面通知的 20 天内，共同协议任命工作组的一名成员，尽管所要求的复议是每个申请者提出的，如果有关成员不能就任命问题达成一致，任命应在任何这类成员的要求下根据（f）项进行；

（d）委员会的主席应在收到本附件 1 款所述的通知的 20 天内，任命一名成员；

（e）其他成员的任命应由委员会一个或多个要求复议的成员和委员会主席议定，他们应在三名成员中任命复议工作组组长，如果在收到本附件 1 款所述的通知的 20 天内，要求复议的一个或多个成员和委员会主席无法就一名或多名成员的任命或组长的任命达成一致，所剩的一项或多项任命应在任何成员的要求下根据（f）项进行，这类要求应在上述 20 天的时间到期后的 10 天内提出；

（f）除各方同意（c）、（d）和（e）项下的对一人或对各方选择的一个来自第三国的任命外，海洋法国际法庭的庭长应做出必要的任命；

（g）任何空缺的补充应按最初任命的方式进行。

3. 意见听取会应在复议工作组建成后的 30 天在工作组决定的地点和时间举行。

4. 复议工作组应决定其自己的程序，以保证一个或多个申请者有充分的机会发表意见并陈述其案例。

5. 执行主任应代表委员会行事，并向复议工作组提供充足的信息以保证其理解做出该项决定的基础。

6. 任何成员可以向复议工作组提供与复议有关的问题的备忘录，工作组应允许任何这类成员有充分的机会发表意见。

7. 除复议工作组因特定的情况另有决定外，复议工作组的费用包括其成员的酬劳，应按下列方式承担：

（a）70%应由申请者承担，或在申请者超过一个时由申请者平均分摊；

（b）30%应由委员会的年度预算承担。

8. 复议工作组的任何决定均应由其成员的多数做出。

9. 如申请者或在申请者超过一个时其任何一个未出现在复议工作组，工作组可继续其进程和提出结论和建议。申请者的缺席不构成复议程序的停止。

10. 复议工作组的结论和建议应仅限申请者提出的主题事项，并陈述其理由。该结论和建议应包括参加的成员姓名和得出结论的日期。工作组的任何成员可以附载其对于结论的单独或不同的观点。但复议工作组不得用委员会的决定作替代。工作组应在听取意见后的 30 天内将其结论和建议通知一个或多个申请者和执行主任。执行主任应向委员会的所有成员分发复议工作组的结论和建议以及理由的副本。

附件三 捕鱼的条款和条件

第一条 介 绍

经授权在公约区域捕鱼的每一条渔船上的操作员应在该船位于公约区域的所有时间内遵守以下条款和条件。这类条款和条件应额外适用于根据委员会成员发放的许可或依据双边或多边渔业协定在委员会成员的国家管辖区内作业的渔船。就本附件而言，"操作员"是指负责、指挥或控制一艘船舶的任何人员，包括船主、船长或租赁者。

第二条　遵守国家法律

船舶操作员应在船舶进入本公约的每一沿海国的国家管辖区时遵守其适用的国家法律,并应为其渔船和船员遵守这类法律负责。该船应根据这类法律的规定作业。

第三条　在观察员方面的操作员义务

1. 操作员和每一船员应允许和协助在区域观察员计划中被指定为观察员的人员:

(a) 根据议定的地点和时间上船;

(b) 完全进入和使用观察员认为执行其职责所必要的船上所有设施和设备,包括完全进入驾驶舱以及船上存放、加工、称量和存储鱼的区域,查看船上记录,包括其日志和检查有关记录文件并得到副本,合理使用或查看航行设备、海图和无线电,以及有关捕鱼的其他信息;

(c) 移动样本;

(d) 在议定的地点和时间下船;

(e) 安全地执行其所有任务。

2. 操作员或任何船员不得干扰、阻碍、抵制、拖延或拒绝观察员登临,也不得在其执行任务时进行恐吓或干扰。

3. 操作员应在观察员在船上期间,在不向观察员或观察员的政府收费的情况下,按正常情况下船上职务船员相同的合理标准向其提供住宿、食物和医疗设施。

第四条　转 运 规 则

1. 操作员应遵守委员会建立的核实已转运的渔获数量和种类的程序,以及委员会建立的在公约区域关于转运的额外程序和措施。

2. 操作员应允许和协助经委员会授权或经转运发生在其指定港口或海域的委员会成员授权的人员完全进入和使用该人员认为行使其职能所需的设施和设备,包括可完全进入驾驶舱以及船上存放、加工、称量和储存渔获物的区域,为检查而查看船舶记录,包括其日志和文件并拍照。操作员也应允许和协助这类经授权人员移动并收集充分监督活动所要求的其他信息。操作员或任何船员不得对观察员进行干扰、阻碍、抵制、拖延或拒绝其登临,也不得在其执行任务时进行恐吓或干扰。操作员在检查转运活动期间,应尽一切努力确保尽量减少对捕鱼作业的干扰。

第五条　报　　　告

操作员应根据协定附件一所载的这类数据收集的标准记录并报告船位、目标种类和非目标种类的捕捞量、捕捞努力量以及其他有关渔业数据。

第六条 执 法

1. 渔船的船旗国对一艘船舶颁发的授权,以及在适用时本公约沿海国缔约方发放的任何证件,或经正式核证无误的副本、传真或电传的确认,应在所有时间存留船上,并在任何委员会成员的经授权的执法公务人员要求时出具。

2. 船上的船长及每一位船员应立即遵守委员会成员的经授权和指定的人员发出的指令和指示,包括停船、向特定地点航行以及便于安全地对该船实施登临和检查该船、证件、渔具、设备、记录、设施、渔获物及其产品。这类登临和检查应尽可能减少对渔船合法作业造成不适当的干扰。操作员以及船上每位船员应便于和协助经授权的人员采取的行动,并不得干扰、阻止、抵制、拖延、拒绝登临,也不得在经授权的人员执行其任务时威胁或干扰该人员。

3. 渔船应根据联合国粮食及农业组织的《渔船标志与识别标准规范》或委员会可能通过的替代标准标识,在公约区域的所有时间里,这类标志的所有部分应明显、易于辨认和不被覆盖。

4. 操作员应确保持续地监听国际遇难和呼叫 2182 千赫(HF)频率,以及国际安全和呼叫 156.8 兆赫(VHF-FM,16 频道)频率,以便与委员会成员的渔业管理、监督及执法当局联系。

5. 操作员应确保在船上留有最近和最新国际信号守则(INTERCO),并在所有时间应用。

6. 当一艘没有捕鱼证件的船舶在委员会成员的国家管辖区内航行,以及未得到其船旗国在公海捕鱼的授权而在公海航行时,在其航行的所有时间内,该船上的所有捕鱼设备应被收好或以不能很快地被用来捕鱼的方式放好。

附件四 信息的要求

以下信息应载于按第二十四条 4 款要求保留的记录中:

1. 渔船船名、注册号、以前船名(如得知)以及注册港;

2. 一个或多个船主的姓名和地址;

3. 船长姓名和国籍;

4. 以前船旗(如有);

5. 国际无线电呼号;

6. 船上通信类型和号码(国际海事卫星 A、B 和 C 以及卫星通信电话号码);

7. 船舶的彩色照片;

8. 何时何地建造;

9. 船舶类型;

10. 正常船员编制人数;

11. 一种或多种渔法类型;

12. 长度;

13. 型深;

14. 船宽;

15. 总登记吨位;

16. 主机或发动机功率;

17. 船旗国颁发的授权捕鱼的特征;

18. 承载能力,包括冷冻机类型、冷冻能力和数量以及鱼舱容量。

第二部分　WCPFC 议事规则

第一章 会 议

第一条 召开定期和特别会议

1. 委员会应召开定期年会①。在每个定期年会结束前，如可能，应决定下一定期年会的召开日期和大概会期。除非委员会另有决定，委员会及其附属机构的所有会议每年不应超过二次。

2. 执行主任应尽可能早地但至少在定期年会开始前 90 天将会议日期、地点和暂定议题通知委员会成员②、公约第四十三条提及的领地和第三十六条提及的观察员。

3. 在特别情况下，委员会可根据本段规定举行特别会议。委员会的任何成员可请求执行主任召集特别会议。执行主任应立刻将该请求通知委员会其他成员，并征询其是否对此同意。如在执行主任发出通知后 30 天内，委员会大部分成员对该请求表示同意，应由执行主任召集委员会特别会议，该特别会议应在收到上述同意意见 30 天后但不晚于 90 天召开。执行主任应尽早但至少在会议召开 90 天前将该特别会议的时间、地点和暂定议题通知委员会成员、公约第四十三条提及的每一领地、本规则第三十六条提及的观察员。

4. 除非另有决定，委员会应在其总部召开会议。

第二章 议 题

第二条 定期会议制定暂定议题

1. 定期会议的暂定议题应由执行主任与主席协商后制定。

2. 定期会议的暂定议题应包括：

（a）执行主任就委员会工作的年度报告；

（b）委员会前次会议要求的事项；

（c）委员会成员提出的事项；

（d）有关下一财年预算、上一财年财务报告和审计报告的事项；

---

① 在本议事规则中，除非另有规定，"定期会议"是指公约第九条 3 款规定的委员会年会。

② 根据《中西部太平洋高度洄游鱼类种群养护和管理公约》第九条 2 款，《执行 1982 年 12 月 10 日〈联合国海洋法公约〉有关养护和管理跨界鱼类种群和高度洄游鱼类种群的规定的协定》提及的并已按公约附件一的规定同意接受公约建立的机制的捕鱼实体，根据第九条和附件一的规定，并遵守第三十四条 4 款的规定，可参加委员会包括决策在内的工作，根据附件一第 2 段的规定，该捕鱼实体应参加委员会包含决策在内的工作，并应遵守公约规定的义务，在本公约中，当提及委员会或委员会成员时，除缔约方外，也包括该捕鱼实体。

（e）科学分委会的建议案以及根据公约第十三条由科学专家提出的建议案；

（f）技术和履约分委会的建议案；

（g）根据公约第十一条 7 款建立的分委会的建议案；

（h）根据公约第三部分对发展中国家特别要求的考虑；

（i）执行主任认为有必要向委员会提出的事项。

第三条　定期会议补充事项

在定期会议召开日期至少 30 天以前，委员会任何成员、主席或执行主任可以请求在议题中增加补充事项。在暂定议题中增加补充事项的请求应附有对提出的补充事项的书面说明。该事项应在补充清单中列出，补充清单应在会议开幕前至少 20 天向委员会成员、公约第四十三条提及的每一领地和本议事规则第三十六条提及的观察员通报。

第四条　特别会议制定暂定议题

特别会议暂定议题应仅包括请求召开该会议时提出供考虑的事项。

第五条　定期和特别会议通过议题

每次会议开始时，委员会应在暂定议题的基础上通过会议议题，但在紧急情况下，委员会可在会议当中随时在议题中列入具有重要或紧急性质的额外事项。

第三章　代　表

第六条　代　表

1. 委员会每一成员、公约第四十三条提及的每一领地应有指定的代表和代表团需要的副代表和顾问代表。

2. 本议事规则第三十六条提及的观察员应有指定的代表和可能需要的副代表和顾问代表。

3. 如可能，应在会议开始后不迟于 24 小时以执行主任指定的标准表格形式将代表、副代表和顾问的姓名提交给执行主任。

第七条　官　方　联　系

所有委员会成员及公约第四十三条提及的领地应在通过本规则后尽快通知执行主

任一个或多个官方联系人员。为便于委员会和有关成员或领地的官方交流，包括所有根据本规则进行的通知和交流，该联系人员应为官方联系渠道。

第四章　选　　举

第八条　选　　举

委员会应在其第一次定期会议和此后每两年在公约缔约方中选举一名不同国籍的主席和副主席。除委员会第一次定期会议以外，主席和副主席应在其被选举的会议后承担工作。根据议事规则第十条，主席和副主席应就任两年并可再次被选举。

第九条　主席的职能

1. 除行使本议事规则其他条款和公约授予的权利外,主席应宣布每一委员会会议开始和结束、指导全体会议的讨论、保证议事规则的遵守、赋予发言权、宣布发言人清单并经委员会同意宣布发言结束、提出问题并宣布决定。主席应就程序问题做出裁决，并应顾及此类裁决，在任何会议上对发言和维持会议秩序进行完全控制。在讨论某一事项时，主席可向委员会提议发言者允许的时间限制、每一代表可以发言的次数限制、在发言清单中不再增加发言人或结束辩论。主席也可提议会议暂停或会议休会或处于讨论事项的辩论延期。

2. 在行使其职能时，主席处于委员会的管理之下。

3. 代理主席的副主席应拥有与主席同样的权力和责任。

第十条　更换主席或副主席

如主席或副主席不能行使其职能或不再是缔约方代表，或其代表的缔约方不再是委员会成员，其应不再任此职务，应在其任期不足阶段选举新的主席或副主席。

第五章　秘　书　处

第十一条　执行主任的职责

1. 作为委员会首席行政管理官员,执行主任应在委员会及其附属机构的所有会议上作为首要行政管理官员。执行主任可指定秘书处的一名官员作为其代表。执行主任应履行公约或委员会在开展工作中委派给其的其他责任。

2. 执行主任应该按照经济和效率原则,提供并指导委员会及其附属机构需要的工作人员。

3. 执行主任应将任何可能与委员会利益有关的问题或事项告知委员会各成员。

第十二条　秘书处职责

秘书处应执行公约第十五条规定的职责并行使职能。特别是,秘书处应接收、复制并分发委员会及其附属机构的文件、报告和决定,根据第三十三条准备并分发委员会会议的综合报告,监护并适当保护委员会档案中的文件;向委员会成员、公约第四十三条提及的领地和本规则第三十六条提及的观察员分发所有委员会文件;并应执行委员会可能要求的所有其他工作。

第十三条　执行主任关于委员会工作的报告

执行主任应在定期会议上向委员会做关于委员会工作的年度报告,以及必要时的补充报告。执行主任应至少在定期会议开幕前 45 天向委员会成员、公约第四十三条提及的领地和本规则第三十六条提及的观察员提交的年度报告。

第六章　举行全体会议

第十四条　法 定 多 数

主席可在至少四分之三委员会成员出席会议时宣布委员会会议开始并允许进行辩论。

第十五条　会议开始和结束

1. 委员会及其附属机构会议应是公开的,除非委员会或有关附属机构决定,异常情况需要召开闭门会议。

2. 闭门会议上做出的委员会的决定应尽早在委员会公开会议上宣布。附属机构的闭门会议结束后,主席可通过执行主任发布报告。

第十六条　发　　　言

未事先得到主席许可,任何代表不得在委员会上发言。主席应按照发言者示意希望发言的顺序点名发言人，但为了解释委员会附属机构已达成的结果，可给予附属机构主席优先发言权。若发言人的发言与讨论的问题无关，主席可打断其发言。

第十七条　秘书处发言

执行主任或其指定的作为其代表的秘书处成员可在任何时间得到主席允许后，向委员会做有关任何委员会考虑的问题的口头或书面发言。

第十八条　程 序 问 题

讨论任何事项时，委员会成员可提出程序问题，该程序问题应立即由主席根据议事规则做出决定。委员会成员可对主席的裁决提出反对。在此情况下，会议应立即对该反对进行表决，除非参加并表决的大多数委员会成员否决主席的裁决，否则主席的裁决应维持不变，提出程序问题的代表可不就讨论事项的实质内容发言。

第十九条　程序性动议

1. 根据第十八条，委员会成员可随时提出如下任何程序性动议。上述动议应比会议上的所有其他提案或动议具有如下顺序的优先权：

（a）暂停会议；

（b）休会；

（c）推迟讨论事项的辩论；

（d）结束。

2. 任何质疑委员会是否有权对某一事项做出决定的动议，应在表决该事项之前予以表决。

第二十条　提案和修正案

提案和修正案通常以书面形式向执行主任提交，执行主任应向各代表团散发副本。作为一般规则，不得在委员会任何会议上对提案进行讨论或表决，除非其副本已不晚于开会的前一天向各代表团散发。但是，主席可允许讨论和考虑修正案或程序动议，即使上述修正案和动议尚未散发或仅在当天散发。

第七章　决　　策

第二十一条　表　决　权

除非公约另有规定，委员会每一成员仅有一票。

第二十二条 决 策

1. 作为通常规则，委员会应以协商一致决策。在本议事规则中，"协商一致"是指在做出决定时无任何反对。

2. 如所有为取得协商一致所做的努力失败，对有关程序问题的决定应由出席和表决的多数票做出。对有关实质问题的决定应由出席和表决的四分之三多数票做出，但这类多数票应包括出席和表决的太平洋岛国论坛渔业局成员四分之三多数，以及出席和表决的非太平洋岛国论坛渔业局成员四分之三多数，并且在任何情况下，在任一议事小组中，两票或更少票不构成对一项建议的否决。当提出某一问题是否是实质问题时，应将该问题视为实质问题，但委员会做出协商一致决定的或以实质问题要求的多数票做出的决定的情况除外。

3. 如会议主席认为为达成协商一致的所有努力失败，其应在委员会的该届年会上确定一个日期以通过表决做出决定。在任何成员的要求下，委员会可由出席和表决的多数成员同意推迟做出决定，直至委员会可能决定的该届会议的另一时间。在该另一时间，委员会应就被推迟表决的问题进行表决，这一规则对任何问题只适用一次。

4. 就个人的选举应按照公约第二十条进行。在表决时，尽管有本议事规则第二十四条的规定，但该选举应以无记名的方式进行。如在第一次投票时没有候选人获得必要的大部分票数，应对获得最多票数的两人进行第二次投票。如第二次投票两人票数相等，应继续投票直至一名候选人得到多数票数。

5. 在本议事规则中，根据第二十一条和第三十四条，"出席和表决"一词是指出席并投出支持或反对票的委员会成员。弃权的委员会成员应被认为未投票。

第二十三条 要求协商一致的决定

由公约如下条款引起的实质问题的决定应以协商一致做出：第九条8款（通过和修改议事规则）、第十条4款（关于总允许捕捞量的分配和捕捞努力量总体水平的决定）、第十七条2款（通过财务规定）、第十八条1款、2款（通过预算和评估分摊预算会费的方案）和第四十条（修改公约）。

第二十四条 表 决 方 式

委员会应以举手或起立的方式进行表决，但是委员会任何成员可请求点名，点名应以出席该会议的委员会成员名称的字母顺序进行，并从主席抽签决定的成员开始。点名时应点到委员会每一成员，被点名成员的代表之一应回答"是"、"否"或"弃权"。表决结果应按委员会成员名称的字母顺序放入记录中。

第二十五条 进 行 表 决

主席宣布表决开始后，委员会任何成员不得妨碍表决，除非该委员会成员就有关表决实际操作的程序问题可打断表决。

第二十六条　表　决　说　明

委员会成员可在表决前或结束后仅就解释其表决做简短说明。主席可对此说明做出允许的时间限制，除非提案或动议被修改，发起提案或动议的委员会成员不应发言解释该表决。

第二十七条　分割提案和修正案

委员会成员可提出单独对提案或修正案的部分内容进行表决。如对一次分割请求有反对意见，应对该分割动议进行表决。应仅允许 2 名赞成、2 名反对的发言人对该分割动议发言。如该分割动议得以进行，提案或修正案被认可的上述部分内容应作为整体进行表决。如对提案或修正案的所有实施部分有反对意见，该提案或修正案应被认为已被整体否决。

第二十八条　修正案的表决顺序

当修正案作为提案时，应首先对修正案表决。当对两个或多个修正案提出提案时，委员会应首先对其实质变化最大的修正案表决，然后对其实质变化次之的修正案表决，以此类推，直至对所有的修正案表决完毕。但如通过某一个修正案意味着否定另一个修正案，则后者不应予以表决，如一个或多个修正案予以通过，则应对经修订的提案进行表决。如动议增加、删除或修改提案的部分内容，则该动议被认为是该提案的修正案。

第二十九条　提案的表决顺序

如两个或多个提案涉及同一个问题，除非另有决定，委员会应对该提案以其提交的顺序表决。在对　个提案表决后，委员会可决定是否对下一个提案表决。

第三十条　闭会期间决策

1. 必要时，闭会期间可通过互联网（如电子邮件、加密的网站）以电子表决或其他通信方式决定某一事项（闭会期间表决）。该决策方式一般应适用于程序事项，如确定召集特别会议（规则第三条）。但在例外的情况下，为达成协商一致的努力失败，有必要做紧急决定时，该决策方式可适用于实质事项。

2. 当有必要在闭会期间对某些事项做出决定时，主席主动或应提出提案的成员的请求，可立刻通过闭会期间表决通过该提案。在与副主席协商后，主席应对在闭会期间考虑该提议的必要性做出决定，主席应决定该提议提出的是程序事项还是实质事项。

3. 在主席决定无必要在闭会期间考虑某一成员提出的动议的情况下，主席应立即将此决定及原因通知该成员，该成员可根据公约规定的有关程序问题的多数决策规则，请求在闭会期间对主席的决定进行表决。

4. 如主席认为有必要在闭会期间考虑某一成员提出的提案,执行主任应立即通过本规则第七条规定的官方联络人向各成员转送 2 款所述提案和主席的决定,并要求在 40 天内回复。

5. 各成员应立即通报其收悉了所有在闭会期间进行表决的要求。如执行主任在转送 10 日内未收到任何收悉的通报,应重新转送该要求,并应使用其他所有方式确定该要求能被收到。

6. 各成员应在转送提案的 40 天内做出回复,说明其投赞成票、反对票或弃权。如在转送 40 天内未收到某一成员的回复,该成员应被记录为弃权。

7. 闭会期间表决结果应由执行主任在表决期满时确定,并立即向各成员宣布,如收到表决说明,应将该说明向所有成员转送。根据公约第二十条 6 款和 7 款的规定,如提案获得通过,该提案应在其通过 60 天后生效。

8. 任何由执行主任转送的进行闭会期间表决的提案,不得在表决期间修改。

9. 被闭会期间表决否决的提案,在委员会下次会议结束前,不应以闭会期间表决的方式被再次考虑,但可在该会议上被再次考虑。

第八章 附属机构的议事规则

第三十一条 议 事 规 则

1. 根据公约规定,委员会每一附属机构可制定为有效履行其职责所必要的议事规则,并向委员会提交请求批准。

2. 该议事规则尚未决定时,除非公约另有规定,本议事规则比照适用于附属机构,包括科学分委会以及技术和履约分委会。

第三十二条 北方分委会

尽管有本议事规则的其他规定,根据公约第十一条 7 款建立的北方分委会应按照附件一规定的议事规则行使职权。

第九章 会 议 报 告

第三十三条 会 议 报 告

1. 委员会会议的综合报告应以委员会决定的形式保存,作为一般规定,报告应尽快向所有代表散发，代表应在综合报告被散发后的 30 个工作日内告知秘书处希望更改之处。

2. 执行主任在委员会根据公约第 20 条通过决定的 7 个工作日内，向委员会所有成员、公约第 43 条提及的每一领地以及本规则第 36 条提及的观察员传达所有决定的文本。

第十章 权利的暂停

第三十四条 暂停行使表决权

委员会成员拖欠向委员会交纳的会费数额相当于或超过其在连续两个完整年度应交纳的会费数额，不应参加委员会的决策。但是，如委员会认为未支付会费是因为该成员不可控制的原因造成，可允许其参加表决。

第十一章 领地的参加

第三十五条 领地的参加

尽管有本议事规则的其他规定，根据公约第四十三条，公约第四十三条 1 款所列领地的参加特征和范围应由附件二的规则决定。

第十二章 观 察 员

第三十六条 观 察 员

1. 下列可作为观察员参加委员会及其附属机构的会议：

（a）参加了高度洄游鱼类种群养护和管理多边高级别会议的非委员会成员的国家、实体和捕鱼实体；

（b）1982 年 12 月 10 日《联合国海洋法公约》第 305 条 1（c）、1（d）和 1（e）提及的非委员会成员的任何实体；

（c）其国民和渔船在公约区域内捕捞或希望捕捞高度洄游鱼类种群的任何区域经济一体化组织；

（d）委员会邀请的对委员会工作有兴趣的非委员会成员的其他国家和捕鱼实体；

（e）联合国粮食及农业组织和其他相关政府间组织以及委员会邀请的南太平洋区域性组织。

2. 本条 1（a）、1（b）、1（c）及 1（d）款提及的观察员根据本议事规则的规定，可参加委员会及其附属机构的讨论，但应不参加决策。上述观察员提交的书面发言应由秘书处向委员会成员分发。

3. 本条 1（e）款提及的观察员应主席邀请，可参加委员会及其附属机构在该观察员职能范围内的问题的讨论，但应不参加决策。上述观察员提交的书面发言应由秘书处向委员会成员分发。

4. 希望作为观察员参会的非政府组织应至少在会议前 50 天书面通知执行主任。执行主任应在考虑该请求的会议召开前至少 45 天，将该请求通知委员会成员。向执行主任提出该通知的非政府组织应被邀请以观察员的身份参加会议，除非大多数委员会成员在会议召开前至少 20 天以书面形式反对该请求。除非委员会另有决定，该观察员地位应对以后的会议持续有效。

5. 本条 1（f）款提及的观察员可出席委员会及其附属机构的会议，可应主席邀请并经委员会或相关附属机构同意就其活动范围内的事项进行口头发言。本条 1（f）款提及的观察员在其活动范围内有关委员会工作的书面发言可经主席同意后，在委员会及其附属机构会议上分发。

第十三章 修 改

第三十七条 修 改 方 式

本议事规则可以协商一致的方式由委员会决定修改。

附件一 北方分委会议事规则

1. 根据公约第十一条 7 款建立的分委会称为北方分委会,位于公约区域北纬 20 度以北的成员和在该区域进行捕捞作业的成员应成为北方分委会的成员。在该分委会中没有代表的任何委员会成员可派代表作为观察员参加该分委会的讨论。

2. 北方分委会应协商一致为主要出现在北纬 20 度以北区域的种群(以下称为"北方种群")制定养护和管理措施的建议。该建议应与北纬 20 度以北区域的种群有关。该建议应符合委员会就相关种群或种类通过的一般政策和措施以及公约规定的养护和管理的原则和措施。若北方分委会未就上述措施提出建议,委员会不应就任何这类措施做出决定。

3. 委员会可要求北方分委会为某一北方种群的养护和管理措施制定建议,并在委员会认为适合的期限内向委员会报告。北方分委会应遵守委员会提出的这类要求。

4. 北方分委会应以协商一致的方式就委员会可能通过的北纬 20 度以北区域的上述养护和管理措施的实施提出建议。该建议应符合委员会就相关种群或种类通过的一般政策和措施以及公约规定的养护和管理的原则和措施。

5. "北方种群"指北太平洋蓝鳍金枪鱼、北太平洋长鳍金枪鱼及北太平洋剑鱼种群。委员会在科学分委会建议的基础上,应该定期审议并决定是否应修改该清单。

附件二 关于领地参加的性质和范围的议事规则

1. 公约第四十三条列出的领地一旦获取相应授权即成为"参与领地",授权应由对该参与领地的国际事务负有责任的缔约方以声明的形式进行,声明应由保存国保存。

2. 声明将说明参与领地的权限及领地责任的范围,当参与领地的能力发生变化时,声明应适当更新。

3. 参与领地有权参加委员会及其附属机构的会议并发言,有权收到所有关于上述会议的通知,参与领地不具有与其领地地位不相符的权利(如被选为主席或被计入法定多数)。

4. 对于参与领地有权限的事项,该参与领地可提出提案或修正案。

5. 对于参与领地不具有权限的事项,该领地经负责其国际事务的缔约方特定授权,可以提出提案并提供修正案。

6. 必要时,根据公约第四十三条,其他权利和限制应由缔约方在议事规则中确定。

7. 根据公约第二十条,委员会将努力协商一致做出决策。与其全部参加委员会的工作相一致，所有参与领地将参加委员会的讨论以取得协商一致。参与领地的意见将被适当考虑并在做出任何决策时予以考虑。在做出涉及参与领地经济意义的决策时，寻求协商一致尤其重要，例如：

（a）如参与领地负责养护和管理其水域的资源，决定有关分配的决策时；

（b）如参与领地向委员会预算交纳独立且自愿性的会费，决定有关会费规模时。

8. 当能够取得协商一致，但为考虑对其水域内资源具有完整权限的参与领地（对分配做出决策时）或对委员会预算有贡献的参与领地（对预算和会费做出决策时）的意见时，上述参与领地可要求对受到影响的议题进行至多 12 小时的额外磋商。尽管有此规定，参与领地不能阻挡对一个提案的协商一致。

9. 参与领地需要符合预先确定的标准以便获得并行使在委员会内表决的权利，评估是否满足这些标准的尺度和过程需要缔约方进一步讨论。

第三部分　养护和管理措施

第 2004-03 号：渔船标志与识别规范

第一节 一般条款

一、目的、根据与范围

1. 本规范旨在促进 WCPFC 实施联合国粮农组织（FAO）渔船标志与识别标准规范。

2. 本规范应适用于委员会成员授权在公约区域的国家管辖区外海域捕鱼作业的所有渔船。

3. 本规范应被解释与运用于和《中西部太平洋高度洄游鱼类种群养护和管理公约》的内容相关及相符的情况。

二、定义

在本规范中：

"公约"是指 2000 年 9 月 5 日在夏威夷檀香山通过的《中西部太平洋高度洄游鱼类种群养护和管理公约》；

"甲板"是指水平面上的任何表层，包括驾驶室顶部；

"联合国粮农组织渔船标志与识别标准规范"是指 FAO 于 1989 年 4 月 10 日至 14 日于罗马召开的第 18 届联合国粮食及农业组织渔业委员会（COFI）通过的标准规范；

"船舶"是指公约第一条（e）款的定义，且经委员会成员批准在其国家管辖区外的公约区域捕鱼的任何渔船，包括渔船上携带的用于捕鱼作业的小船、小艇或载具（包括航空器）；

"经营者"是指任何负责、指挥或控制船舶的人，或为了其直接经济或财务利益使用船舶的任何人，包括船长、船主或租船者。

第二节 规定与适用

一、一般规定

1. 委员会各成员应确保渔船经营者：

（a）必须在渔船上标示国际无线电呼号（IRCS）；

（b）必须在未取得 IRCS 的渔船上标示国际电信联盟（ITU）所授予委员会成员的代号，或其他可能在双边渔业合作协议中所要求的国家识别代号，并酌情加上委员会成员所授予的捕鱼或渔船注册号，在此情况下，国家识别代号与执照或渔船注册号之间应有连字符。

2. 无论是采用 1（a）还是 1（b）系统，该标识号以下称为 WCPFC 识别号（WIN）。

3. 委员会成员应确保：

（a）除国际实践或国家立法可能要求的船名或识别标志及注册港外，上述指定的 WIN 应是涂写在船体或其上层建筑上，包括字母和数字组成的唯一渔船识别标识；

（b）要求渔船标示 WIN 是批准在国家管辖区外的公约区域作业的一项条件；

（c）以下情形违反国家法令：

　　（i）未遵守这些规格

　　（ii）渔船无标示或标示错误

　　（iii）蓄意移除或遮蔽 WIN

　　（iv）将 WIN 交由其他经营者或船舶使用

（d）上述 3（c）各款所列的违规行为可作为拒绝批准捕鱼的理由。

二、标示及其他技术规格

1. 委员会每一成员应确保经营者在任何时候都以显著的英文显示其 WIN：

（a）在船体或其上层建筑上：左舷和右舷，经营者可在与船侧成某一角度的固定装置或上层建筑上标示 WIN，但前提是倾斜角度不妨碍从另一艘船舶或空中看到标识；

（b）在甲板上，除"二、"中下述第 4 款所述情况外，若在甲板搭建遮篷或放置其他临时性遮盖物，以致甲板上标识无法看清，则这些遮篷和遮盖物亦应标示，标示应横向，朝向船首，顶部为号或字母。

2. 委员会成员应确保经营者放置 WIN：

（a）尽可能高于船身两侧水线位置，并避免标示在船体的某些部分，如船头和船尾两舷侧的外倾部分（喇叭口）；

（b）不允许标识被存放或使用的渔具遮盖；

（c）远离排水口或舷外排放物，包括可能因捕获某些种类的渔获物而损坏或变色的地方；

（d）其字母或数字不延伸到水线下。

3. 无甲板船不要求在水平表面上显示 WIN。然而，委员会成员应鼓励经营者在可行的情况下，设置一块可以放置 WIN 的板，以便从空中清楚地看到。

4. 船舶携带的用于捕捞作业的小船、小艇或载具也应标示与该船相同的 WIN。

5. 委员会成员须确保渔船经营者遵照下述 WIN 标示规定：

（a）始终使用印刷体字母和数字；

（b）字母和数字的宽度与高度成比例；

（c）字母和数字的高度与船舶大小的比例应符合以下规定：

　　（i）WIN 标示于船体或其上层建筑及/或倾斜表面时：

渔船全长	字体高度不得小于
25 米以上	1 米
20 米以上未到 25 米	80 厘米
15 米以上未到 20 米	60 厘米
12 米以上未到 15 米	40 厘米
5 米以上未到 12 米	30 厘米
未到 5 米	10 厘米

（ii）WIN 标示于甲板时：5 米或以上的任何渔船，字体高度不得小于 30 厘米
（d）连字符长度为字母和数字高度的一半；
（e）所有字母、数字和连字符的笔画宽度为高度的六分之一；
（f）各字母及/或数字间的空格标准为不超过四分之一或不小于六分之一的高度；
（g）有斜边的字母（如 A、V）的相邻空格标准为不超过八分之一或不小于十分之一的高度；
（h）WIN 在黑底时为白色，在白底时为黑色；
（i）WIN 周围的背景应延伸，提供不少于六分之一高度的边框；
（j）始终使用质量良好的船用漆；
（k）当使用逆反光材料或发热材料时，WIN 应符合这些规范要求；
（l）WIN 及其背景底色始终保持良好状况。

第三节　WIN 的记录

委员会成员应依公约第二十四条 4 款于渔船记录中输入 WIN。

第四节　规范的审议与修正

委员会应保持对这些规范的审议，并酌情修正。

第 2006-04 号：西南太平洋条纹四鳍旗鱼的养护和管理措施

WCPFC 依据《中西部太平洋高度洄游鱼类种群养护和管理公约》及 1982 年 12 月 10 日《联合国海洋法公约》的规定：
注意到针对西南太平洋条纹四鳍旗鱼进行的第一个区域性资源评估指出，其资源丰度持续下降；
进一步注意到科学分委会的建议，作为一项预防性措施，在对条纹四鳍旗鱼的资源状况做出更确定的估计之前，不得增加条纹四鳍旗鱼的捕捞死亡率。因为捕捞死亡率的

增加可能使条纹四鳍旗鱼资源走向过度捕捞的状态。

依据公约第十条，通过如下养护和管理措施。

1. 委员会成员、合作非成员及参与领地（合称CCMs），应将其在公约区域南纬15度以南捕捞条纹四鳍旗鱼的渔船数限制在2000～2004年的任一年水平。

2. 第1款不应损及公约区域CCMs中希望在南纬15度以南寻求发展其自己条纹四鳍旗鱼渔业至2000～2004年负责任水平的小岛屿发展中国家及参与领地，以及希望在其渔业水域内寻求发展条纹四鳍旗鱼渔业至负责任水平的沿海国，在国际法下的合法权利与义务。

3. CCMs应合作保护西南太平洋条纹四鳍旗鱼渔业的长期可持续性及经济可行性，特别应合作研究降低该物种种群状态的不确定性。

4. 依第1款，CCMs应于2007年7月1日前向委员会提供其2000～2004年在公约区域南纬15度以南捕捞条纹四鳍旗鱼的渔船数信息，并应提出在上述区域内继续允许捕捞条纹四鳍旗鱼的最多渔船数。CCMs应每年向委员会报告其在南纬15度以南公约区域兼捕条纹四鳍旗鱼渔船的兼捕量，以及捕捞条纹四鳍旗鱼的渔船数和渔获量。

5. 第1款至第4款不适用于位于公约区域南纬15度以南已经采取和继续采取重大步骤，通过国家立法暂停在其管辖海域商业捕捞的条纹四鳍旗鱼上岸卸货，来应对西南太平洋条纹四鳍旗鱼资源状况关切的沿海国。

6. 委员会执行主任应汇编和分发CCMs依第4款向委员会提供的信息。技术和履约分委会应监督和审议这些措施的遵守情况，并在必要时向委员会提出建议。

第2006-07号：关于区域观察员计划的养护和管理措施

WCPFC依据《中西部太平洋高度洄游鱼类种群养护和管理公约》第二十八条：

回顾委员会于第二届年会同意继续采用由WCPFC筹备会议第三工作小组所建议及WCPFC TCC-2005/14所认定的混合选项；

承诺执行公约第三十条关于承认发展中国家的特殊需求；

注意到委员会应确立区域观察员计划，以在公约区域收集经核实的数据、其他科学数据及与渔业相关的额外数据，并监督委员会通过的养护和管理措施的执行；

进一步注意到区域观察员计划应包含委员会秘书处所核准的独立且公正的观察员，且该计划应最大可能与其他区域、分区域及国家观察员计划相互协调。

依据公约第十条，通过下述关于确立WCPFC观察员计划的规定。

1. 委员会据此制定确立WCPFC区域观察员计划的程序；

2. 2007年委员会第四届年会将通过区域观察员计划（ROP）；

3. 委员会据此设立一个闭会期间区域观察员计划工作组（IWG-ROP），以制定区域观察员计划。IWG-ROP的权限范围（TOR）应为第二届技术和履约分委会通过的权限范围，并作为附件 1；

4. 委员会注意到太平洋岛国论坛渔业局成员的 WCPFC3-2006-DP05 号养护和管理措施提案，该提案应送交 IWG-ROP，供其制定区域观察员计划时考虑。

附件 1 闭会期间区域观察员计划工作组

1. 技术和履约分委会（TCC）：

（a）回顾公约第二十八条要求公约区域的区域观察员计划有下列特点：

（i）组织方式灵活

（ii）符合成本效益，并与现有的区域、分区域和国家观察员计划相互协调，以避免重复

（iii）由委员会秘书处核准的独立和公正的观察员组成

（iv）观察员的培训和发证按照统一程序进行

（b）进一步回顾委员会同意 ROP 为混合选项；

（c）认识到需要进一步工作加快推进 ROP 的实施；

（d）建议委员会为此设立一个闭会期间区域观察员计划工作组（IWG-ROP），TCC 拟定了第 2 款和第 3 款所述的该工作组的权限范围草案，作为委员会的指南意见。

权限范围草案

2. TCC 进一步建议 IWG-ROP，除其他外，应当：

（a）就设计 ROP 的近期目标和长期目标是否适当发表意见；

（b）考虑为支持 ROP 及其执行所需的组织和财务方面的安排；

（c）审议 ROP 的科学、技术、与履约有关的实际和经济因素及其可行性；

（d）考虑每一种渔业的特点，制定详细的策略计划，包括一个实际时间表，以制定和分阶段执行 ROP；

（e）制定根据 ROP 派驻观察员的程序；

（f）考虑为每一种渔业的 ROP 观察员列出任务清单；

（g）考虑观察员的标准和协调程序，包括数据和报告格式以及述职汇报程序；

（h）考虑其他观察员计划和委员会要求的收集数据的其他方法，考虑 ROP 的观察员覆盖率；

（i）考虑观察员数据安全的操作程序和指导方针；

（j）与公约区域现有的主要观察员计划合作，制定一个观察员提供方认证标准和程序草案，除其他外，包括：

（i）人员招募、选拔、资格和培训

（ii）有能力执行委员会要求的观察员角色和任务的技术与作业规定，包括数据管理

（iii）观察员的日常管理，包括所有人事和财务问题，以及所有后勤部门的协调

（iv）有效、高效和安全派驻与重新获得观察员的能力

（v）安排观察员述职汇报，对收集的数据和准备的报告进行初步检查和验证的能力

（vi）安全政策和程序

（vii）与接受观察员的客户国家、公司和渔船保持良好的通信联系

（k）准备观察员权利、职责和责任指南；

（l）制定促进发展国家观察员计划的程序，以取得委员会认证；

（m）考虑 ROP 数据管理的需要；

（n）制定观察员海上安全标准；

（o）考虑制定观察员行为指南和监督观察员遵守行为指南的程序；

（p）提供委员会关于转运观察员需遵守安全标准的建议。

3. TCC 建议 IWG-ROP 根据 TCC2 会议报告第 52 款至第 69 款中报告的 TCC2 会议讨论的内容，审议 WCPFC-TCC2-2006-11 号文件所载的 ROP 第一版草案，并准备一份修正草案。

4. TCC 认识到制定 ROP 需要包括科学数据问题，建议委员会就 IWG-ROP 的最终权限范围与科学分委会（SC）主席协商。TCC 亦建议科学分委会主席在闭会期间与委员会秘书处合作，协助科学分委会对 IWG-ROP 的权限提出意见，并由委员会秘书处向参加 TCC 和 SC 会议的 CCMs 人员分发该权限范围，以协助 CCMs 为委员会会议随后的讨论做准备。

5. 为处理第 2 款及第 3 款提及的权限范围，TCC 建议 IWG-ROP 在闭会期间工作，并尽可能以电子方式开展工作。

6. TCC 进一步建议 IWG-ROP 修订的 ROP 文件草案和准备的其他文件，必要时应于 SC 第三届会议前两个月提交给 TCC 和 SC 两个分委会，供其考虑和准备给委员会的建议。委员会秘书处应准备有关 ROP 修正文件和其他文件，处理 TCC 和 SC 第三届会议的意见，并于委员会第四届年会前至少 40 天把有关文件提交给委员会。

第 2006-08 号：WCPFC 登临和检查程序

1. 依据公约第二十六条，特此通过以下 WCPFC 登临和检查程序。

定义

2. 为解释并实施本登临和检查程序，应适用下列定义：

（a）"公约"是指 2000 年 9 月 5 日在夏威夷檀香山通过的《中西部太平洋高度洄游鱼类种群养护和管理公约》；

（b）"委员会"是指依据公约第九条建立的委员会，一般称为中西部太平洋渔业委员会（WCPFC）；

（c）"检查船主管机构"是指检查船在其管辖下活动的委员会缔约方主管机构；

（d）"渔船主管机构"是指渔船在其管辖下活动的委员会成员的主管机构；

（e）"授权检查船"是指在委员会注册船舶名单内获授权依照本程序进行登临和检查活动的任何船舶；

（f）"授权检查员"是指在委员会登记册中负责登临和检查的主管机构雇佣并被授权依据本程序进行登临和检查活动的检查员。

目的

3. 依据本程序进行的登临和检查及有关活动应旨在确保遵守公约的规定以及委员会通过并生效的养护和管理措施。

适用区域

4. 该程序适用于公约区域的公海。

一般权利和义务

5. 每一缔约方可根据本程序规定，在公海上对从事或报告从事受公约管理的渔业活动的渔船进行登临和检查。

6. 除非委员会另有决定，本程序还应全部适用于一个缔约方和一个捕鱼实体之间的程序，但有关缔约方须就此通知委员会。

7. 委员会每一成员应确保悬挂其旗帜的船舶接受授权检查员依据本程序登临和检查。授权检查员在进行任何此类活动时应遵守本程序。

一般原则

8. 本程序的目的是实施公约第二十六条和附件三第六条 2 款，应与这些条款保持一致。

9. 应以透明和非歧视的方式实施本程序，除其他外，应考虑：

（a）船上是否有观察员以及过去检查的频度和结果等因素；

（b）监督遵守公约各项规定和议定的养护和管理措施情况的各种措施，包括委员会成员的主管机构对悬挂其旗帜的船舶进行的检查活动。

10. 在不限制确保所有渔船遵守措施的努力的同时，可优先考虑依据本程序进行的登临和检查工作如下：

（a）未在 WCPFC 渔船记录中并悬挂委员会成员旗帜的渔船；

（b）有合理理由认为从事或曾经从事违反公约或依据公约通过的任何养护和管理措施的任何活动的渔船；

（c）船旗国没有派出巡逻船到适用区域对其渔船进行监督的渔船；

（d）船上没有观察员的渔船；

（e）大型金枪鱼渔船；

（f）已知有违反根据国际协定或任何国家的法律法规所采取的养护和管理措施历史的渔船。

11. 委员会应持续审议本程序。

参与

12. 委员会应保留所有授权检查船和检查人员的记录。只有列入委员会记录的船舶和主管机构或检查员才可有权依据本程序在公约区域的公海登临和检查悬挂外国旗帜的渔船。

13. 有意依据本程序进行登临和检查的每一缔约方应通过执行主任通知委员会，并应提供下列材料。

（a）依据本程序进行登临和检查的每一艘检查船：

（i）船舶详情，包括船名、描述、照片、注册号、注册港（如与注册港不同，则为在船体上标示的港口）、国际无线电呼号和通信能力

（ii）该船有清楚标示并可识别为政府服务的通知

（iii）船员已经完成根据委员会可能通过的任何标准和程序进行在海上从事登临和检查活动的培训的通告

（b）依据本程序进行登临和检查的检查员：

（i）负责登临和检查的主管机构名称

（ii）这类主管机构的检查员完全熟悉要检查的捕鱼活动和公约的规定以及现行养护和管理措施的通告

（iii）这类主管机构的检查员已根据委员会可能通过的任何标准和程序接受并完成在海上进行登临和检查活动培训的通告

14. 如果军用船只被用于实施登临和检查的平台，检查船的主管机构应确保登临和检查由经过充分渔业执法程序培训的检查员实施，或根据国家法律为此目的正式授权的检查员实施，并确保这些检查员符合本程序规定的要求。

15. 一旦执行主任确认各缔约方依据第 13 款通知的授权检查船和检查员符合该款的条件，这些检查船和检查员应列入委员会注册名单中。

16. 为提高委员会登临和检查程序的效力，并最大限度地利用受过培训的检查员，缔约方可寻找机会，在另一缔约方的检查船上派驻授权的检查员。在适当情况下，缔约各方应为此目的寻求缔结双边安排，或以其他方式促进彼此间的沟通和协调，以便实施这些程序。

17. 执行主任应确保所有委员会成员在任何时候都可以获得授权检查船和主管机构或检查员的登记名单，如有任何更改，应立即分发变更情况。更新的清单应公布于委员会的网站。委员会每一成员应采取必要措施，确保将这些清单分发给在公约区域作业的每一艘渔船。

程序

18. 授权检查船应以清晰可见的方式悬挂委员会设计的 WCPFC 检查旗。

19. 授权检查员应携带经核准的身份证件，证明检查员在委员会主持下并按照本程序执行登临和检查程序。

20. 授权检查船如打算登临和检查公海上从事或被报告曾从事公约管理的渔业的渔

船，在进行登临和检查前应：

（a）尽最大努力通过无线电、适当的国际信号码或其他公认的向船舶发出警报的方式与渔船建立联系；

（b）提供确认其作为授权检查船身份的信息，包括船名、注册号、国际无线电呼号和联系频率；

（c）通知该船船长其根据委员会的授权及按照本程序对该船进行登临和检查的意向；

（d）通过检查船的主管机构通知渔船的主管机构。

21. 在进行依据本程序的登临和检查时，授权检查船和授权检查员应尽最大努力以渔船船长能理解的语言与船长沟通。如有必要便于检查员和船舶船长之间的沟通，检查员应使用由秘书处编制并分发给所有拥有授权检查船只的缔约方的标准多语言问题清单的相关部分。

22. 授权检查员应有权检查船舶、许可证、网具、设备、记录、设施、渔获物及其产品以及任何必要的相关文件，以核实遵守依据公约生效的养护和管理措施的情况。

23. 依据本程序的登临和检查应：

（a）按照国际公认的良好船舶行驶原则进行，以避免对渔船和船员的安全造成危险；

（b）尽可能以不过分干涉渔船合法生产的方式进行；

（c）采取合理的关注，避免采取会对捕获物质量造成不利影响的行动；

（d）不得以对渔船、其职务船员和船员构成骚扰的方式进行。

24. 在进行登临和检查时，授权的检查员应：

（a）向渔船船长出示其身份证件以及在有关公海区域依据公约生效的相关措施的文本副本；

（b）不得干涉船长与渔船主管部门的联系；

（c）应在 4 小时内完成对渔船的检查，除非发现严重违规的证据；

（d）收集并明确记录违反依据公约生效的措施的证据；

（e）在离船前，向船长提供　份关于登临和检查的临时报告副本，包括船长希望在报告中包括的任何反对意见或陈述；

（f）检查完毕后，立即离船；

（g）依据第 30 款，向渔船主管部门提供登临和检查的完整报告，该报告还应包括渔船船长的任何陈述。

25. 在登临和检查期间，渔船船长应：

（a）按照国际公认的船舶行驶原则，避免给检查船和检查员的安全带来危险；

（b）接受和便于检查员迅速和安全登临；

（c）依据本程序配合并协助对渔船的检查；

（d）不得袭击、抗拒、威胁、干扰或不适当地阻挠或拖延检查员履行职责；

（e）允许检查员与检查船的船员、检查船主管机构以及被检查船主管机构的联系；

（f）为检查员提供合理的设施，包括在适当情况下提供食物和住宿；

（g）协助检查员安全下船。

26. 如果渔船船长拒绝准许授权检查员根据本程序进行登临和检查，该船长应说明拒绝的理由。检查船主管机构应立即将船长的拒绝和任何解释通知该渔船主管机构和委员会。

27. 渔船主管机构应指示船长接受登临和检查，除非按照有关海上安全的普遍接受的国际规则、程序和惯例有必要推迟登临和检查。如果船长不遵从这类指示，该成员应吊销该渔船的捕捞授权，并命令该船立即回港。成员应立即将其在这类情况下所采取的行动通知检查船主管机构和委员会。

使用武力

28. 应避免使用武力，除非在必要情况下和必要程度上确保检查人员的安全，以及检查员在执行任务时受到阻碍。使用武力的程度不得超过当时情况下合理要求的程度。

29. 任何涉及使用武力的事件应立即向渔船主管机构和委员会报告。

检查报告

30. 授权检查员应根据委员会可能规定的格式，就其依据本程序进行的每次登临和检查准备一份完整的报告。实施登临和检查的检查船主管机构应在登临和检查完成后的3个完整工作日内向被检查渔船的主管机构和委员会提供登临和检查报告的副本。如检查船的主管机构不能在该时间范围内向被检查渔船的主管机构提供此类报告，检查船的主管机构应通知被检查渔船的主管机构，并明确提供报告的时间期限。

31. 这类报告应包括检查员的姓名和授权，明确指出授权观察员认为违反公约或现行养护和管理措施的任何观察到的活动或情况，并指出这种违规行为具体事实证据的性质。

严重违反

32. 如授权检查员在登临和检查渔船期间，观察到的活动或情况严重违反第37款的规定，检查船主管机构应立即直接或通过委员会通知渔船主管机构。

33. 在收到依据第32款的通知时，渔船的主管机构应毫不迟延地：

（a）承担调查的义务，如有确凿证据，对相关渔船采取执法行动，并通知检查船主管机构和委员会；

（b）授权检查船主管机构完成对可能违规情况的调查，并通知委员会。

34. 在上述第33款（a）项的情况下，检查船主管机构应在切实可行的情况下，尽快向渔船主管机构提供由授权检查员收集的具体证据。

35. 在上述第33款（b）项的情况下，检查船主管机构应在完成调查后立即向渔船主管机构提供由授权检查员收集的具体证据以及调查结果。

36. 在收到依据第32款的通知后，渔船主管机构应尽最大努力毫不迟延地做出回应，在任何情况下均不晚于3个完整工作日。

37. 在本程序中，严重违规是指下列违反公约规定或委员会通过的养护和管理措施的行为：

（a）根据公约第二十四条，无船旗成员颁发的执照、许可或授权而捕捞；

（b）没有按照委员会的报告要求，保留充分的渔获物和与渔获物有关的数据记录，或严重误报渔获物和/或与渔获物有关的数据；

（c）在禁渔区内捕捞；

（d）在禁渔期间捕捞；

（e）故意捕捞或在船上留存违反委员会通过的任何适用的养护和管理措施的物种；

（f）严重违反根据公约规定的捕捞限额或配额；

（g）使用违禁渔具；

（h）伪造或故意遮掩渔船标识、身份或注册；

（i）隐匿、篡改或处理与调查违规行为有关的证据；

（j）多次违反构成严重漠视依据公约通过的现行养护和管理措施；

（k）拒绝接受登临和检查，但第 26 款和第 27 款列举的情况除外；

（l）袭击、抗拒、威胁、性骚扰、干扰或过度阻碍或延误授权检查员；

（m）故意篡改或破坏船舶监测系统；

（n）委员会可能确定的其他违规行为，一旦列入就在这些程序的修订版本予以分发。

执法

38. 依据本程序登临和检查获得的一艘渔船违反公约或委员会通过并生效的养护和管理措施的任何证据，均应提供给渔船的主管机构，根据公约第二十五条采取行动。

39. 在本程序中，渔船主管机构应将其渔船、船长或船员对授权检查员、检查船的干扰视为其专属管辖区内发生的任何此类干扰。

年度报告

40. 授权检查船依据本程序作业的缔约方应每年向委员会报告其授权检查船实施登临和检查的情况，以及观察到的可能的违规情况。

41. 委员会成员应在其按照公约第二十五条 8 款向委员会提交的年度报告的遵守情况中，包括对登临和检查其渔船发现的涉嫌违规情况采取的行动，包括任何提起的诉讼和进行的处罚。

其他规定

42. 授权检查船在实施本程序的活动时，应进行监视，旨在识别在公约区域公海从事捕捞活动的非成员渔船。一经发现任何此类渔船，应立即向委员会报告。

43. 授权检查船应设法通知依据第 42 款发现或确定为从事破坏公约效力的捕鱼活动的任何渔船，将这些涉嫌违规渔船的信息分送委员会成员和有关渔船的船旗国。

44. 如有必要，授权检查员可要求该渔船和/或渔船的船旗国准许登临依据第 42 款确定的渔船。如船长或该船的船旗国同意登临，则应将其后任何检查的结果转交给执行主任。执行主任应将该信息分发给委员会所有成员以及渔船的船旗国。

45. 如果缔约各方采取的行动不合法或超过根据现有信息的合理要求，应对因其执行本程序的行动所造成的损害或损失承担责任。

委员会的协调和审查

46. 在同一行动区域的授权检查船应设法建立定期联系，以便分享关于他们已进行的巡航、目击及登临和检查区域的信息，以及与履行本程序规定的职责有关的其他业务信息。

47. 委员会应持续审查本程序的实施和运行情况，包括审查各成员提供的与本程序有关的年度报告。在应用本程序时，缔约各方可设法通过下列方式促进授权检查船和授权检查员的最佳利用：

（a）确认依据本程序执行登临和检查的区域和/或渔业的优先次序；

（b）确保公海登临和检查与公约规定的其他监测、控制和监督工具充分结合；

（c）确保对委员会成员渔船的公海登临和检查以非歧视的方式进行，同时不损害缔约方对可能严重违规行为进行调查的机会；

（d）考虑到委员会成员为监测和确保其本国渔船遵守规定分配的执法资源，特别是监测其管辖水域附近公海作业的小型渔船渔业。

解决争议

48. 对本程序的解释、适用或实施发生分歧时，有关各方应协商解决。

49. 如果协商后分歧仍未解决，委员会执行主任应应有关各方的要求，并经委员会同意，将该分歧提交技术和履约分委员会（TCC）。TCC 应设立一个由争议各方所接受的 5 名代表组成的小组来审议该问题。

50. 该小组应起草一份关于分歧的报告，并在审议该案件的 TCC 会议后 2 个月内通过 TCC 主席提交委员会。

51. 委员会收到此类报告后，可就任何此等分歧提出适当意见，供有关成员审议。

52. 解决分歧的这些规定应不具有约束力。这些规定不影响任何成员利用公约规定的争端解决程序的权利。

第 2008-04 号：关于禁止在 WCPFC 区域公海使用大型流网的养护和管理措施

WCPFC 回顾联合国大会（UNGA）第 46/215 号决议呼吁暂停全球公海大型流网捕鱼作业，以及惠灵顿公约寻求在该公约区域禁止流网捕鱼活动；

注意到若干渔船持续在北太平洋公海，包括中西部太平洋公约区域从事大型公海流网捕鱼作业；

铭记任何渔船在公约区域公海从事大型流网作业，或配置用于在大型公海流网作业，具有捕捞 WCPFC 关切鱼种的能力，并可能损害 WCPFC 通过的养护和管理措施的效力；

　　关切地注意到最近的信息显示，该类渔船与诸如金枪鱼、剑鱼、鲨鱼和《中西部太平洋高度洄游鱼类种群养护和管理公约》所涵盖的其他物种等高度洄游鱼类种群的接触更频繁，以及与遗失或丢弃流网有关的"幽灵捕鱼"已对受关切鱼种和海洋环境造成严重的不利影响；

　　意识到 WCPFC 北方分委会第四届会议建议 WCPFC 通过养护和管理措施，禁止在公约区域公海使用大型流网作业。

　　依据公约第十条，通过下列养护和管理措施。

　　1. 应禁止在公约区域公海使用大型流网①，且这种网具应被视为禁用渔具。使用这种渔具应构成对公约第二十五条的严重违规；

　　2. CCMs 应采取所有必要措施，禁止其渔船在公约区域公海使用大型流网；

　　3. 若一艘悬挂 CCMs 旗帜的渔船被发现在公约区域公海作业，且已配置使用大型流网②或拥有大型流网，该渔船将被推定在公约区域公海使用大型流网捕鱼；

　　4. 一艘经 CCMs 正式授权在国家管辖水域使用大型流网作业的渔船，在公约区域公海时，它的所有大型流网渔具和有关捕鱼设备都已收藏或固定，不容易用于捕鱼，则第 3 款规定对该渔船不适用；

　　5. CCMs 应在其年度国家报告第二部分中概述与公约区域公海大型流网捕鱼作业有关的监测、控制和监督行动；

　　6. WCPFC 应定期评估是否应通过和执行额外措施，以确保不在公约区域公海使用大型流网；

　　7. 本措施的任何规定都不应阻止 CCMs 采用更严厉的措施来管理大型流网的使用。

第 2009-02 号：关于公海禁用集鱼装置及渔获保留的养护和管理措施

　　WCPFC 回顾 2008-01 号养护和管理措施规定围网船在北纬 20 度和南纬 20 度之间的区域禁用集鱼装置（FAD）并保留渔获物；

　　关切确保有关 FAD 禁用和渔获物保留的各项规定的适用有明确的规则；

　　关切确保为公海制定的措施与根据公约第八条 1 款为国家管辖水域通过的措施之间的兼容性；

　　注意到实施 2008-01 号养护和管理措施的要素不完整或不一致会破坏该措施的效力；

　　回顾瑙鲁协定缔约方（PNA）已对其专属经济区（EEZ）实施 FAD 禁用和渔获物保

---

　　① 大型流网被定义为长度超过 2.5 公里的刺网、其他网具或网具的组合，借由漂浮或在水面以达成绊住、陷入或缠绕鱼的目的。

　　② 配置使用大型流网是指渔船上搭载机具，无论组装与否，将允许该船投放和收回大型流网。

留制定详细规则；

关注秘书处和成员提交的报告中关于 2009 年在公海实施两个月禁用 FAD 的情况不一致的案例。

依据公约第十条，通过如下措施，作为 2008-01 号养护和管理措施的组成部分。

目标

1. 本措施目标如下：

（a）确保通过规定的最低标准，持续有力地实施北纬 20 度和南纬 20 度之间的公海禁用 FAD 并保留渔获物；

（b）适用高标准实施 FAD 禁用和渔获物保留，以便消除主捕聚集性鱼群或丢弃小鱼的任何可能性。

2. 每一 CCMs 应采取必要措施，确保在公海上悬挂其旗帜的围网船，在实施 2008-01 号养护和管理措施中有关 FAD 禁用和渔获物保留的各项规定时，遵守下列规则。

禁用 FAD 规则

3. 2008-01 号养护和管理措施脚注 1 对 FAD 的定义解释为：

"任何已投放或未投放的任何大小的生物或非生物的物体或一组物体，包括但不限于漂浮在水面或接近水面，鱼可能与其有联系的浮标、漂浮物、网、带状织物、塑料、竹子、圆木和鲸鲨。"

4. 在 2008-01 养护和管理措施规定的 FAD 禁用期间，任何围网船不得在距 FAD 1 海里①内投放任何网具，即在进行放网时，任何时候不得将渔船或其任何渔具或供应船置于距 FAD 1 海里内。

5. 船舶经营者不得允许船舶聚集鱼类或移动聚集的鱼类，包括利用水下灯或撒饵的方法。

6. 在 FAD 禁用期间，渔船不得回收 FAD 和/或相关电子设施，除非：

（a）FAD 和/或相连电子设施被回收且存于船上，直至上岸或禁用期结束；

（b）船舶在回收 FAD 后 7 天内，或者在任何距回收 FAD 地点 50 海里半径内，不进行任何放网作业。

7. 除第 6 款外，渔船之间不应为捕捞聚集的鱼群彼此合作。在禁用期内，任何渔船在起网 24 小时内不得在距他船 FAD 找回点 1 海里内放网。

渔获物保留规则

8. 若渔船经营者因渔获物的大小、适销性或鱼种组成等决定不应将渔获物保留在船上，则只能在网具下纲完全收拢、网具绞收一半之前释放。

9. 若渔船经营者因渔获物"不适合食用"而决定不应保留在船上，应适用下列定义。

（a）"不适合食用"包括但不限于渔获物：

---

① 1 海里=1852 米。

（i）在围网中被网目刺挂压碎或被压坏

（ii）因鲨鱼或鲸鱼撕咬而受损

（iii）因为渔具发生故障，不但阻碍了网具和渔获物的正常回收，而且阻碍了渔获物放生的努力，渔获物在网中已死亡并且变质

（b）"不适合食用"不包括如下渔获物：

（i）在大小、适销性或鱼种组成方面不合需要

（ii）由于渔船船员行为或疏忽造成变质或受污

10. 若渔船的经营者因渔获物是在一航次的最后一网捕捞的，且无足够鱼舱容纳该网捕捞的所有渔获物，因而决定不应将渔获物保留在船上，则只有在下列情况下方可丢弃渔获物：

（a）船长和船员努力尽快将渔获物放生；

（b）丢弃后，在渔获物上岸或转运前不再进行捕捞。

11. 在观察员估计拟丢弃的渔获物种类组成前，渔获物不得从船上丢弃。

12. 渔船经营方应在丢弃渔获物后 48 小时内，向执行主任提交包括如下信息的报告：

（a）船名、船旗和 WCPFC 识别码；

（b）船长姓名和国籍；

（c）许可证号；

（d）船上观察员姓名；

（e）发生丢弃的日期、时间和位置（经纬度）；

（f）放网日期、时间、位置（经纬度）和放网方式（漂流 FAD、系锚 FAD、自由群等）；

（g）丢弃原因（如丢弃渔获物，包括依第 6 款说明找回 FAD 的情况）；

（h）丢弃渔获物估计吨数和鱼种组成；

（i）该网次网内留存渔获物的估计吨数和鱼种组成；

（j）若渔获物根据第 10 款丢弃，在船上渔获物卸货前不再进行捕捞的声明；

（k）与船长有关的其他任何信息。

13. 渔船经营者也应向船上的 WCPFC 观察员提供第 12 款所述信息的纸质副本。

第 2009-03 号[①]：剑鱼养护和管理措施

WCPFC 根据《中西部太平洋高度洄游鱼类种群养护和管理公约》和《联合国海洋法公约》的各项规定：

注意到对西南太平洋进行的种群评估表明，近年来西南种群丰度上升，模型预测显示，捕捞死亡率比当前水平进一步上升，根据评估结果似乎有理由认为，目前未发生过

---

① 代替 2008-05 号养护和管理措施。

度捕捞，且西南太平洋剑鱼种群未处于过度捕捞状态；

注意到鉴于西南太平洋剑鱼 2008 年种群评估的不确定性，科学分委会建议不再增加渔获量和努力量，以使该种群高于其相关参考点；

进一步注意到科学分委会建议由于缺少正式的评估数据，把不增加中南部太平洋剑鱼捕捞死亡量作为预防性措施，也注意到，科学分委会建议将捕捞死亡率限制在当前水平，直到更好地了解捕捞活动对中南太平洋种群的影响，而且这一剑鱼种群与南太平洋其他种群之间的关系更为确定；

承认美洲间热带金枪鱼委员会（IATTC）意识到为具有共同利益的鱼类种群建立额外养护和管理措施的重要性，而且中西部太平洋剑鱼种群可能出现于 WCPFC 和 IATTC 共管水域；

意识到 IATTC 和 WCPFC 均需要对太平洋整体剑鱼种群进行可持续管理，通过养护和管理措施；

意识到中南部太平洋管理良好的剑鱼种群是小岛屿发展中国家和参与领地自身渔业长期经济机会的重要来源。

依据公约第十条，决定如下。

1. 委员会成员、合作非成员及参与领地（合称 CCMs）应实施限制，将其在公约区域南纬 20 度以南捕捞剑鱼的渔船数限制在其 2000～2005 年任一年的水平（附件 1）。

2. 除第 1 款规定的渔船数限制外，CCMs 应将悬挂其旗帜的渔船在公约区域南纬 20 度以南捕捞剑鱼的数量限制在其 2000～2006 年任一年的水平。

3. CCMs 不应因本措施而将其捕捞剑鱼的努力量向南纬 20 度以北转移。

4. CCMs 应不晚于 2010 年 4 月 30 日，确定其允许在南纬 20 度以南捕捞剑鱼的最高渔获总量。该数量不应超过其 2000～2006 年任一年向委员会申报并经核实的最大数量。

5. 第 1 款至第 4 款和第 9 款不应损害公约区域 CCMs 中可能希望在公约区域发展其渔业至负责任水平的小岛屿发展中国家和参与领地根据国际法所享有的法定权利和义务。

6. 在本措施中，作为沿海国船队组成部分的按租赁或其他类似机制作业的渔船，应被考虑为租借方的渔船。此类租赁或其他类似机制，应以不租赁已知为 IUU 渔船的方式进行。

7. CCMs 应合作保护西南太平洋剑鱼渔业的长期可持续性和经济生存能力，特别是应在降低剑鱼种群状态不确定性方面进行合作。

8. CCMs 应就如下事项向委员会报告其捕捞剑鱼渔船的总船数和剑鱼总渔获量：

（a）悬挂其旗帜在南纬 20 度以南公约区域任一海域的渔船，不包括作为另一 CCMs 渔业一部分的租赁或其他类似安排而作业的渔船；

（b）以租赁或其他类似机制作业，作为其南纬 20 度以南渔业一部分船队的渔船；

（c）在南纬 20 度以南海域作业的其他任何渔船。上述信息应在每一 CCMs 的年度报告的第一部分提供。在初期，该信息应按 2000～2009 年规定的附件 2 所示模板提供，然后每年更新。

9. 作为临时措施，且不影响委员会将来就监督和遵守本养护和管理措施做出的决定，在委员会就养护和管理措施遵守情况通过计划（包括对船旗国超过所分配任何限额的反应）之前，如委员会认为悬挂某一 CCMs 旗帜的渔船的捕捞量超过了上述第 2 款及第 4 款对该渔船规定的总产量，该 CCMs 应在其捕捞限额中扣除超过的量。该扣除将在确定其已超过捕捞限额后的下一年适用。

10. 执行主任应将 CCMs 根据上述第 8 款要求向委员会提供的信息汇编并每年在技术和履约分委会上散发。技术和履约分委会应监督并审议本措施的遵守情况，并向委员会提出必要建议。

11. 委员会将于 2011 年审议本措施，包括根据科学分委会基于未来南太平洋剑鱼种群评估提出的建议。

12. 本措施替代 2008-05 号养护和管理措施。

附件 1

附表 1　2000～2007 年在公约区域南纬 20 度以南捕捞剑鱼的悬挂 CCMs 旗帜的渔船数

| 年度 | 澳大利亚 | 伯利兹 | 库克群岛 | 欧盟 | 韩国 | 新喀里多尼亚（兼捕） | 新西兰 | 中国台北 | | | 美国 |
								季节性（大于100GRT）	兼捕（大于100GRT）	兼捕（小于100GRT）	
2000	140	0			22	15	103	10	41	17	
2001	**159**	0			22	12	132	10	41	17	
2002	144	0			22	11	**151**	10	42	17	
2003	134	0	**16#**		**24**	15	132	**12**	**55**	**17**	
2004	121	0	15	8	22	**25**	99	8	39	17	
2005	100	0	6	14	23	15	57	6	40	19	
2006	55	0	8	6						26	2
2007	54	1^		**15***	4		74^^			30	2

数据来源：2008 年 9 月 30 日，WCPFC-TCC4-2008/10（Rev.3）附件二

注：黑体字表示每一 CCMs 的最大渔船数

* 见欧盟年度报告（2007 年 1 月 1 日至 12 月 31 日）第一部分

^ 见伯利兹 2008 年 4 月 29 日向委员会报告的捕捞量和努力量数据（兼捕）

^^ 见新西兰年度报告（2007 年 1 月 1 日至 12 月 31 日）第二部分

注意到 5 款的适用范围，本数据不损害库克群岛发展其国内渔业的权利

附件 2

附表 2　按船旗和沿海 CCMs 报告格式（在每一 CCMs 年度报告第一部分提供）

| 年度 | 南纬 20 度以南悬挂 CCMs 旗帜的渔船# | | 租赁船* | | 南纬 20 度以南在 CCMs 管辖海域内作业的其他渔船 | | |
	产量（吨）	船数	产量（吨）	船数	船旗	产量（吨）	船数
2000							
2001							
2002							
2003							

续表

年度	南纬20度以南悬挂CCMs旗帜的渔船#		租赁船*		南纬20度以南在CCMs管辖海域内作业的其他渔船		
	产量（吨）	船数	产量（吨）	船数	船旗	产量（吨）	船数
2004							
2005							
2006							
2007							
2008							
2009							

\# 根据第6款和第8款（a）项，不负责报送租赁渔船的CCMs

* 根据第6款和第8款（b）项，必须负责为租赁渔船报送的租赁方CCMs

第2009-05号：禁止在数据浮标周围捕捞的养护和管理措施

WCPFC意识到包括一些委员会成员在内的很多国家在公约区域和全球范围内放置数据浮标，收集数据用于改善天气和海洋预报、将海面和次海面测量生成数据用于助渔或帮助海上搜救，并收集主要数据用于开展气象和海洋研究、气候预测；

意识到高度洄游鱼类种群，尤其是金枪鱼种群，聚集在数据浮标附近；

注意到减少在数据浮标周围捕鱼，有助于委员会努力降低大眼金枪鱼和黄鳍金枪鱼幼鱼的捕捞量；

承认世界气象组织和政府间海洋学委员会认为渔船损坏数据浮标在太平洋和全球范围内构成重大问题；

关切数据浮标的损坏导致气象预报、海况研究、海啸预警、支持海上搜救等关键数据的重大损失，委员会成员花费大量时间和资源用于定位、替换和修复因渔业捕捞或破坏而损坏或丢失的数据浮标；

注意到互联网公布了一些数据浮标项目的有关信息描述、类型和位置；

进一步注意到委员会拥有的对负责任捕捞作业行为通过国际建议的最低通用标准的职权。

依据公约第十条，通过如下养护和管理措施。

1. CCMs应禁止其渔船在距离数据浮标1海里内作业，或在公约区域公海影响数据浮标，包括但不限于以渔具围绕浮标，将船舶或任何渔具、渔船的局部或一部分捆绑或系结在数据浮标或其系泊装置上，或剪断数据浮标的锚索。

2. 在本措施中，数据浮标是指政府或公认的科学组织或实体用于以电子方式收集并测量环境数据，而非用于捕捞活动目的而投放的漂流或锚系的漂浮设备。

3. CCMs应禁止其渔船将数据浮标拿到船上，除非有对该浮标负责的成员或所有者授权或委托。

4. CCMs应鼓励其在公约区域作业的渔船注意海上系泊的数据浮标，并采取一切合理措施避免渔具缠绕或以任何方式直接影响数据浮标。

5. CCMs 应要求已缠绕数据浮标的渔船,在尽可能减少对该浮标造成损害的情况下,取下缠绕渔具。鼓励 CCMs 要求其渔船报告所有缠绕情况,并提供缠绕的日期、地点和性质以及该数据浮标的任何识别信息。CCMs 应向秘书处通报此类报告。

6. 不符合上述第 1 款及第 2 款规定的捕捞活动,应被视为破坏公约和 WCPFC 养护和管理措施的行动,根据公约第二十五条应构成严重违规。

7. 尽管有第 1 款的规定,对于向委员会通报并获委员会授权的科学研究项目,渔船可在距离数据浮标 1 海里的范围内作业,但前提是渔船不得影响第 1 款所述的数据浮标。

第 2009-06 号:关于规范转运的养护和管理措施

WCPFC 承认对高度洄游鱼类种群进行有效养护取决于提供公约区域此类种群渔获量的准确数据;

承认海上转运是全球性通常做法,但在海上,尤其是在公海,转运不管制和不报告高度洄游鱼类种群渔获物会导致歪曲此类种群渔获量的报告,并助长公约区域的 IUU 捕捞活动;

回顾公约第二十九条 1 款,规定委员会成员应在切实可行的范围内鼓励其渔船在港口转运,以支持为确保准确报告渔获量的努力;

也回顾公约第二十九条 2 款和 3 款,在委员会成员的港口或管辖海域进行转运应符合适用的国家法律,委员会应制定获取和核实在公约区域港口和海上转运数量和物种的准确性的程序,并制定程序以决定本公约所涵盖的转运在何时完成;

进一步回顾公约第二十九条 4 款,在国家管辖区外公约区域进行的转运,应只能依公约附件二第四条所载的条款和条件,以及委员会根据公约第二十九条 4 款制定的程序进行,上述程序应考虑到相关渔业的特点;

进一步回顾公约第二十九条 5 款,禁止在公约区域作业的围网船在海上转运,但委员会为反映现有作业情况而确定的特定豁免除外;

承认港口业务对 CCMs 中小岛屿发展中国家经济利益的重要性;

注意到那些有真正利益从事公海监测、控制和监督活动的 CCMs,要求获得在公约区域转运活动发生前的信息;

希望建立程序,获取和核实在公约区域转运的数量和物种数据,以确保渔获物报告准确,并加强对高度洄游鱼类种群的评估。

依据公约第十条,通过如下养护和管理措施。

总则

1. 本措施应尽快但不晚于 2010 年 7 月 1 日实施[①]。

---

① 除第 13 款(c)项外,本措施应于 2011 年 1 月 1 日起生效。

2. 本措施适用于受本公约管辖的高度洄游鱼类种群在公约区域进行的所有转运。在公约区域外转运捕自公约区域受本公约管辖的高度洄游鱼类种群的 CCMs，应根据第 10 款、第 11 款和第 12 款的要求，提供与上述活动有关的信息。根据本措施第 25 款，围网船不应在公约区域外转运受本公约管辖的高度洄游鱼类种群。

3. 本措施不适用于全部捕自群岛水域或领海内的高度洄游鱼类种群的转运。

4. 在港口或受 CCMs 管辖海域的转运，应符合适用的国内法。除第二部分外（适用公约第二十九条 5 款），当在 CCMs 的管辖海域进行转运时，本措施任何条款不得损害适用的国内法，包括更严格的措施。

5. CCMs 可向执行主任通报其指定的转运港。执行主任应定期向所有成员传送这类指定港口的清单。"港口"包括近岸码头和用于卸货、转运、加工、加油或物资补给的其他设施。

6. 本措施的任何内容不应减损船旗国确保悬挂其旗帜的渔船在公海作业遵守的义务。每一 CCMs 应采取必要措施确保悬挂其旗帜的船舶遵守本措施。

7. 在本措施中，CCMs 负责报送悬挂其旗帜的渔船的情况，除非该船根据租赁或其他类似机制作业，并是公约区域沿海国国内船队的组成部分。在此情况下，租赁方应负责报告该船的情况。

8. 根据第 7 款，租赁和船旗 CCMs 应合作对船舶进行适当管理，确保遵守本措施。

9. 对于悬挂非 CCMs 旗帜且列入 WCPFC 非成员运输船和油船临时登记清单中的运输船，该船船长应负责报告该船的情况，除非该船在租赁安排下作业。

10. 每次在公约区域的转运，以及每次在公约区域转运捕自公约区域的渔获物，卸货船和接收船均需填写 WCPFC 转运申报书，包括附件 1 规定的信息。按本措施的要求，应将转运申报书发送执行主任。

11. CCMs 应根据附件 2 规定的指南，在其年度报告中报告受本措施管理的所有转运活动（包括在港口或专属经济区的转运）。为此，CCMs 应采取所有合理步骤，利用所有现有信息，如渔获量和努力量数据、位置数据、观察员报告和港口监测数据，核实并在可能时改正转运船舶提供的信息。

12. 依据第 24 款和第 35 款（c）项，给执行主任的通知应以双向数据通信方式（如电传、传真、电子邮件）进行。负责报送卸货船和接收船的 CCMs 应负责提供该通知，但也可授权该船或船舶运营者直接提供通知。通知必须包括附件 3 规定的信息。

13. 每一 CCMs 应确保其负责的船舶上有 WCPFC 区域观察员计划（ROP）的观察员，并以如下方式观察转运活动：

（a）对于长度小于或等于 33 米的接收船，且不涉及围网捕捞渔获物或冷冻延绳钓捕捞渔获物的转运，自本措施生效之日起，100%观察员覆盖率，观察员在卸货船或接收船上；

（b）对于上述 a 项所述以外的转运，且只涉及曳绳钓或竿钓捕捞产品的转运，自 2013 年 1 月 1 日起，100%观察员覆盖率，观察员在接收船上；

（c）对于上述（a）项、（b）项所述以外的转运，自本措施生效之日起，100%观察员覆盖率，观察员在接收船上。

14. 观察员应监督本措施的执行情况，并尽可能确认转运产品的数量与其所得到的信息一致。这些信息可包括：

（a）WCPFC 转运申报书报告的产量；

（b）渔获量和努力量日志数据，包括向沿海国报告的在沿海国水域捕捞的渔获量和努力量日志数据；

（c）船位数据；

（d）拟卸货港口。

15. 观察员应能完全进入卸货船和接收船上的任何场所，以确保能够对渔获物进行适当的核实。委员会应制定观察员在船舶之间转移的安全指南，作为 ROP 的一部分。

16. 接收船一次只能从一艘卸货船接收产品，且观察员每次都能够在场监督转运情况。

17. 委员会为其他区域渔业管理组织观察员相互认可而制定和同意的作为 ROP 的一部分的所有计划或程序，应适用于本措施。

18. 委员会应向发展中国家，尤其是小岛屿发展中国家，就实施本措施提供适当的财务和技术帮助，包括根据公约第三十条的规定。

19. 委员会应根据已采取的其他措施和决定，考虑本措施和其他措施的实施情况，定期审议本措施。

1A　与非 CCMs 船舶间的转运（或转到或接收自非 CCMs 船舶的转运）

20. CCMs 应采取措施，确保船舶不向悬挂非 CCMs 旗帜的船舶转运或接收其转运，除非该船得到委员会决定的授权，例如：

（a）根据第 2009-01 号养护和管理措施建立的 WCPFC 非 CCMs 转运船和油船临时登记清单中的非 CCMs 运输船；

（b）根据委员会的决定，获得许可证在某一 CCMs 专属经济区作业的非 CCMs 渔船。

21. 为保留第 20 款提及的委员会授权，非 CCMs 的船舶不应向未获授权的非 CCMs 船舶转运或接受其转运。

22. 当转运涉及第 20 款（a）项规定的非 CCMs 船舶时，所有必要的与执行主任的联系，包括本措施各条要求的转运前通知和转运申报，应由运输船船长或租赁的 CCMs 负责。

1B　不可抗力或严重机械故障

23. 除另有说明外，本措施的各项限定不应阻止船舶在发生不可抗力或严重机械故障，可能威胁船员安全或因渔获物的变质导致重大经济损失的情况下转运。

24. 在此情况下，必须在完成转运 12 小时内将该转运和导致不可抗力的情形通知执行主任。对该船负责的 CCMs，应在转运 15 天内，根据 10 款的要求向执行主任提供 WCPFC 转运申报。

从围网船转运

25. 根据公约第二十九条 5 款，应禁止围网船海上转运，但委员会准许的豁免除外：

（a）符合如下条件的悬挂巴布亚新几内亚和菲律宾旗帜的现有小型围网船（鱼舱容积 600 吨或以下）的作业船组：

   （i）与冷冻运输船一起作业以冷冻渔获物，或在基地附近作业有冰鲜运输船储存渔获物

   （ii）与其支持船，如冷冻运输船和/或冰鲜运输船，组成船组作业

   （iii）当冷冻运输船或其他冰鲜运输船靠在捕捞船一侧时，就可从捕捞船转运渔获物

（b）涉及悬挂新西兰旗帜的新西兰国内围网船的转运活动，其中捕捞活动、渔获物转运和上岸都是按照新西兰转运监测和控制以及产品核实的现行法律和运作框架，在新西兰渔业水域进行捕捞作业。

26. 寻求为符合第 25 款规定的船舶申请豁免的 CCMs，应在每年 7 月 1 日前向执行主任提交书面请求。该请求至少包括如下信息：

（a）有关船舶的详细信息，同养护和管理措施第 2004-01 号"WCPFC 渔船记录"要求的信息；

（b）该船此前的转运豁免历史；

（c）拟转运的主要物种和产品形式；

（d）转运发生海域，尽可能详细；

（e）所请求的转运豁免期限；

（f）请求豁免的原因。

27. 执行主任应至少在技术和履约分委会（TCC）年度会议召开前 30 天汇集所有转运豁免申请，并向所有 CCMs 分发。TCC 应审议上述请求，并就第 26 款提及的豁免申请向委员会提出建议。

28. 考虑到 TCC 建议，委员会应在年会上审议每一请求，并可根据公约第二十九条 5 款通过豁免。委员会可在每一授予的豁免附加其认为达到公约目的所必要的任何条件或要求，如对转运海域、期限或物种、可接收转运渔船的限制，以及其他为监测、控制和监督目的必要的任何额外要求。

29. CCMs 仅授权已获委员会豁免的围网船在港口外转运。CCMs 应颁发船舶特定授权，概述委员会或 CCMs 确定的所有条件或要求，并要求船舶经营者随船携带该授权。

30. 要求列入 WCPFC 渔船记录的这类授权围网船，其船旗国应通知执行主任该船根据委员会授予的豁免，被授权在港口外转运，并应在通知中说明该授权的期限、条件或要求。

31. 执行主任应保留授予豁免并被授权在港口外转运的围网船清单，以及对该豁免所附加的相应条件或规定，并对外公布，包括利用委员会网站。

32. 所有围网船，包括根据第 26 款至第 30 款的程序获得海上转运豁免的围网船，禁止在公约区域公海转运。

从非围网船转运

33. 延绳钓船、曳绳钓船和竿钓船在国家海域的转运，应按照相关国内法和第 4 款

规定的程序进行。

34. 不得在公海转运，除非 CCMs 根据以下第 37 款描述的指南确定，其管理的某些船舶如不在公海转运是不可行的，并就此通知委员会。

35. 在公海发生转运时，负责对卸货船和接收船报告的 CCMs 应酌情：

（a）向委员会通报其监督和核实转运的程序；

（b）指明其确定所适用的船舶；

（c）至少在每次转运前 36 小时，将附件 3 规定的信息通报执行主任；

（d）每次转运完成后 15 天内，向执行主任提供 WCPFC 转运申报书；

（e）向委员会提交计划，详细说明其正在采取哪些步骤鼓励今后在港口转运。

36. 委员会应在 3 年后每 2 年通过 TCC 审议有关 CCMs 的豁免申请，以确定监测和核实是否有效。审议后，对于任何被公海转运监测和核实证明对其无效的渔船，委员会可禁止其进行公海转运，或制定或修改公海转运的任何条件。

37. 执行主任应拟定指南草案，以确定某些渔船无法在港口或国家管辖海域转运的情况。TCC 应审议上述指南，必要时进行修改，并建议委员会在 2012 年通过。同时，CCMs 在确定公海转运可操作性时，应使用如下指南：

（a）禁止公海转运将造成巨大经济困难，这将根据在公海以外可以进行或允许转运或卸货的地点所发生的费用进行评估，并将该费用与总经营费用、净收益或其他一些有意义的成本和/或收益的衡量指标进行比较；

（b）由于禁止在公海转运，将导致船舶必须对其历史作业方式进行重大和实质性的改变。

38. 在通过第 37 款所述指南时，委员会应考虑是否禁止在完全由委员会成员和参与领地专属经济区包围的公约区域的公海进行海上转运。该考虑将包括审议上述海域作业渔船所报告的渔获量和努力量、该海域转运申报的信息以及这些海域在支持 IUU 活动的作用。

附件 1[①]

WCPFC 转运申报中包括的信息

1. 唯一文件识别号。

2. 渔船船名和 WIN。

3. 运输船船名和 WIN。

4. 捕鱼使用的渔具。

5. 要转运的产品[②]数量（包括物种及其加工状态[③]）。

6. 渔获物的状态（新鲜或冷冻）。

---

① CCMs 应提交附件 1 所要求的信息或根据公海转运声明和公海转运通知的 WCPFC 电子报告标准的信息。

② 金枪鱼和类金枪鱼物种。

③ 加工状态包括：原条；去内脏和去头；去内脏、去头和去尾；只去内脏，未去鳃；去鳃和去内脏；去鳃、去内脏和去尾；鲨鱼鳍。

7. 要转运的兼捕产品①数量。

8. 高度洄游鱼类种群捕捞的地理地点②。

9. 转运的日期和地点③。

10. 若适用，WCPFC 观察员的姓名和签字。

11. 接收船上已有的产品数量和该产品的地理来源④。

附件 2

CCMs 每年报告的转运信息

每一 CCMs 应在其向委员会的年度报告第一部分包括以下内容。

1.CCMs 负责报告的渔船转运的本措施包含的高度洄游鱼类种群的总重量，这些重量按以下细分：

（a）卸下和接收；

（b）在港口转运、在国家管辖区海上转运和在国家管辖区外转运；

（c）在公约区域转运和在公约区域外转运；

（d）在公约区域捕捞和在公约区域外捕捞；

（e）物种；

（f）产品类型；

（g）使用的渔具。

2.CCMs 负责报告的渔船转运的本措施包含的高度洄游鱼类种群的总次数，按以下细分：

（a）卸下和接收；

（b）在港口转运、在国家管辖区海上转运和在国家管辖区外转运；

（c）在公约区域转运和在公约区域外转运；

（d）在公约区域捕捞和在公约区域外捕捞；

（e）渔具。

附件 3⑤

包括在给执行主任通知中的信息

1. 卸载船的船名和 WIN。

2. 接收船的船名和 WIN。

3. 要转运的产品（包括物种及其加工状态）。

---

① 非金枪鱼和类金枪鱼物种。

② 捕捞的地理地点是指充分的信息，确定多少比例的产量来自以下区域：公海、公约区域外、EEZ（单独列出）。对接收船不要求捕捞地点。

③ 转运地点按最接近 0.1 度的十进位经纬度，并描述地点，如公海、公约区域外或在有名称的 EEZ 内。

④ 产品的地理来源应按 RFMO 区域报告，包括每一不同区域的产品量。

⑤ CCMs 应提交附件 3 所要求的信息或根据公海转运声明和公海转运通知的 WCPFC 电子报告标准的信息。

4. 要转运的产品吨数。

5. 转运的日期和预计或建议的地点^①（0.1 度的经纬度，24 海里的误差范围）；

6. 高度洄游鱼类捕捞的地理地点^{②③}。

第 2009-09 号：关于无国籍渔船的养护和管理措施

WCPFC 承认无国籍渔船在没有管理和监督下进行作业；

关切无国籍渔船的作业破坏了公约的目标和委员会的工作；

回顾 FAO 理事会通过预防、阻止和消除非法、不报告和不管制（IUU）捕捞的国际行动计划，并建议各国对涉及公海 IUU 捕鱼的无国籍渔船采取符合国际法的措施；

决心持续阻止公约区域各种 IUU 捕鱼活动。

依据公约第十条，通过下述养护和管理措施。

1. 宣布依照国际法相关条款被判定为无国籍的渔船，如在公约区域公海从事捕捞作业，将被认定为违反公约以及依据公约通过的养护和管理措施。

2. 进一步宣布无国籍渔船在公约区域公海的任何渔业活动，应被视为破坏了公约以及委员会的养护和管理措施，并根据公约第二十五条构成严重违规。

3. 在本措施中，无国籍渔船是指未悬挂任何国家旗帜的渔船或根据《联合国海洋法公约》第 92 条悬挂两国或两国以上旗帜的渔船。

4. 鼓励 CCMs 采取一切必要措施，包括酌情制定法律法规，防止无国籍渔船破坏委员会通过的养护和管理措施。

5. 当渔船或航空器目击到任何疑似无国籍渔船在公约区域公海捕捞公约管辖的物种时，所属 CCMs 的有关主管机构应尽快向秘书处报告。

第 2009-10 号：关于监督围网船港口卸货确保可靠的按物种的渔获物数据的养护和管理措施

WCPFC 回顾 WCPFC 第 5 届会议通过了第 2008-01 号养护和管理措施，以实现大眼金枪鱼捕捞死亡率在 2001～2004 年平均水平或 2004 年水平上至少降低 30% 的目标；

承认在未获取本区域围网渔获物可靠的物种和体长组成数据前，无法衡量第 2008-01

---

① 转运地点为最接近 0.1 度的十进位经纬度，有 24 海里误差范围，并对地点进行描述，如公海、公约区域外或有名称的 EEZ 内，若地点变化可更新通知。

② 对接收船不要求。

③ 捕捞的地理地点是指充分的信息，确定多少比例的产量来自以下区域：公海、公约区域外、EEZ（单独列出）。对接收船不要求捕捞地点。

号养护和管理措施的有效性；

注意到围网船报告的大眼金枪鱼渔获量极有可能远低于实际捕捞量，这是由围网作业的性质造成的——大量渔获物直接从网中进入鱼舱并堆积，转运并在上岸后分类，造成难以在船上获得可靠的物种组成和体长数据；

也注意到在卸货地或罐头厂按物种和体长分类是一种常见的商业做法，商业实体拥有此类物种/长度数据，同时认识到需要提高数据质量；

强调通过建立机制，利用卸货地现有分类活动和汇总的数据来改善围网船捕捞的大眼金枪鱼产量数据的可能性；

进一步注意到捕自公约区域的围网船产量的很大一部分是在泰国等非 CCMs 港口卸货；

回顾根据第 2008-01 号养护和管理措施第 43 款，CCMs 在可行的情况下负责监督港口卸货，并每年向委员会报告结果。

依据公约第十条，通过下述养护和管理措施。

1. 委员会和有关 CCMs 应共同努力，在 2010 年与非 CCMs 达成一项安排，确保能够从非 CCMs 的罐头厂收集关于公约区域围网渔获物的物种和体长组成数据。进展情况应报告给委员会。

2. 根据本措施获取的数据应作为非公开领域数据处理。

第 2010-01 号：关于北太平洋条纹四鳍旗鱼的养护和管理措施

WCPFC 关切地注意到北太平洋金枪鱼和类金枪鱼国际科学委员会（ISC）关于北太平洋条纹四鳍旗鱼可获得的最佳科学建议表明，该种群的捕捞死亡率高于长期可持续水平；

进一步注意到 ISC 的建议，该种群的捕捞死亡率应从 2003 年的水平上下降；

也注意到太平洋岛国论坛渔业局（FFA）成员在其专属经济区（EEZ）将采取分区的延绳钓限制制度取代目前基于船旗安排的制度；

承认科学分委会（SC）的建议，由 ISC 提供的信息不支持根据 WCPFC 议事规则附件一将北太平洋条纹四鳍旗鱼归类为"北方种群"。

依据公约第十条，通过下述养护和管理措施。

1. 本措施适用于赤道以北的公约区域公海和专属经济区。

2. 在本措施中，根据租船、租赁或其他类似机制经营的渔船，作为沿海国国内船队的一部分，应被视为所在国或海外领地的渔船。这种租船、租赁或其他类似机制，应以不租赁已知的 IUU 渔船的方式进行。

3. 本措施的任何规定不损害公约区域小岛屿发展中国家或参与领地寻求发展渔业的合法权利和义务。

4. 北太平洋条纹四鳍旗鱼的总渔获量应分阶段下降，到 2013 年 1 月 1 日，其渔获量应下降到 2000～2003 年水平的 80%。

5. 在 2011 年及以后，每一在赤道以北公约区域有渔船作业的船旗/租赁 CCMs 应将北太平洋条纹四鳍旗鱼的产量限制在下列水平：

（a）2011 年，将 2000～2003 年最高产量下降 10%；

（b）2012 年，将 2000～2003 年最高产量下降 15%；

（c）2013 年及以后，将 2000～2003 年最高产量下降 20%。

6. 注意到以前这些管理措施的例子包括减少捕捞努力量、改进渔具和空间管理，各船旗/租赁 CCMs 应决定所需的管理措施，确保其悬挂其旗帜渔船/租赁渔船在上述第 5 款规定的捕捞量限制下作业。

7. 2011 年 4 月 30 日前，每一船旗/租赁 CCMs 应向委员会报告悬挂其旗帜渔船/租赁渔船在赤道以北捕捞北太平洋条纹四鳍旗鱼的可核实的产量数据。

8. 各 CCMs 每年应在其国家年度报告第二部分报告本措施的实施情况，包括对悬挂其旗帜渔船/租赁渔船采取的减少其渔获量的措施，以及根据上述第 5 款和第 7 款规定的限额的总捕捞量。

9. 本措施应于 2011 年根据修订的北太平洋条纹四鳍旗鱼评估结果进行修订。

第 2011-03 号：关于防止鲸类受围网捕捞作业影响的养护和管理措施

WCPFC 认识到鲸类在中西部太平洋生态和文化领域的重要性；

注意到因金枪鱼具有围绕鲸类形成鱼群的习性，或因齿鲸与金枪鱼被同样的捕食对象所吸引，而导致鲸类特别容易被围网包围；

承诺确保减少因围网作业导致鲸类意外死亡对其可持续性的潜在影响；

根据公约第五条 d 项和 e 项的规定，对鲸类作为非目标和相关物种或依赖物种采取管理安排，因为它们是偶然被 WCPO 的围网渔业捕获的；

意识到这些物种的养护取决于国际层面的合作与协调，并且区域渔业管理组织在减轻捕鱼对这些物种的影响方面发挥着不可或缺的作用；

警觉到观察员报告反映，悬挂成员、合作非成员和参与领地旗帜的渔船的捕鱼活动与这些物种有许多相互影响的情况，以及这些相互影响在渔捞日志被误报的情况。

依据公约第十条，通过以下养护和管理措施。

1. CCMs 应禁止在公约区域公海和专属经济区悬挂其旗帜的渔船对伴随鲸类动物的金枪鱼群放网，如果开始放网前已看到鲸类动物。

2. CCMs 应要求，如有鲸类动物被围网无意包围，该船的船长应：

（a）确定采取所有合理步骤确保其被安全释放，包括停止收网和在该动物被释放和不再有被重新捕获的风险之前不重新开始捕鱼作业；

（b）向船旗国有关机构报告此事，包括物种的细节（如已知）和个体数量、该动物被包围的地点和日期、确保安全释放所采取的步骤以及对该动物释放时生命状态的评估（如可能的话，包括该动物是否被活着释放但随后死亡）。

3. 在按照第 2 款（a）项的要求采取步骤确保安全释放鲸类时，CCMs 应要求船长按委员会为本措施的目的通过的任何指南进行。

4. 在应用根据第 2 款（a）项和第 3 款规定的步骤时，船员的安全仍应是最重要的。

5. CCMs 应根据第 2 款（b）项，在其年度报告第一部分包括报告鲸类被悬挂其旗帜的围网船包围的情况。

6. 秘书处应在观察员报告的基础上报告本养护和管理措施的执行情况，作为区域观察员计划年度报告的一部分。

7. 本养护和管理措施自 2013 年 1 月 1 日起生效。

第 2012-03 号：北纬 20 度以北捕捞冰鲜金枪鱼的渔船执行区域观察员计划的养护和管理措施

WCPFC 回顾《中西部太平洋高度洄游鱼类种群养护和管理公约》第二十八条 1 款的要求，委员会应拟订一个区域观察员计划，除其他外，收集经核实的渔获物数据，并监督委员会通过的养护和管理措施的履行；

进一步回顾公约第二十八条 7 款，要求委员会为区域观察员计划的运行制定程序和指南；

认识到建立程序以确立区域观察员计划的第 2007-01 号养护和管理措施，特别是附件 C 第 9 款，考虑了专门在北纬 20 度以北作业，以冰鲜方式处理渔获物的渔船的特殊情况；

根据 2007-01 号养护和管理措施附件 K 的第 9 点，建议在北纬 20 度以北作业，专门以冰鲜方式处理渔获物的渔船的观察员计划应按以下方式执行：

1. CCMs 应不晚于 2014 年 12 月 31 日，对在北纬 20 度以北国家管辖区外以冰鲜方式处理渔获物的渔船，开始执行观察员计划；

2. 对这类渔船，CCMs 以冰鲜方式处理渔获物的各类渔业的观察员覆盖率应于 2014 年 12 月底达到其努力量的 5%；

3. 观察员应来自 WCPFC 区域观察员计划。

第 2013-04 号：关于 WCPFC 实施唯一船舶识别号的养护和管理措施

解释说明

唯一船舶识别号（UVI）有助于快速准确地识别船舶，追踪和核实其随时间变化的活动，无论其是否变更船名、所有者或船旗。因此，UVI 有助于打击非法、不报告和不管制（IUU）捕鱼得到了普遍认同（参阅 http://www.fao.org/fishery/topic/166301/en）。

国际海事组织（IMO）的船舶识别号方案涉及在商船部门广泛使用的 UVI 系统。超过一定尺度的客轮和货船须取得 IMO 号，但不包括渔船。渔船可申请 IMO 号，但在没有明确协议的情况下，即使提出申请，管理机构也不会核发 IMO 号给较小的渔船[小于 100 总吨（GT）或总登记吨数（GRT）的船舶]。因此，如果所有 WCPFC 管辖范围内的船舶要取得 UVI，WCPFC 和/或通过其他国际倡议有必要采取进一步行动。到目前为止，WCPFC 对 UVI 议题的审议情况，以及有关国际倡议的进展情况总结如下。

全球倡议

FAO 和全球记录

全球渔船、冷藏运输船和补给船记录（全球记录）是 FAO 提出的一项倡议，旨在通过为船舶在整个使用期内提供一种可靠的识别工具，提高渔业部门的透明度和可追溯性（参阅 http://www.fao.org/fishery/topic/18051/en）。FAO 已经确定了全球记录的一个基本要素，即将 UVI 分配给记录上的每一艘船舶。参与 FAO 全球记录是自愿的。

联合国粮农组织渔业委员会（COFI）第 29 届会议同意 FAO 应负责管理全球记录，全球记录最终将包括所有大于或等于 10GT、10GRT 或 12 米总长（LOA）的渔船，无论它们在何处作业。FAO 计划采用三个阶段实施这一倡议，从至少 24 米、100GT 或 100GRT 大小的船舶开始。IMO 船舶识别号方案的管理机构英国航运业信息服务提供商 IHS-费厄泼赖公司（IHS-Fairplay）已承诺免费为这些较大型的船舶核发号码，并仍在考虑是否以及如何核发唯一号码给较小型的船舶。联合国大会 2012 年以协商一致的方式通过 67/79 号决议，鼓励迅速建立包含渔船唯一识别号的 FAO 全球记录，并作为第一步，大于 100GRT 的渔船使用 IMO 编码方案。

国际海事组织

普遍认识到，将 UVI 的使用扩大到渔业部门的最有效方法或许是建立在由 IHS-Fairplay 管理的成熟的 IMO 船舶识别号的基础上（http://www.imo.org/ourwork/safety/implementation/pages/imo-identification-number-scheme.aspx）。依据国际海上人命安全公约（SOLAS），所有 300GT 以上的货船和所有 100GT 以上的客轮都要求取得 IMO 号形式的 UVI，但渔船除外。

除 SOLAS 强制性要求外，还有一项不具有约束力的文件，即 IMO 第 A.600（15）号决议，呼吁 100GT 以上的船舶适用 IMO 船舶识别号方案。然而，该决议也排除了只从事捕鱼的船舶。2013 年 6 月，IMO 附属机构通过了一项关于取消只把从事捕鱼的船舶排除在外的提案。该提案将送交 2013 年 11 月 IMO 大会批准。如果获得批准，IMO 船舶识别号方案将在不具有约束力的基础上适用于 100GT 及以上渔船。

尽管 SOLAS 的要求和 IMO 的不具有约束力的决议将渔船排除在外，但 IHS-Fairplay 已向大量渔船核发了 IMO 号（约 23 500 艘，见 http://www.fao.org/fishery/topic/18021/en）[①]。在某些情况下，IMO 号是 IHS-Fairplay 根据船主的申请核发的，而在另一些情况下，IMO 号是 IHS-Fairplay 收到船旗国的船舶数据后自动核发的。

金枪鱼区域渔业管理组织（RFMO）和授权渔船综合名单

金枪鱼 RFMO 通过神户进程认可有必要创建一个协调一致的包括 UVI 的金枪鱼船舶全球记录，并为此与 FAO 全球记录协调。该名单被称为授权渔船综合名单，将促进船舶信息的交换，并支持更广泛的监测、控制和监督（MCS）努力，如港口国措施、渔获证明文件、转运核查和船舶监测系统等。

WCPFC 的进展

WCPFC 已考虑实施唯一船舶识别号计划好多年了。在 TCC 第 6 届会议上，CCMs 对许多难以提供 CMM 第 2009-01 号[渔船记录（RFV）]要求的所有信息表示关切，一些 CCMs 指出，改善渔船记录的维护和使用应优先于 UVI 方面的工作。在 TCC 第 7 届会议上，一些 CCMs，包括 FFA 成员，表示支持将 WCPFC 渔船记录（WCPFC RFV）数据要求扩展到增列渔船 UVI 所需的数据要求。FFA 成员注意到，FFA 渔船名单已经修改，使之与 UVI 方案兼容。在 WCPFC 第 9 届年会上，提出了以下建议：①渔船记录应包括渔船取得的 IMO 号；②委员会可立即采取步骤，要求所有符合获得 IMO 号的渔船（即≥100GT 的船舶）取得该号码。TCC 第 9 届会议审议了美国提出的包括前述建议的提案。美国根据 TCC 第 9 届会议的讨论修订了其提案，删除了非钢壳船舶免除的条款。

表 1 认定了截至 2013 年 4 月渔船记录上根据大小分类的船数。

表 1　截至 2013 年 4 月渔船记录上根据大小分类的船数

船舶大小	船数
≥100GRT	2671
50～99GRT	1364
10～49GRT	1831

委员会的决定

为改进委员会的 MCS 计划，委员会同意应制定一项使渔船记录中的所有渔船都具

---

① 就未包含在 IMO A.600（15）号决议的船舶而言，由 IHS-Fairplay 核发的号码在技术上并非 IMO 号，但其源自相同的唯一编号方案。在这份提案内，这些号码被称为"劳氏登记号"或"LR 号"。

有全球唯一船舶识别号的方案。小型渔船如何实现这项方案，还需要进一步工作。对于大型渔船，现有 IMO 船舶识别号方案可以立刻使用。为此，委员会做出下列决定。

1. 自 2016 年 1 月 1 日生效，船旗 CCMs 应确保所有授权在公约区域船旗 CCMs 国家管辖区外作业的至少 100GT 或 100GRT 的渔船应取得核发的 IMO 号或劳氏注册号（LR）号。

2. 在评估符合前款规定时，委员会应考虑到尽管船主已依照适当程序但仍无法取得 IMO 号或 LR 号的特殊情况。船旗 CCMs 应在年报第二部分报告任何此类特殊情况。

3. CMM 第 2009-01 号第 6 款被修订，删除已过期的原提交截止日期，并增加如下新项（s）和脚注：

（s）国际海事组织（IMO）号或劳氏注册（LR）号，若已核发①。

4. 委员会将继续探讨如何确保渔船记录中的所有渔船都取得唯一船舶识别号。

第 2013-05 号：关于报告每日渔获量和努力量的养护和管理措施

WCPFC 关注到渔船需提交完整和准确的数据以便开展种群评估和其他科学评价工作；

注意到实时层面的渔获量和捕捞努力量数据为科学评估提供了重要价值；

注意到太平洋共同体秘书处成员进行合作，通过不时修订区域捕捞日志（SPC/FFA 区域渔捞日志），确保持证在其专属经济区捕鱼的船只有一致的报告框架，以确保与 WCPFC 向委员会提供科学数据的所有现行要求保持一致。

进一步注意到公约第八条要求委员会为公海渔业采取的措施与专属经济区适用的措施兼容；

希望确保公约区域所有作业渔船都有一致的数据报告水平和数据的实用性。

依据公约第十条，通过以下养护和管理措施。

1. 各 CCMs 应确保在公约区域悬挂其旗帜的每艘渔船的船长应每天就公约区域公海上的活动按如下要求填写准确的书面或电子日志：

（a）对于捕鱼作业当天，须在每次捕鱼作业结束时将捕捞努力量和渔获量填入渔捞日志（即围网网次结束时、延绳钓收回钓具后，或使用其他捕鱼方式，在当天作业结束时）；

（b）对于没有捕鱼作业但有其他"捕捞努力量"②的日子，相关活动（如找鱼、投放/收回 FAD）须在当天结束时填入日志；

（c）对于既无捕鱼作业也无其他捕捞努力量的日子，当天主要活动须于当日结束时

---

① 自 2016 年 1 月 1 日生效，船旗 CCMs 应确保所有授权的在公约区域、船旗 CCMs 国家管辖区外作业的 100GT 或 100GRT 以上渔船取得了核发给该船的 IMO 号或 LR 号。

② 根据公约第一条 d 款。

填入日志。

2. 每天捕捞作业记录的信息应至少包括以下内容：

（a）提交委员会的科学数据文件中的附件 1 第 1.3 节至第 1.6 节要求的信息；

（b）未在上述各节列出，但根据委员会的其他决定要求 CCMs 报告的其他物种的渔获量信息，如除其他外，根据 FAO 物种代码的关键鲨鱼物种；

（c）未在上述各节列出，但根据委员会的其他决定要求 CCMs 报告的其他物种的关联性信息，如除其他外，关键的鲸类、海鸟和海龟。

3. 各 CCMs 应要求这些公约区域悬挂其旗帜的每艘渔船的船长于航次或转运结束后 15 天内，或关于提交此类信息的任何国家规定所要求的时限内，向船旗国主管部门提交一份准确和未经修改的所需信息数据的原件或副本。

4. 各 CCMs 应要求在公约区域悬挂其旗帜的每艘渔船的船长在每个航次期间始终在船上保留一份有关前一航次所需信息的准确和未经修改的原件或副本。

5. 不遵守本措施者应根据 CMM 第 2010-06 号或其修正版本予以处理。

6. 本措施不影响现有的或额外的报告要求。

第 2013-06 号：关于考虑养护和管理措施提案标准的养护和管理措施

WCPFC 承认《中西部太平洋高度洄游鱼类种群养护和管理公约》第十条所述委员会职能，包括通过养护和管理措施及建议；

认识到委员会应完全认同发展中国家缔约方，特别是小岛屿发展中国家（SIDS）和参与领地，在养护和管理公约区域的高度洄游鱼类种群和发展此种鱼类的渔业方面的特殊需求；

注意到公约区域 SIDS 和参与领地的脆弱性，以及将养护行动不成比例的负担转移到这些 SIDS 和参与领地的影响；

进一步确认委员会第七届年会确定的目标和要求；

希望通过审议养护和管理措施的提案标准，并做出充分认识到公约区域 SIDS 和参与领地的特殊需求的决定；

依据公约第十条和第三十条，通过下述养护和管理措施。

一般条款

1. CCMs 应在 1982 年公约和协定第 24 条、第 25 条和第 26 条的范围内并以符合这些内容的方式制定、解释和应用养护和管理措施。为此，CCMs 应直接或通过委员会进行合作，加强公约区域的发展中国家缔约方，特别是其中最不发达国家和 SIDS 及参与领地的能力，发展其高度洄游鱼类种群的渔业，包括但不限于公约区域的公海。

2. 委员会应确保任何养护和管理措施不会直接或间接地把养护行动不成比例的负担转移到 SIDS 和参与领地。

新提案对 SIDS 和参与领地的影响

3. 委员会在审议任何新的提案时应适用下述问题，以确定提案对公约区域 SIDS 和参与领地造成影响的性质和程度：

（a）被要求执行提案的对象是谁？

（b）该提案将影响哪些 CCMs？以何种方式影响以及影响比例是多少？

（c）是否与其他区域渔业管理组织或国际组织减轻执行负担的其他提案或文书有联系？

（d）提案是否影响 SIDS 的发展机会？

（e）提案是否影响 SIDS 国内获取资源和发展愿望？

（f）SIDS 执行提案需要哪些资源（包括财政和人力资源）？

（g）提案包含哪些减缓措施？

（h）提案中包括哪些援助机制和有关时限（包括培训和财政支持，以避免对 SIDS 造成不成比例的负担）？

4. 如果 SIDS 或参与领地证明养护行动的负担已不成比例转移，CCMs 应合作减轻有关 SIDS 和参与领地执行特定义务的负担，包括通过：

（a）分阶段或推迟执行特定义务；

（b）免除特定义务；

（c）按比例或轮流执行；

（d）根据委员会的财务规定建立补偿性筹资机制。

第 2013-07 号：关于小岛屿发展中国家与参与领地特殊 需求的养护和管理措施

WCPFC 认识到委员会应完全认同发展中国家缔约方，特别是小岛屿发展中国家（SIDS）和参与领地，在公约区域养护和管理高度洄游鱼类种群和发展这些种群的渔业的特殊需求；

承认沿海缔约方，特别是公约区域 SIDS 和参与领地的主权权利，以及发展和管理其渔业和参与公海捕鱼及有关活动的愿望；

意识到公约区域 SIDS 和参与领地的脆弱性和独特需求，他们依赖海洋生物资源的开发，包括满足人口的营养需求；

注意到 WCPFC 多数成员是 SIDS 和参与领地，公约区域高度洄游鱼类种群渔获量有很大一部分是在其海域内捕获的；

希望在完全认同公约区域 SIDS 和参与领地的特殊需要方面有运作效果，包括但不限于养护和管理行动及发展愿望。

依据公约第十条及第三十条，通过下述养护和管理措施。

一般条款

1. 尽管本措施未确定 SIDS 和参与领地的其他特殊需求，但 CCMs 应充分认识到公约区域 SIDS 和参与领地在执行公约、本措施以及其他措施方面的特殊需求。

2. CCMs 应在 1982 年公约和鱼类种群协定第 24 条、第 25 条和第 26 条的范围内并以符合这些内容的方式制定、解释及适用养护和管理措施。为此，CCMs 应直接或通过委员会进行合作，加强公约区域的发展中国家缔约方，特别是其中最不发达国家及 SIDS 和参与领地的能力，发展其高度洄游鱼类种群的渔业，包括但不限于公约区域的公海。

3. 委员会应确保任何养护和管理措施不会直接或间接地把养护行动不成比例的负担转移到 SIDS 和参与领地。

人员能力发展

4. CCMs 应直接或通过委员会合作，支持公约区域 SIDS 和参与领地在任何渔业或有关学科方面的能力发展，包括赞助学术研究和培训计划。

5. CCMs 应直接或通过委员会提供支持和援助，提高 SIDS 和参与领地的能力，包括通过：

（a）单独培训，包括实习；

（b）区域或分区域观察员培训计划的制度性支持，包括通过提供财政和技术支持以加强现有计划；

（c）数据收集、科学研究、资源评估、减少兼捕、渔业科学与管理、渔业行政与生物经济分析的技术培训和援助，包括培训、研讨会、学术交流与人员进修；

（d）与监测、控制和监督活动有关的培训，包括培训、研讨会、人员进修和其他人员交换。

技术转让

6. CCMs 应在符合其法律法规的条件下，直接或通过委员会合作，在公平合理的条件下根据自身能力，积极促进开发和向公约区域 SIDS 和参与领地转让渔业科学和技术。

7. CCMs 应在符合其法律法规的条件下，促进开发 SIDS 和参与领地在高度洄游鱼类种群勘探、开发、养护和管理以及海洋环境保护与保全方面的渔业科学和技术能力，以促进 SIDS 和参与领地的社会和经济发展。

渔业养护和管理

8. CCMs 应在符合其法律法规的条件下，直接或通过委员会，协助 SIDS 和参与领地履行委员会的义务，包括但不限于履行：

（a）公约的义务；

（b）养护和管理措施；

（c）委员会的其他决定。

9. CCMs 应直接或通过委员会协助公约区域 SIDS 和参与领地，通过收集、报告、核实、交换和分析渔业数据及有关信息，改善高度洄游鱼类种群的养护和管理。

监测、控制和监督

10. CCMs 应在符合法律法规的条件下，直接或通过委员会合作，并通过适当的区域、分区域或双边安排，包括培训和当地的能力建设、确立和资助国家和分区域观察员计划以及获取技术和设备，加强 SIDS 和参与领地参与监测、控制和监督。

11. 为加强 SIDS 和参与领地参与海上监测、控制和监督及执法活动，CCMs 应酌情通过与公约区域 SIDS 和参与领地的双边安排，允许协调检查船只、飞机、设备和技术。

支持 CCMs 渔业和与金枪鱼渔业有关的产业以及市场准入

12. 在符合法律法规的条件下，CCMs 应与 SIDS 和参与领地合作，通过提供技术和经济支持，协助公约区域内 SIDS 和参与领地实现通过开发渔业资源而获得最大利益的目标。

13. CCMs 应努力确保公约区域 SIDS 和参与领地的渔业和有关产业，至少占公约区域捕获高度洄游鱼类种群总产量和价值的 50%。为此，鼓励 CCMs 支持与 SIDS 和参与领地的投资和合作安排。

14. CCMs 在符合法律法规的条件下，应确保不采取行动限制 SIDS 和参与领地的沿海加工和使用转运设施及有关船舶，或破坏对公约区域 SIDS 和参与领地的合法投资。

15. CCMs 应与公约区域 SIDS 和参与领地合作，并努力：

（a）在符合法律法规的条件下，采取行动维持和增加公约区域 SIDS 和参与领地的就业机会；

（b）在符合法律法规的条件下，促进在公约区域 SIDS 和参与领地指定的港口进行渔获物加工、卸载或转运；

（c）在符合法律法规的条件下，鼓励向公约区域 SIDS 和参与领地的供货商购买设备和补给，包括油料补给；

（d）鼓励酌情使用公约区域 SIDS 和参与领地的船坞和维修设施。

16. CCMs 应直接与公约区域 SIDS 和参与领地合作，以促进对进口条件的认识。

17. CCMs 应考虑到渔业产品贸易的重要性，特别是对 SIDS 和参与领地，努力采取适当行动，消除不符合国际法律法规的渔业产品贸易壁垒。

18. CCMs 应努力合作，酌情确定和促进 SIDS 和参与领地金枪鱼渔业部门及金枪鱼渔业相关业务的发展活动。

执行报告与审议

19. CCMs 应在提交委员会的年度报告（第二部分）中报告本措施的执行情况。

20. 委员会应在每年的年会上审议公约和本措施的执行进展。

第 2014-02 号：委员会船舶监测系统①的养护和管理措施

WCPFC 回顾公约的相关规定，尤其是第三条和第二十四条 8 款、9 款和 10 款；

注意到船舶监测系统作为有效支持养护和管理公约区域高度洄游鱼类种群的原则和措施的工具的重要性；

意识到委员会成员、合作非成员和参与领地（合称 CCMs）在促进有效实施委员会养护和管理措施方面的权利和义务；

进一步意识到船舶监测系统所依据的主要原则，包括系统所处理信息的保密性和安全性，以及系统的效率、性价比和灵活性。

依据公约第十条，决定就启用 WCPFC 船舶监测系统（VMS）采取下列程序，决定如下。

1. 委员会船舶监测系统。

2. 该系统应于 2008 年 1 月 1 日启用，适用公约区域北纬 20 度以南以及东经 175 度以东、北纬 20 度以北的公约海域。

3. 关于北纬 20 度以北和东经 175 度以西区域，监测系统启用日期由委员会另行决定②。

4. 任何在上述第 2 款所述的公约海域捕捞高度洄游鱼类种群的渔船，进入北纬 20 度以北和东经 175 度以西区域时，应保持其自动定位装置开机，并继续依据本养护和管理措施向委员会报告相关信息。

5. 定义

（a）自动定位装置（ALC）是指一种近实时卫星定位发射机；

（b）FFA 秘书处是指位于所罗门群岛霍尼亚拉的太平洋岛国论坛渔业局秘书处；

（c）FFA VMS 是指 FFA 秘书处和太平洋岛国论坛渔业局开发、管理和运行的船舶监测系统。

6. 适用性

（a）委员会 VMS 应适用于所有在公约海域捕捞高度洄游鱼类种群的渔船；

（b）该系统应自 2008 年 1 月 1 日起适用于船长大于 24 米的所有渔船，自 2009 年 1 月 1 日起适用于船长等于和小于 24 米的渔船；

（c）任何 CCMs 均可请求委员会审议和核准，将其管辖海域纳入委员会 VMS 覆盖范围。将这些海域纳入委员会 VMS 产生的必要费用应由提出请求的 CCMs 承担。

7. 委员会 VMS 的特征和技术参数

（a）委员会 VMS 应为独立系统：

（i）在委员会指导下由 WCPFC 秘书处开发和管理，该系统直接从在公约区域

---

① 通过本 CMM（CMM-2014-02）时，委员会废除了 CMM-2011-02，其已被修改和替代。
② 2013 年 12 月 31 日启动。

公海作业的渔船上接收数据

（ii）通过附加功能，该系统能够接收从 FFA VMS 转发的船舶监测数据，因此在公约区域公海作业的渔船可以选择通过 FFA VMS 报送数据

（b）委员会应为委员会 VMS 的运行制定规则和程序，除其他外，包括：

（i）渔船报告，包括所需要数据的规格、格式和报送频率

（ii）调取规则

（iii）ALC 故障替代方案

（iv）成本回收

（v）成本分担

（vi）防篡改措施

（vii）渔船、CCMs、FFA 秘书处以及委员会秘书处的义务和作用

（c）委员会应根据 WCPFC 信息安全政策，制定委员会 VMS 数据安全标准；

（d）所有需要向委员会 VMS 报送数据的渔船，均应使用符合委员会 ALC 最低标准的正常运行的 ALC；

（e）委员会 VMS 关于 ALC 的最低标准（草案）见附件 1。

8. 在制定这些标准、规格和程序时，委员会应考虑发展中国家传统渔船的特性。

9. CCMs 各方的义务

（a）每一船旗 CCMs 应确保其在公约区域公海作业的渔船遵守委员会为委员会 VMS 目的制定的要求，并安装可报送委员会确定的数据的 ALC；

（b）CCMs 应合作以确保其 VMS 和公海 VMS 的兼容性。

10. 审议

实施两年后，委员会应审议本养护和管理措施的实施情况，并根据要求考虑对系统的进一步改进。

附件 1　委员会船舶监测系统自动定位装置（ALC）的最低标准（草案）

根据公约第二十四条 8 款，委员会特为 ALC 制定下列最低标准。

1. ALC 应在船舶通信受到任何干扰的情况下自动且独立地报送下列数据：

（a）ALC 静态唯一识别码；

（b）当前船舶地理位置（经度和纬度）；

（c）上述第（b）项中船舶定位的日期和时间（以世界标准时间 UTC 表示）。

2. 上述第 1 款（b）项和（b）项提及的数据应从卫星定位系统中获得。

3. 安装在渔船上的 ALC 必须有能力每小时传送上述第 1 款所述的数据。

4. 在正常运行条件下，委员会应在 90 分钟内接收到由 ALC 产生的第 1 款所述的数据。

5. 安装在渔船上的 ALC 必须受到保护，以保持第 1 款所述数据的安全性和完整性。

6. 在正常运行条件下，存储在 ALC 中的信息必须是安全、受保护和完整的。

7. 除监督机构外，任何人无权更改监督机构存储在 ALC 中的数据，包括报送位置的频率。

8. 任何用于协助维修的内置在 ALC 或终端软件的功能，不得允许未经授权进入 ALC 的任何区域从而可能影响 VMS 的运行。

9. ALC 应根据制造商的技术规范和适用标准安装在船上。

10. 在正常的卫星导航运行情况下，从转发的数据得出的位置必须精确到 100 平方米距离的均方根（即 98%的位置必须在此范围内）。

11. ALC 和/或转发服务提供商必须能够支持将数据发送至多个独立通信目的端的能力。

12. 卫星导航解码器和发送机应完全整合，并封装在同一个防篡改的物理外壳中。

第 2014-03 号[①]：WCPFC 渔船记录的标准、规范和程序

适用范围

本标准、规范和程序（SSP）应适用于根据公约第二十四条 7 款设立的渔船记录，并在就该记录通过的有关任何养护和管理措施中作进一步规定。

本 SSP，包括任何经同意的修正案，应在 WCPFC 通过后 6 个月生效。

WCPFC 渔船记录（RFV）

1. WCPFC 渔船记录应由一个电子数据库组成，至少：

（a）能够按照附件 1 所示的结构和格式，将当前版本的 RFV 做成一个单一表格；

（b）可以被完全和容易地搜索到，但被 WCPFC 认定为非公开领域数据和/或仅在 WCPFC 网站加密区维护的任何数据除外；

（c）储存 CCMs 各方提供的所有历史数据，并能呈现过去任何时间点的 RFV；

（d）包括 RFV 中渔船的电子照片。

CCMs 的责任

2. 向 WCPFC 秘书处提交符合附件 1 格式规范的完整渔船记录数据，以及符合附件 2 规范的渔船照片。

3. 通过以下任一方式向 WCPFC 提供渔船记录数据[②]：

（a）电子传输，通过邮件或其他电子方式，提交符合附件 3 规定的电子格式的电子数据文件；

（b）手动传输，通过 WCPFC 秘书处为此建立的网页界面（附件 4）直接输入渔船

---

① 本养护和管理措施（CMM-2014-03）通过时，委员会废除第 2013-03 号措施。
② 委员会可考虑其他传输方式，例如将委员会数据库与 CCMs 各方数据库直接连接的方式。

记录数据。

WCPFC 秘书处的责任

4. 根据公约、WCPFC 养护和管理措施以及通过的与渔船记录有关的 SSP，维护并运行渔船记录。

5. 提供稳定、可靠、全面维护和支持的 RFV，包括确保足够的冗余和备份系统，以避免数据丢失和提高及时的数据恢复能力。

6. 确保从 CCMs 收到的渔船数据不会以任何方式被更改、篡改或干扰，必要时根据本 SSP 将该数据合并至 RFV 的情况除外。

7. 设计和维护渔船记录，使其能够按附件 1 的结构和格式描述当前的渔船记录。

8. 设计和维护渔船记录，使其数字数据能够运用普通测量单位显示和下载。

9. 确保渔船记录通过 WCPFC 网站持续公开，但 WCPFC 认为的非公开领域数据和/或仅在 WCPFC 网站加密区维护的任何信息除外。

10. 制定和维护技术和管理系统，以满足通过以下任一方式从 CCMs 各方接收渔船数据的需要：

（a）电子传输，通过邮件或其他电子方式，提交符合附件 3 规定的电子格式的电子数据文件；

（b）手动传输，CCMs 各方通过符合附件 4 规范的网页界面，手动直接输入数据。

11. 在收到 CCMs 的渔船记录数据的下一个 WCPFC 官方工作日的 24 小时内，确认数据收到，并向 CCMs 表明该数据是否符合最低数据要求（即包括附件 1 "最低要求" 栏标有 "√" 的全部数据）、附件 1 和附件 2 的结构和格式规范，以及如适用，附件 3 的电子格式规范。

12. 在收到符合最低数据要求（即包括附件 1 "最低要求" 栏标有 "√" 的全部数据）、附件 1 和附件 2 的结构和格式规范要求，以及如适用，附件 3 的电子格式规范的渔船记录资料后，在下一个 WCPFC 官方工作日 24 小时（手动传输）或 48 小时（电子传输）内，应将这些数据添加到 RFV 记录内[①]。

13. 按 CCMs 提交的信息提供每一年度 "作业/未作业" 渔船状态信息，并与 RFV 整合，使其能够展示、搜寻和分析该信息。

14. 监督并每年向 TCC 报告 RFV 的表现及应用情况，并在必要时，提出建议改善或修正用于支持 RFV 的系统、标准、规范和程序，以确保 RFV 继续作为一个稳定、安全、可靠、经济、高效、全面维护和支持的系统运行。

15. 定期建议对 SSP 提出改进，包括在适当的情况下，与联合国粮农组织（FAO）及联合国贸易便利化和电子商务中心（UN/CEFACT）等其他国际组织或政府间机构使用的标准和规范保持一致。

16. 保留渔船船籍登记城市（港口）RFV 港口代码清单，该清单应包括各方根据本 SSP 提交的船舶记录数据。RFV 港口代码将采用两个字母的 ISO 3166 国家代码加上四

---

① 虽然只要最低要求数据的渔船被添加到渔船记录（RFV）并在 RFV 中进行维护，但这并不意味免除该 CCMs 根据适用的 WCPFC 养护和管理措施提交所有所需数据的义务。未能提交此类数据的后果将在本 SSP 以外制定，如 WCPFC 履约监管计划。

个字符的格式，此清单将由秘书处根据可获得的国际标准代码（如有的话）决定。如注册港口不在秘书处维护的 RFV 港口代码清单内，CCMs 可向秘书处请求发布新的 RFV 港口代码。作为 CCMs 请求的回应，秘书处将确认收到并根据本 SSP 的第 11 款和第 12 款规定的时间框架发布新的 RFV 港口代码。秘书处还应确保 CCMs 能够通过进入附件 4 所述的网页界面查到更新的 RFV 港口代码清单，也可访问秘书处查询。

17. 检查从 CCMs 和其他相关来源收到的渔船记录数据，并视情况通知 CCMs 并提交有关其向 RFV 提交的船舶记录数据可能存在错误、遗漏或可能的重复记录。

附件 1

附表 1　WCPFC RFV 栏目清单及其格式和内容

最低数据要求①	栏目名称	栏目格式	栏目说明/指示	范例	CMM 参考号
√	由 CCMs 提交	文字	国家名称——双字母 ISO 代码格式（ISO 3166；附件 7）	HR（代表克罗地亚）	隐含于第 2013-10 号养护和管理措施第 5 款及第 6 款
√	数据行动代码	文字	本栏并未纳入 RFV，但 CCMs 必须在提交数据时使用 尚未列入 RFV，而要新增的船舶输入 ADDITION 目前列入 RFV，而要修改船舶信息，包括先前在 RFV，但某阶段被同一 CCMs（重新登录）或不同 CCMs（转换船籍）删除，输入 MODIFICATION 目前列入 RFV，由相同 CCMs 提交的要求从 RFV 删除的船舶，输入 DELETION	MODIFICATION	需要指示秘书处所做的渔船记录变更
√	船舶识别号	号码（整数）	要从 RFV 删除或修改船舶时，必须提供船舶纳入 RFV 时自动产生的号码。如果船舶要新增至 RFV（目前未列入 RFV 或先前未曾列入 RFV），则无须填写	10503	需与船舶相符
√	渔船船名	文本	船旗国注册登载的渔船船名，以大写字母呈现	SEA MAPLE II	第 2013-10 号养护和管理措施第 6（a）款
√	渔船船旗	文字	国家名称–双字母 ISO 代码格式（ISO 3166；附件 7）	HR（代表克罗地亚）	隐含于第 2013-10 号养护和管理措施第 5 款及第 6 款
√	注册号	文字	船旗国注册所指定的字母和数字识别号，以大写呈现	XX123	第 2013-10 号养护和管理措施第 5 款及第 6 款
√	WCPFC 识别号（WIN）	文字	船旗国根据 CMM 第 2004-03 号养护和管理措施中指定船舶识别号，以大写字母和数字呈现	ABC1234	第 2013-10 号养护和管理措施第 6（a）款
√	先前船名（如清楚）	文字 如果有多个先前船名，以";"分隔	该船先前船名清单，如 CCMs 清楚，以大写字母呈现 如 CCMs 清楚该船没有先前的船名，输入 NONE 如 CCMs 不清楚该船是否有先前的船名，输入 NONE KNOWN	ALPHA DRAGONALPHA DRAGON; SEA MAPLE I	第 2013-10 号养护和管理措施第 6（a）款

① 如第 11 款和第 12 款所述，标示"√"的栏目构成包括在 RFV 的最低数据要求。

续表

最低数据要求	栏目名称	栏目格式	栏目说明/指示	范例	CMM 参考号
√	注册港	文字	船舶注册城市（港口）输入由 WCPFC 秘书处维护的 RFV 港口代码列表的 6 个字符代码①。RFV 港口代码格式为秘书处分配的双字母 ISO 国家代码（ISO 3166；附件 7）、一个连接号（-）及 3 个字符的字母或数字代码	FJ-SUV JP-004	第 2013-10 号养护和管理措施第 6（a）款
√	船主姓名	文字 如果有多个船主，以"；"分隔 如果为公司，输入公司全名 如果为个人姓名，输入姓、名（以"，"分隔）		Sea Maple LLC Doe，John；Gomez，Steven	第 2013-10 号养护和管理措施第 6（b）款
√	船主地址	文字 用"，"分开每个地址的不同内容 若有多个地址，用"；"区分		1234 Ebony Ln，Honolulu，HI 12345，USA 1234 Ebony Ln，Honolulu，HI 12345，USA；4321 Ynobe Rd，Honolulu，HI 54321，USA	第 2013-10 号养护和管理措施第 6（b）款
√	船长姓名	文字 输入姓、名，用"，"区分 如有多个船长，用"；"区分		Doe，John Doe，John；Doe，Jill	第 2013-10 号养护和管理措施第 6（c）款
	船长国籍	文字 录入国家名称—双字母 ISO 代码格式（ISO 3166；附件 7） 如有多个船长，用"；"区分	列出该船船长的国籍	HR（代表克罗地亚） HR；HR	第 2013-10 号养护和管理措施第 6（c）款
√	以前船旗（如有）	文字 录入国家名称—双字母 ISO 代码格式（ISO 3166；附件 7）；如有多个以前船旗，用"；"区分	列出该船以前船旗（如有） 如没有以前船旗，录入无（NONE） 如 CCMs 不清楚该船是否有以前的任何船旗，录入未知（NONE KNOWN）	NONE	第 2013-10 号养护和管理措施第 6（d）款
√	国际无线电呼号	文字 勿输入任何标点符号或空白间隔	指定给该船的国际无线电呼号，大写，不带空格 如果该船未指定国际无线电呼号，则输入 NONE	ABC1234	第 2013-10 号养护和管理措施第 6（e）款

---

① 根据第 16 款，RFV 港口代码清单将由秘书处维护和发布。

最低数据要求	栏目名称	栏目格式	栏目说明/指示	范例	CMM 参考号
√	船舶通信类型和号码[国际海事卫星组织（Inmarsat）A、B、C 号码和卫星电话号码]	文字输入：通信类型：x；号码/地址：x；服务类型：x如果有多个通信装置，以";"分隔	输入船上运用 Inmarsat A、B 或 C 任一通信装置或卫星电话说明如果船上没有此类通信装置，输入 NONE	语音 Inmarsat 行动号码：123456789Inmarsat C 卫星电话号码：123456789	第2013-10号养护和管理措施第6（f）款
√	船舶彩色照片	文字以下列格式输入电子数据文件名称：[WIN]_[船名]_[照片日期：日.月.公元年].[扩展名]（jpg 或 tif）	船舶照片文件名	XXX123_SEA MAPLE_01.Jul.2010.jpg	第2013-10号养护和管理措施第6（g）款
√	船舶建造地点	文字输入双字母 ISO 国家代码（ISO 3166；附件 7）	船旗国注册或其他适当纪录所指的船舶建造国	LT（代表立陶宛）	第2013-10号养护和管理措施第6（h）款
	船舶建造日期	数字（4 位整数）	船旗国注册或其他适当纪录所指的船舶建造年度	1994	第2013-10号养护和管理措施第6（h）款
√	船舶类型	文字	如附件 5 所述，精确使用缩写输入列于 WCPFC 船舶类型列表单一最适当船舶类型	LLT（金枪鱼延绳钓）	第2013-10号养护和管理措施第6（i）款
	正常船员编制人数	数字（整数）	船上正常船员人数，包括职务船员	6	第2013-10号养护和管理措施第6（j）款
	捕捞类型	文字如有多个类型，以";"分隔	船舶使用的渔具类型如附件 6 所述，精确使用缩写输入列于 WCPFC 渔具清单的用于或试图用于捕捞高度洄游鱼类种群的所有渔具，如果船舶并未用以捕鱼，则无须填写	LLD（漂流延绳钓）	第2013-10号养护和管理措施第6（k）款
√	长度	数字（小数）		50	第2013-10号养护和管理措施第6（l）款
√	长度类型	文字	长度类型说明如果为全长，输入 OVERALL如果为注册长度，输入 REGISTERED如果为垂线间长，输入 BETWEENPP如果为水线长，输入 WATERLINE	OVERALL REGISTERED BETWEENPP WATERLINE	第2013-10号养护和管理措施第6（l）款
√	长度单位	文字	米输入 m，英尺输入 ft	m	第2013-10号养护和管理措施第6（l）款
	型深	数字（小数）		7	第2013-10号养护和管理措施第6（m）款
	型深单位	文字	米输入 m，英尺输入 ft	m	第2013-10号养护和管理措施第6（m）款

最低数据要求	栏目名称	栏目格式	栏目说明/指示	范例	CMM 参考号
√	船宽	数字（小数）		7	第2013-10号养护和管理措施第6（n）款
√	船宽单位	文字	米输入 m，英尺输入 ft	m	第2013-10号养护和管理措施第6（n）款
√	总登记吨（GRT）或总吨（GT）	数字（小数）		138	第2013-10号养护和管理措施第6（o）款
√	吨位类型	文字	总登记吨输入 GRT，总吨输入 GT	GT	第2013-10号养护和管理措施第6（o）款
	主机或副机马力	数字（小数）		350	第2013-10号养护和管理措施第6（p）款
	主机或副机马力单位	文字	马力输入 HP，千瓦输入 kW，或德制马力输入 PS，德制马力也被称为 Pferdestärke	HP	第2013-10号养护和管理措施第6（p）款
	冷冻机型号	文字 如果有多种冷冻机型号，用";"分开	船上用于冷冻渔获物的设备类型 输入下述一个或多个类型：盐水（Brine）、吹风式（Blast）、平板（Plate）、隧道式（Tunnel）、冷海水（RSW）、冰（Ice）、其他：[具体类型]	Brine Ice；Blast	第2013-10号养护和管理措施第6（q）款
	冻结能力	文字 如在冷冻机栏输入多个冷冻机型号，用";"区分相应的多次输入，确保按冷冻机型号相同的顺序输入冷冻机类型栏	冷冻渔获物的能力基准，以每单位时间可冷冻鱼的数量呈现，或冷冻机名义冷冻能力 如果无冷冻能力，输入 0	100 2；5 0	第2013-10号养护和管理措施第6（q）款
	冷冻能力单位	文字 如在冷冻机栏输入多个冷冻机型号，用";"区分相对应的多次输入，确保按冷冻机型号相同的顺序输入冷冻机类型栏	如果无冷冻能力，输入无（NA）	nominal mt mt/day；mt/day NA	第2013-10号养护和管理措施第6（q）款
	冷冻机数量	文字 如在冷冻机栏输入多个冷冻机型号，用";"区分相对应的多次输入，确保按冷冻机型号相同的顺序输入冷冻机类型栏	船上冷冻机数量（如制冰机、盐水冷冻机或气流冷冻机数量）	2 1；2 0	第2013-10号养护和管理措施第6（q）款

最低数据要求	栏目名称	栏目格式	栏目说明/指示	范例	CMM 参考号
	鱼舱容量	数字（小数）	船舶能存放的总渔获量，不包括饵料和供船员食用的鱼，以容积或重量量测	100	第2013-10号养护和管理措施第6（q）款
	鱼舱容量单位	文字	立方米输入 CM，吨输入 MT	CM	第2013-10号养护和管理措施第6（q）款
	船旗国核发许可的格式	文字	输入执照、许可或授权的名称或说明，如核发机关名称 如果该船未经其船旗国授权用以在国家管辖区外捕捞高度洄游鱼类种群（即未授权在公海作业），输入不适用（not applicable）	公海捕捞许可（High seas fishing permit）	第2013-10号养护和管理措施第6（r）款
	船旗国核发的许可号	文字	输入许可指定的唯一识别号（如有） 如果许可无唯一识别号，输入NONE 如果该船未经其船旗国授权用以在国家管辖区外捕捞高度洄游鱼类种群，输入 not applicable	XX123	第2013-10号养护和管理措施第6（r）款
	任何特定的授权捕鱼区域	文字	输入授权捕鱼限定公约区域的任何特定区域的说明 如果授权没有限定公约区域的任何特定区域，输入无特定区域（no specific areas） 如果该船未经其船旗国授权用以在国家管辖区外捕捞高度洄游鱼类种群，输入 not applicable	no specific areas	第2013-10号养护和管理措施第6（r）款
	任何特定授权捕捞的物种	文字	输入授权捕鱼限定捕捞任何特定高度洄游鱼类种群的说明 如授权没有限定任何特定物种，输入没有特定物种(no specific species) 如该船未经其船旗国授权在国家管辖区外捕捞高度洄游物种，输入not applicable	no specific species 除太平洋蓝鳍外的所有高度洄游鱼类种群	第2013-10号养护和管理措施第6（r）款
√	授权开始日期	日期（日-月-年）	如该船未经其船旗国授权在国家管辖区外捕捞高度洄游物种，留空	01-Jul-2010	第2013-10号养护和管理措施第6（r）款
√	授权截止日期	日期（日-月-年）	如该船未经其船旗国授权在国家管辖区外捕捞高度洄游物种，留空	30-Jun-2011	第2013-10号养护和管理措施第6（r）款
	授权在公海转运	文字	如负责的 CCMs 根据 CMM 第2009-06 号第 37 款做出肯定的决定，并授权该船在公约区域公海转运高度洄游鱼类种群，且目前授权仍有效，输入 yes；否则输入 no	yes	第2009-06号养护和管理措施第34款
	授权在海上转运的围网船	文字	如该船经 WCPFC 核予免除，可在公约区域海上转运，且经负责的CCMs授权转运，目前授权和免除仍有效的围网船，输入 yes； 如该船无这等授权或免除，输入 no； 如该船不是围网船，输入not applicable	no	第2009-06号养护和管理措施第29至30款

续表

最低数据要求	栏目名称	栏目格式	栏目说明/指示	范例	CMM 参考号
√	租赁悬挂 CCMs 旗的船舶	文字	如 CMM 第 2012-05 号第 2 款适用该船，输入 charter、lease 或类似机制描述符（descriptor）；否则输入 not applicable 注：如 CMM 第 2012-05 号第 2 款适用该船，船旗 CCMs 应负责将该船纳入渔船记录，并向执行主任提交所需信息	charter	第 2012-05 号养护和管理措施第 2 款
√	租赁悬挂非 CCMs 旗的运输船或油轮	文字	如 CMM 第 2013-10 号第 41 款适用该船（悬挂非 CCMs 旗的运输船或油轮），输入 charter、lease 或类似机制的描述符；否则输入 not applicable 注：如 CMM 第 2013-10 号第 41 款适用该船（悬挂非 CCMs 旗的运输船或油轮），租赁的 CCMs 应负责将该船纳入渔船记录，并向执行主任提交所需信息	charter	第 2013-10 号养护和管理措施第 41 款
√	租船的 CCMs	文字	如船舶为租赁、租借或类似机制且 CMM 第 2013-10 号第 41 款或第 2012-05 号第 2 款适用该船，输入租赁、租借或其他机制的租赁船/租借船的 CCMs 名称，输入双字母 ISO 代码格式（ISO 3166；附件 7）；否则不输入	AT（代表奥地利）	第 2013-10 号养护和管理措施第 41 款 第 2012-05 号养护和管理措施第 2 款
√	租赁人姓名	文字 如有多个租赁人，以 ";" 分隔 如为公司，输入公司全名 如为个人，输入姓、名，以 "," 分隔	如船舶为租赁、租借或类似机制且 CMM 第 2013-10 号第 41 款或第 2012-05 号第 2 款适用该船，输入租赁人姓名；否则不输入	Sea Maple LLC Doe, John; Gomez, Steven	第 2013-10 号养护和管理措施第 41 款 第 2012-05 号养护和管理措施第 2 款
√	租赁人地址	文字 每个地址内容以 "," 区分 如有一个以上地址，以 ";" 区分	如船舶为租赁、租借或类似机制且 CMM 第 2013-10 号第 41 款或第 2012-05 号第 2 款适用该船，输入租赁人地址；否则不输入	1234 Ebony Ln, Honolulu, HI 12345, USA 1234 Ebony Ln, Honolulu, HI 12345, USA; 4321 Ynobe Rd, Honolulu, HI 54321, USA	第 2013-10 号养护和管理措施第 41 款 第 2012-05 号养护和管理措施第 2 款
	租赁开始日期	日期 （日-月-年）	如船舶为租赁、租借或类似机制且 CMM 第 2013-10 号第 41 款或第 2012-05 号第 2 款适用该船，输入租赁、租借或其他机制的开始日期；否则不输入	30-Jun-2011	第 2013-10 号养护和管理措施第 41 款 第 2012-05 号养护和管理措施第 2 款
	租赁结束日期	日期 （日-月-年）	如船舶为租赁、租借或类似机制且 CMM 第 2013-10 号第 41 款或第 2012-05 号第 2 款适用该船，输入租赁、租借或其他机制的结束日期；否则不输入	30-Jun-2016	第 2013-10 号养护和管理措施第 41 款 第 2012-05 号养护和管理措施第 2 款

最低数据要求	栏目名称	栏目格式	栏目说明/指示	范例	CMM 参考号
	删除理由	文字	本栏不需要纳入渔船记录单一表格呈现，但 CCMs 在提交数据时必须使用 输入下述内容： 自愿放弃或不更新（Voluntary relinquishment or non-renewal）； 撤销； 不再悬挂旗帜； 拆解、除役或灭失； 其他：[说明理由]；或 不适用（如渔船未被删除）	voluntary relinquishment or non-renewal	第2013-10号养护和管理措施第 7（c）款
	IMO 号或 LR 号	数字（整数）	IMO 船舶识别号由三个字母 IMO 和由 IHS-Fairplay（先前称 Lloyds Register-Fairplay）核发的 7 位数字组成。输入 7 位数字，否则应为空 自 2016 年 1 月 1 日起，这将成为授权在船旗 CCMs 的管辖区外公约区域作业渔船必需的栏目，且船舶规格至少 100GT 或 100GT 以上（CMM2013-10 脚注 4）	1234567	第2013-10号养护和管理措施第 6（s）款

附件 2　渔船照片规格

向 WCPFC 秘书处渔船记录提交的渔船照片必须符合下列所有规范。如果渔船外观在提交照片后发生实质性的变化（包括但不限于船舶漆了另一种颜色、改名，或船舶结构改变）或照片超过 5 年，则必须提交一张新的照片。

照片必须符合以下规格[①]。

1. 全彩。

2. 展现船舶现在的外形和外观。

3. 显示船舶船艏至船艉侧面的外观。

4. 清晰明了地显示船舶名称和 WCPFC 识别号（WIN）。

5. 照片日期不超过五年。

6. 以单一电子文件的形式，具有以下属性：

（a）jpg 或 tiff 文件格式；

（b）大小为 6 英寸×8 英寸，分辨率至少每英寸 150 像素；

（c）照片文件大小不超过 500kb；

（d）按以下规范命名：[WIN]_[船名]_[照片拍摄日期(×日.×月.×××年)].jpg/tif，如 XXX123_SEA MAPLE_01.Jul. 2014.jpg。

---

① 这些照片规格，除了第 1 款和第 6 款（d）项，在 2017 年 1 月 1 日后适用。

附件 3　电子格式规范

本规范描述了如果 CCMs 选择通过电子传输模式提交信息，则必须提供第 3 款（a）项规定格式的电子文件。

1. 文件类型。

信息必须以下述格式提交：

（a）微软 Excel 文档

2. 文件名。

文件名必须为 XX_RFV_UPDATES_DDMMYYYY.sssss，其中：

（a）XX 为提交文件 CCMs 的两个英文字母的 ISO 国家代码（附件 7）；

（b）DDMMYYYY 为提交文件的日期；

（c）sssss 是标准文件扩展名（Excel 格式文件是 xls 或 xlsx）。

例如，AU_RFV_UPDATES_11082013.xlsx（澳大利亚于 2013 年 8 月 11 日提交的 Excel 格式文件）。

3. 文件内容。

RFV 更新文件必须只包含被添加到 RFV 或从 RFV 中删除的船舶，或其详细信息正在更新的船舶（即该文件不允许包括没有做出任何变动的船舶）。特定船舶所要求更改的类型必须在"数据行动代码"（文字）栏目指明，该栏目必须包括以下内容。

（a）新增（ADDITION），对于未被列入渔船记录（实际或被除名）而要新增的船舶；

（b）修改（MODIFICATION），对于以下船舶：

　　（i）目前已列入 RFV，CCMs 提交文件要求修改并继续列入的船舶

　　（ii）曾列入 RFV，但某一阶段被删除（除名），由 CCMs 提交当前文件要求重新列入（再列入）RFV 或由不同 CCMs 提交的当前文件要求重新列入 RFV（改挂船旗）

（c）删除（DELETION），由 CCMs 提交的相同文件要求从 RFV 删除的船舶。

对于修改，记录中该船舶所有最低数据要求的栏目必须完整填报，以便更新的栏目能被清楚认定。对于新增，除船舶识别号（VID）外，所有最低数据要求栏目必须填报。对于删除，至少记录中的下列栏目必须填报：船舶识别号（VID）、渔船船名、渔船船旗、注册号、WCPFC 识别号以及删除的理由。

4. 文件结构。

电子文件的每个记录代表一艘船舶。每个记录必须具有附件 1 指定的结构，包括相同栏目序列。

适当格式的微软 Excel 文件范例可向秘书处获取。

附件 4　网页规范

本规范提供 WCPFC 秘书处将维护以支持 CCMs 通过手动传输模式提交信息[第 3

款（b）项]的网页接口界面的详情。

WCPFC 秘书处将提供网页入口界面，供 CCMs 授权的 RFV 人员直接进入并更新其渔船的 RFV 数据，包括在适当情况下租赁渔船的 RFV 数据。进入网页入口是加密的，将要求授权的 RFV 人员使用 CCMs 特定用户名和密码登录。入口网页网址是：https://intra.WCPFC. int/Lists/Vessels/Active%20Vessels%20CCMs.Aspx。

本网页入口设计将符合本 SSP 和附件 1 的标准和规格，如果数据属于 WCPFC 秘书处确定的备选类别的特定列表，网页可能将提供下拉式菜单选项。在其他情况下，可选择文字输入或数字输入。网页也有照片上传和更新的功能。

经由入口网页提交 RFV 变更或输入后，在纳入 RFV 前，WCPFC 秘书处将检查每一个变更或输入以确保与本 SSP 的一致性。CCMs 用户将立即得到通知，是否有特定输入或变更被纳入 RFV，如没有被纳入，指明未纳入的原因。

附件 5

附表 2　WCPFC 渔船类型清单[基于 FAO 总登记吨位的渔船国际标准统计分类（ISSCFV）]

渔船类型	缩写
拖网船 trawlers	TO
舷拖网船 side trawlers	TS
冰鲜舷拖船 side trawlers wet-fish	TSW
冷冻舷拖船 side trawlers freezer	TSF
尾拖船 stern trawlers	TT
冰鲜尾拖船 stern trawlers wet-fish	TTW
加工尾拖船 stern trawlers factory	TTP
臂架拖网船 outrigger trawlers	TU
其他处未包括的拖网船 trawler NEI（not elsewhere included）	TOX
围网船 seiners	SO
围网船（无囊）purse seiners	SP
美式围网船 north American type	SPA
欧式围网船 European type	SPE
金枪鱼围网船 tuna purse seiners	SPT
围网船（网船）seiner netters	SN
其他处未包括的围网船 seiner NEI	SOX
耙网船 dredgers	DO
船耙网船 using boat dredge	DB
机械耙网船 using mechanical dredge	DM
其他处未包括的耙网船 dredgers NEI	DOX
敷网船 lift netters	NO
船敷网船 using boat operated net	NB
其他处未包括的敷网船 lift netters NEI	BOX
刺网船 gillnetters	GO
陷阱网船 trap setters	WO

渔船类型	缩写
笼捕船 pot vessels	WOP
其他处未包括的陷阱网船 trap setters NEI	WOX
钓船 liners	LO
手钓船 handliners	LH
延绳钓船 longliners	LL
金枪鱼延绳钓船 tuna longliners	LLT
加工延绳钓船 factory longliners	LLF
冷冻延绳钓船 freezer longliners	LLZ
竿钓船 pole and line vessels	LP
日式（竿钓船）Japanese type	LPJ
美式（竿钓船）American type	LPA
曳绳钓船 trollers	LT
其他处未包括的钓船 liners NEI	LOX
鱿鱼钓船 squid jigging line vessel	JIG
泵捕渔船 vessels using pump for fishing	PO
多用途船 multipurpose vessels	MO
围网手钓兼作船 seiner handliners	MSN
拖围兼作船 trawler-purse seiners	MTS
拖流兼作船 trawler-drifters	MTG
其他处未包括的多用途船 multipurpose vessels NEI	MOX
休闲渔船 recreational fishing vessels	RO
未明确作业方式的渔船 fishing vessel not specified	FX
母船 motherships	HO
腌鱼母船 salted-fish motherships	HSS
加工母船 factory motherships	HSF
金枪鱼母船 tuna motherships	HST
双船围网母船 motherships for two-boat purse seining	HSP
其他处未包括的母船 motherships NEI	HOX
渔获物运输船 fish carriers	FO
医院船 hospital ships	KO
保护和调查船 protection and survey vessels	BO
渔业调查船 fishery research vessels	ZO
渔业实习船 fishery training vessels	CO
其他处未包括的非渔船 non-fishing vessels NEI	VOX
油船 bunker vessels	VOB
鱼叉船 harpoon	HA

附件 6

附表 3 WCPFC 渔具清单[根据 FAO 总登记吨位的渔具国际标准统计分类（ISSCFG）]

渔具	缩写
有括纲（围网）with purse lines（purse seine）	PS
单船围网 one boat operated purse seines	PS1
双船围网 two boat operated purse seines	PS2
无括纲围网（伦巴拉网）without purse lines（lampara）	LA
地曳网 beach seines	SB
船曳网 boat or vessel seines	SV
丹麦式旋曳网 Danish seines	SDN
苏格兰旋曳网 Scottish seines	SSC
双船旋曳网 pair seines	SPR
围网（未指定的）seine nets（not specified）	SX
便携式扳缯网 portable lift nets	LNP
船敷网 boat-operated lift nets	LNB
岸敷网 shore-operated stationary lift nets	LNS
敷网（未指定的）lift nets（not specified）	LN
定置刺网（锚定）set gillnets（anchored）	GNS
流网 driftnets	GND
围刺网 encircling gillnets	GNC
定置刺网（打桩）fixed gillnets（on stakes）	GNF
三重刺网 trammel nets	GTR
混合刺网-三重刺网 combined gillnets-trammel nets	GTN
刺网和缠刺网（未指定的）gillnets and entangling nets（not specified）	GEN
刺网（未指定的）gillnets（not specified）	GN
手钓和竿钓（手动操作）handlines and pole-lines（hand operated）	LHP
手钓和竿钓（机械化的）handlines and pole-lines（mechanized）	LHM
定置延绳钓 set longlines	LLS
漂流延绳钓 drifting longlines	LLD
延绳钓（未指定的）longlines（not specified）	LL
曳绳钓 trolling lines	LTL
钓具（未指定的）hook and lines（not specified）	LX
鱼叉 Harpoon	HAP
杂渔具 miscellaneous gear	MIS
休闲渔具 recreational fishing gear	RG

附件 7

附表 4　国家/地区代码（国际标准化组织 3166）

国家/地区名	代码
阿富汗 Afghanistan	AF
阿尔巴尼亚 Albania	AL
阿尔及利亚 Algeria	DZ
美属萨摩亚 American Samoa	AS
安道尔 Andorra	AD
安哥拉 Angola	AO
安圭拉 Anguilla	AI
南极洲 Antarctica	AQ
安提瓜和巴布达 Antigua and Barbuda	AG
阿根廷 Argentina	AR
亚美尼亚 Armenia	AM
阿鲁巴 Aruba	AW
澳大利亚 Australia	AU
奥地利 Austria	AT
阿塞拜疆 Azerbaijan	AZ
巴哈马 Bahamas	BS
巴林 Bahrain	BH
孟加拉国 Bangladesh	BD
巴巴多斯 Barbados	BB
白俄罗斯 Belarus	BY
比利时 Belgium	BE
伯利兹 Belize	BZ
贝宁 Benin	BJ
百慕大 Bermuda	BM
不丹 Bhutan	BT
玻利维亚 Bolivia	BO
波斯尼亚和黑塞哥维那 Bosnia and Herzegovina	BA
博茨瓦纳 Botswana	BW
布韦岛 Bouvet Island	BV
巴西 Brazil	BR
英属印度洋领地 British Indian Ocean Territory	IO
文莱达鲁萨兰国 Brunei Darussalam	BN
保加利亚 Bulgaria	BG
布基纳法索 Burkina Faso	BF
布隆迪 Burundi	BI
柬埔寨 Cambodia	KH
喀麦隆 Cameroon	CM

续表

国家/地区名	代码
加拿大 Canada	CA
佛得角 Cape Verde	CV
开曼群岛 Cayman Islands	KY
中非共和国 Central African Republic	CF
乍得 Chad	TD
智利 Chile	CL
中国 China	CN
圣诞岛 Christmas Island	CX
科科斯（基灵）群岛 Cocos（Keeling）Islands	CC
哥伦比亚 Colombia	CO
北马里亚纳群岛 Northern Mariana Islands	MP
科摩罗 Comoros	KM
刚果 Congo	CG
刚果民主共和国 Congo，The Democratic Republic of the	CD
库克群岛 Cook Islands	CK
哥斯达黎加 Costa Rica	CR
科特迪瓦 Côte d'Ivoire	CI
克罗地亚 Croatia	HR
古巴 Cuba	CU
塞浦路斯 Cyprus	CY
捷克共和国 Czech Republic	CZ
丹麦 Denmark	DK
吉布提 Djibouti	DJ
多米尼克 Dominica	DM
多米尼加共和国 Dominican Republic	DO
东帝汶 East Timor	TP
厄瓜多尔 Ecuador	EC
埃及 Egypt	EG
萨尔瓦多 El Salvador	SV
赤道几内亚 Equatorial Guinea	GQ
厄立特里亚 Eritrea	ER
爱沙尼亚 Estonia	EE
埃塞俄比亚 Ethiopia	ET
欧盟 European Union	EU
法罗群岛 Faroe Islands	FO
密克罗尼西亚联邦 Federated States of Micronesia	FM
斐济 Fiji	FJ
芬兰 Finland	FI
法国 France	FR

续表

国家/地区名	代码
法属圭亚那 French Guiana	GF
法属波利尼西亚 French Polynesia	PF
法属南部领地 French Southern Territories	TF
加蓬 Gabon	GA
冈比亚 Gambia	GM
格鲁吉亚 Georgia	GE
德国 Germany	DE
加纳 Ghana	GH
直布罗陀 Gibraltar	GI
希腊 Greece	GR
格陵兰 Greenland	GL
格林纳达 Grenada	GD
瓜德罗普 Guadeloupe	GP
关岛 Guam	GU
危地马拉 Guatemala	GT
几内亚 Guinea	GN
几内亚比绍 Guinea-Bissau	GW
圭亚那 Guyana	GY
海地 Haiti	HT
赫德岛和麦克唐纳群岛 Heard and Mc Donald Islands	HM
洪都拉斯 Honduras	HN
香港 Hong Kong	HK
匈牙利 Hungary	HU
冰岛 Iceland	IS
印度 India	IN
印度尼西亚 Indonesia	ID
伊朗（伊斯兰共和国）Iran（Islamic Republic of）	IR
伊拉克 Iraq	IQ
爱尔兰 Ireland	IE
以色列 Israel	IL
意大利 Italy	IT
牙买加 Jamaica	JM
日本 Japan	JP
约旦 Jordan	JO
哈萨克斯坦 Kazakhstan	KZ
肯尼亚 Kenya	KE
基里巴斯 Kiribati	KI
朝鲜 Korea（Democratic Republic of）	KP
韩国 Korea（Republic of）	KR
科威特 Kuwait	KW

国家/地区名	代码
吉尔吉斯斯坦 Kyrgyzstan	KG
老挝人民民主共和国 Lao People's Democratic Republic	LA
拉脱维亚 Latvia	LV
黎巴嫩 Lebanon	LB
莱索托 Lesotho	LS
利比里亚 Liberia	LR
利比亚 Libyan Arab Jamahiriya	LY
列支敦士登 Liechtenstein	LI
立陶宛 Lithuania	LT
卢森堡 Luxembourg	LU
澳门 Macau	MO
马其顿（前南斯拉夫共和国）Macedonia（the Former Yugoslav Republic of）	MK
马达加斯加 Madagascar	MG
马拉维 Malawi	MW
马来西亚 Malaysia	MY
马尔代夫 Maldives	MV
马里 Mali	ML
马耳他 Malta	MT
马绍尔群岛 Marshall Islands	MH
马提尼克 Martinique	MQ
毛里塔尼亚 Mauritania	MR
毛里求斯 Mauritius	MU
马约特 Mayotte	YT
墨西哥 Mexico	MX
摩尔多瓦（共和国）Moldova（Republic of）	MD
摩纳哥 Monaco	MC
蒙古国 Mongolia	MN
蒙特塞拉特 Montserrat	MS
摩洛哥 Morocco	MA
莫桑比克 Mozambique	MZ
缅甸 Myanmar	MM
纳米比亚 Namibia	NA
瑙鲁 Nauru	NR
尼泊尔 Nepal	NP
荷兰 Netherlands	NL
荷属安的列斯 Netherlands Antilles	AN
新喀里多尼亚（法属）New Caledonia（France）	NC
新西兰 New Zealand	NZ
尼加拉瓜 Nicaragua	NI
尼日尔 Niger	NE
尼日利亚 Nigeria	NG
纽埃 Niue	NU

续表

国家/地区名	代码
诺福克岛 Norfolk Island	NF
挪威 Norway	NO
阿曼 Oman	OM
巴基斯坦 Pakistan	PK
帕劳 Palau	PW
巴拿马 Panama	PA
巴布亚新几内亚 Papua New Guinea	PG
巴拉圭 Paraguay	PY
秘鲁 Peru	PE
菲律宾 Philippines	PH
皮特凯恩 Pitcairn	PN
波兰 Poland	PL
葡萄牙 Portugal	PT
波多黎各 Puerto Rico	PR
卡塔尔 Qatar	QA
留尼汪 Reunion	RE
罗马尼亚 Romania	RO
俄罗斯联邦 Russian Federation	RU
卢旺达 Rwanda	RW
圣基茨和尼维斯 Saint Kitts And Nevis	KN
圣卢西亚 Saint Lucia	LC
圣文森特和格林纳丁斯 Saint Vincent and the Grenadines	VC
萨摩亚 Samoa	WS
圣马力诺 San Marino	SM
圣多美和普林西比 Sao Tome and Principe	ST
沙特阿拉伯 Saudi Arabia	SA
塞内加尔 Senegal	SN
塞尔维亚 Serbia	RS
塞舌尔 Seychelles	SC
塞拉利昂 Sierra Leone	SL
新加坡 Singapore	SG
斯洛伐克（共和国）Slovakia（Slovak Republic）	SK
斯洛文尼亚 Slovenia	SI
所罗门群岛 Solomon Islands	SB
索马里 Somalia	SO
南非 South Africa	ZA
南乔治亚和南桑威奇群岛 South Georgia and the South Sandwich Islands	GS
西班牙 Spain	ES
斯里兰卡 Sri Lanka	LK
圣赫勒拿 St. Helena	SH
圣皮埃尔和密克隆 St. Pierre and Miquelon	PM
苏丹 Sudan	SD

续表

国家/地区名	代码
苏里南 Suriname	SR
斯瓦尔巴和扬马延群岛 Svalbard and Jan Mayen Islands	SJ
斯威士兰 Swaziland	SZ
瑞典 Sweden	SE
瑞士 Switzerland	CH
叙利亚 Syrian Arab Republic	SY
中国台北 Chinese Taipei	TW
塔吉克斯坦 Tajikistan	TJ
坦桑尼亚（联合共和国）Tanzania（United Republic of）	TZ
泰国 Thailand	TH
东帝汶 Timor-Leste	TL
多哥 Togo	TG
托克劳 Tokelau	TK
汤加 Tonga	TO
特立尼达和多巴哥 Trinidad and Tobago	TT
突尼斯 Tunisia	TN
土耳其 Turkey	TR
土库曼斯坦 Turkmenistan	TM
特克斯和凯科斯群岛 Turks and Caicos Islands	TC
图瓦卢 Tuvalu	TV
乌干达 Uganda	UG
乌克兰 Ukraine	UA
阿拉伯联合酋长国 United Arab Emirates	AE
英国 United Kingdom	GB
美国本土外小岛屿 United States Minor Outlying Islands	UM
美国 United States of America	US
乌拉圭 Uruguay	UY
乌兹别克斯坦 Uzbekistan	UZ
瓦努阿图 Vanuatu	VU
梵蒂冈（罗马教廷）Vatican City State（Holy See）	VA
委内瑞拉 Venezuela	VE
越南 Vietnam	VN
维尔京群岛（英属）Virgin Islands（British）	VG
维尔京群岛（美属）Virgin Islands（U.S.）	VI
瓦利斯和富图纳（法属）Wallis and Futuna（France）	WF
西撒哈拉 Western Sahara	EH
也门 Yemen	YE
扎伊尔 Zaire	ZR
赞比亚 Zambia	ZM
津巴布韦 Zimbabwe	ZW

第 2014-06 号：关于中西部太平洋关键渔业和种群制定捕捞策略的养护和管理措施

WCPFC 注意到依据 1982 年 12 月 10 日《联合国海洋法公约》（1982 年公约）和 1995 年 8 月 4 日《执行 1982 年 12 月 10 日〈联合国海洋法公约〉有关养护和管理跨界鱼类种群和高度洄游鱼类种群的规定的协定》（协定），《中西部太平洋高度洄游鱼类种群养护和管理公约》（公约）的目标是通过有效管理，确保对中西部太平洋高度洄游鱼类种群的长期养护和持续利用；

回顾协定第六条 3 款和公约第六条，要求为实现预防性做法的目标，建立按具体种群的预防性参考点，以及超过参考点时要采取的行动；

进一步回顾公约第六条 1 款（a）项规定，协定附件二所载指南是公约的组成部分并应由委员会采用。这些指南为在养护和管理跨界鱼类种群和高度洄游鱼类种群方面应用预防性参考点提供了指导，包括当建立参考点的信息缺乏或不足时采用临时参考点；

进一步回顾公约第五条（b）款，将最高可持续产量确定为委员会权限内以科学为基础的鱼类种群养护和管理的指导原则；

注意到联合国粮农组织《负责任渔业行为守则》第 7.5.3 条也建议，除其他外，基于预防性做法实施具体种群的目标参考点和限制性参考点；

关切中西部太平洋一些金枪鱼资源的捕捞死亡率超过了其最大可持续产量的范围；

回顾委员会认为 WCPFC 关于预防性做法和限制性参考点绩效评估的建议是一项高度优先的议题；

注意到美洲间热带金枪鱼委员会（IATTC）正在为一些东太平洋高度洄游鱼类种群制定参考点和捕捞控制规则。

依据公约第十条，就中西部太平洋关键渔业和种群制定捕捞策略通过如下养护和管理措施。

本措施的目标

1. 同意委员会应根据本养护和管理措施（CMM）规定的进程，为委员会管辖范围内的每一关键渔业或种群制定和实施捕捞策略。

一般条款

2. 捕捞策略是指在特定渔业中为了实现商定的生物学、生态学、经济学和/或社会学管理目标，针对特定鱼种（在种群或管理单位层面上）预先确定并实施的管理行动框架。

3. 委员会同意依据本 CMM 确立的捕捞策略可应用于以某一种或若干种为目标的

渔业（在种群或管理单元层面），包括兼捕渔获物，或由几种渔业捕捞的种群。

捕捞策略原则

4. 捕捞策略被认为是实践渔业管理决策的最佳做法。捕捞策略有前瞻性和适应性特征，并为获取某一种群或渔业状况的现有最佳信息提供一个框架，应用证据和基于风险的方法来设定捕捞水平。这些策略提供了更为确定的运行环境，使有关渔业或种群的管理决策更加一致、可预测和透明。

5. 根据本 CMM 制定的捕捞策略应制定必要的管理行动措施，以实现渔业中确定和同意商定的生物、生态、经济和/或社会目标。每一项捕捞策略都应包含一个对渔业的生物、经济、社会条件进行评估的针对性程序，以及为实现目标而预先确定的管理渔业或种群的规则。

6. 委员会在为中西部太平洋的渔业或种群制定个别捕捞策略时，应考虑公约规定的原则，尤其是公约第五条和第六条。

捕捞策略要素

7. 根据本 CMM 制定的每一捕捞策略，在可能和适当时，应包含下列要素：

（a）确定渔业或种群（管理目标）的运行目标，包括时间框架；

（b）每一种群的目标参考点和限制性参考点（参考点）；

（c）未突破限制性参考点的可接受风险水平（可接受的风险水平）；

（d）使用可获得的最佳信息评估参考点绩效的监督策略（监督策略）；

（e）旨在实现目标参考点并避免限制性参考点的决策规则（捕捞控制规则）；

（f）针对管理目标对提议的捕捞控制规则进行绩效评价，包括风险评价（管理策略评价）。

8. 这些要素进一步的详细内容在本 CMM 附件 1 列出。

9. 尽管本 CMM 的第 7 款和第 8 款有规定，但委员会在制定单个捕捞策略时，可按照案例逐项调整要素，来适应某一特定渔业或种群的具体需求。这可能包括商定形成过渡的或临时的捕捞策略要素。缺少合适的科学信息不应作为推迟或不通过捕捞策略的理由。

10. 在制定单个捕捞策略时，委员会应考虑和适用公约第八条，即关于捕捞策略的养护和管理措施和本区域已实施的要素的兼容性。

发展中国家缔约方的特别需求

11. 在养护和管理中西部太平洋高度洄游鱼类种群方面，承认公约的发展中国家缔约方的特别需求，特别是小岛屿发展中国家、参与领地和属地，委员会将促进这些国家、参与领地和属地有效参与委员会及其涉及捕捞策略工作的附属机构的会议，并将适用公约第三十条 2 款，根据工作结果制定 CMM。

12. 捕捞策略不应直接或间接地将养护行动不成比例的负担转移给发展中国家缔约方、参与领地和属地。

通过捕捞策略的时间表

13. 委员会应不迟于 2015 年第 12 届会议商定通过或细化鲣鱼、大眼金枪鱼和黄鳍金枪鱼、南太平洋长鳍金枪鱼、太平洋蓝鳍金枪鱼和北太平洋长鳍金枪鱼[①]捕捞策略的工作计划和参考性时间框架。该工作计划将于 2017 年审议。委员会可就通过其他渔业或种群的捕捞策略达成时间框架。

资源

14. 在形成预算和工作计划时，委员会、科学分委会以及任何相关的 WCPFC 分委会要确保本措施所列任务在时间和预算方面有足够的资源，以实现商定的时间框架。

15. 委员会可从自愿捐款基金中拨出专款，以完成本措施所列的各项任务。

16. 为了提高效率并确保所有 CCMs 的全面参与，委员会可决定利用现有 WCPFC 会议开展本 CMM 规定的工作，或召开额外研讨会或会议来审议本 CMM 规定的任务。

附件 1　捕捞策略要素的其他详细内容和委员会及其附属机构的作用和责任

1. 本附件在可能的情况下进一步说明制定单个捕捞策略的每一要素，并规定了委员会及其附属机构的作用和责任[②]。

管理目标

2. 对于每一个捕捞策略，委员会应为该渔业或种群确定议定的概念性管理目标。在确定这些目标过程中，应考虑到每一目标间的平衡，以及不同渔业或种群和捕捞策略的目标之间的平衡，并应尽可能协调相互竞争的目标之间的任何矛盾和紧张关系。

3. 科学分委会和适当时其他相关附属机构应将这些概念管理目标转换为运行目标，对渔业或种群有直接和实际的解释，必要时可据此评价其绩效（运行管理目标）。

参考点

4. 为实现议定的运行管理目标，委员会应酌情考虑科学分委会和其他相关附属机构的有关意见，建立特定种群的参考点，以确定：

（a）旨在实现管理目标的目标（目标参考点）；

（b）旨在将捕捞控制在安全生物学限度内的极限（限制性参考点）。

5. 若委员会已对特定种群通过了目标参考点或限制性参考点，这些议定的参考点应被纳入为该渔业制定的捕捞策略，除非委员会另有决定。

可接受的风险水平

6. 委员会应考虑科学分委会以及适当时其他附属机构的意见，确定与突破限制性参

---

① 对于大多数出现在北纬 20 度以北的种群，由北方分委会提出时间框架草案和捕捞策略草案。

② 对于主要出现于北纬 20 度以北的种群，委员会将另行决定作用和责任。

考点有关的可接受的风险水平，并酌情确定偏离目标参考点的风险水平。根据公约第六条1款（a）项，委员会应确保超过限制性参考点的风险很低。

7. 除非委员会另有决定，目标参考点应是保守的，与限制性参考点之间有一合适缓冲区，以确保目标参考点不是很接近限制性参考点，超过限制性参考点的机会大于预先设定的风险水平。

监督策略

8. 作为单个捕捞策略的组成部分，委员会可根据向委员会提交的数据，通过一项关于某一渔业或种群的监测策略。

9. 对于每一种已确立捕捞策略的渔业或种群，科学分委会或其他相关附属机构应酌情依照议定的业务管理目标（通过参考点或捕捞控制规则规定），定期评价该渔业或种群的绩效。科学分委会应向委员会报告其研究结果和建议。

捕捞控制规则

10. 委员会应根据科学分委会的建议，就一套明确的、预先议定的规则和行动做出决定，以回应资源状况指标的变化，或酌情考虑与参考点（捕捞控制规则）有关的其他指标的变化。

11. 尽管有本附件第12款，但委员会可在科学分委会完成全面的管理策略评价之前决定实施临时捕捞控制规则。

管理策略评价

12. 在实施正式捕捞控制规则前，为实现运行目标，科学分委会和其他相关附属机构应酌情对任何建议的捕捞控制规则在实现运行目标方面的可能表现进行评价。这些评价可通过模拟建模来进行。

13. 作为这一过程的一部分，科学分委会和其他相关附属机构应酌情估计或说明关键的不确定性，包括种群评价和现有数据方面的不确定性。

第 2015-02 号①：南太平洋长鳍金枪鱼养护和管理措施

WCPFC 根据《中西部太平洋高度洄游鱼类种群养护和管理公约》：

回顾科学分委会已建议委员会，应减少延绳钓捕捞死亡率和延绳钓渔获量，避免脆弱生物量进一步下降，以便能够维持经济上可行的渔获率；

进一步回顾技术和履约分委会的建议，需要修订第 2015-05 号 CMM 的数据要求，以使其更具可验证性；

注意到延绳钓船队对特定年龄鱼群的死亡率，任何努力量的大幅增加都将使单位捕

---

① 通过本 CMM（CMM 2015-02）时，委员会废除了 CMM 2010-05。

捞努力量渔获量（CPUE）降至较低水平，而产量仅能小幅增加。在捕捞努力量局部集中的区域，CPUE 的降低可能更为严重；

进一步注意到由于渔获量和捕捞努力量的推断结果远高于任何历史水平，因而最大持续产量（MSY）的预测具有高度不确定性。预测表明，如果渔获量和努力量增至 MSY 水平，延绳钓可开发的渔业资源生物量以及 CPUE 将急剧下降。因此，应事先仔细评估任何这种增加的经济后果。

依据公约第十条，通过下述养护和管理措施。

1. 委员会成员、合作非成员及参与领地（合称 CCMs）在公约区域南纬 20 度以南海域捕捞南太平洋长鳍金枪鱼的渔船数，不应超过 2005 年或其近期（2000～2004 年）的平均水平。

2. 第 1 款规定不应损害公约区域将南太平洋长鳍金枪鱼视作其管辖水域内金枪鱼渔业的重要组成部分，并希望以负责任水平发展南太平洋长鳍金枪鱼渔业的小岛屿发展中国家及参与领地根据国际法的正当权利与义务。

3. 在公约区域赤道以南海域捕捞南太平洋长鳍金枪鱼的 CCMs，应加强合作以研究南太平洋长鳍金枪鱼渔业的长期可持续捕捞及经济可行性捕捞，包括降低该种群状况的不确定性。

4. CCMs 应每年向委员会报告其每一艘在公约区域南纬 20 度以南海域捕捞南太平洋长鳍金枪鱼的渔船的年渔获量，以及在该海域捕捞南太平洋长鳍金枪鱼的渔船数。渔船年渔获量应按下列物种分类报告：长鳍金枪鱼、大眼金枪鱼、黄鳍金枪鱼、剑鱼、其他旗鱼以及鲨鱼。最初将提供 2006～2014 年的历年信息，然后每年更新。委员会鼓励 CCMs 提交早于前述期间的数据。

5. 本措施将根据科学分委会对南太平洋长鳍金枪鱼的建议每年进行审议。

第 2015-06 号：中西部太平洋鲣鱼目标参考点的养护和管理措施

WCPFC 回顾《中西部太平洋高度洄游鱼类种群养护和管理公约》（公约）的目标在于依据 1982 年 12 月 10 日《联合国海洋法公约》（1982 年公约）及 1995 年 8 月 4 日《执行 1982 年 12 月 10 日〈联合国海洋法公约〉有关养护和管理跨界鱼类种群和高度洄游鱼类种群的规定的协定》（协定），通过有效管 理确保中西部太平洋高度洄游鱼类种群的长期养护与可持续利用；

回顾协定附件 II 制定的将预防性参考点应用到跨界鱼类种群及高度洄游鱼类种群养护和管理的原则；

又回顾公约第五条（c）款，委员会成员承诺按照公约和所有相关国际议定的标准及建议的实践与程序，采用预防性做法；

进一步回顾公约第六条 1 款（a）项，要求委员会成员在适用预防性做法时，应适用协定附件 II 所定原则，并基于可获得的最佳科学信息，决定特定鱼类种群的参考点，以及在超过该参考点时将采取的行动；

注意到委员会已通过制定中西部太平洋主要渔业和种群捕捞策略的养护和管理措施；

希望通过采用鲣鱼目标参考点，在制定中西部太平洋鲣鱼渔业的捕捞策略方面取得进展。

依据公约第十条，通过下述中西部太平洋鲣鱼目标参考点的养护和管理措施。

1. 中西部太平洋鲣鱼目标参考点最初应是最近估计的在没有捕捞情况下的产卵资源生物量平均值（$SB_{F=0, t_1 \sim t_2}$）的 50%。

2. 此目标参考点在依据本措施第 8 款进行审议前，应为临时目标参考点。

3. 用于估计在没有捕捞情况下的近期产卵资源生物量平均值的方法，应与委员会通过的中西部太平洋鲣鱼限制参考点所使用的方法相同：

（a）时间窗口的长度为 10 年，以最近一次鲣鱼种群评估使用的最近 10 年为基准，即 $t_1 = y_{last} - 10$ 到 $t_2 = y_{last} - 1$ 年，而 y_{last} 则是资源评估使用的最近一年；

（b）估算应根据最近期鲣鱼资源评估模型的补充量估计值，而此补充量估计值已根据资源补充量关系调整，以反映没有捕捞条件下的情况。

4. 委员会通过的养护和管理措施的目的是将中西部太平洋鲣鱼种群平均维持在目标参考点水平。

5. 科学分委会在评估中西部太平洋鲣鱼种群状态以及向委员会报告有关该种群的管理建议和对其的影响时，应参照该目标参考点。

6. 委员会应根据第 2014-06 号养护和管理措施，在为捕捞中西部太平洋鲣鱼的渔业制定捕捞控制规则和捕捞策略时，使用该目标参考点。捕捞控制规则的设计应考虑不确定性，以便使管理控制实施后基于生物量的目标参考点平均而言在长时间下得以实现。

7. 委员会应考虑并特别关注科学分委会关于目标参考点的任何未来建议，包括捕捞对该种群空间分布潜在影响的任何建议，包括可能的局部衰退或分布范围缩减。

8. 委员会应不晚于 2019 年审议鲣鱼的目标参考点，并在可获得有关新信息的任何时间审议，如在准备新的资源评估时审议。

第 2016-02 号：东部小公海特别管理区的养护和管理措施

WCPFC 回顾《中西部太平洋高度洄游鱼类种群养护和管理公约》的目的是根据 1982 年公约及协定，通过有效管理，确保中西部太平洋高度洄游鱼类种群的长期养护和可持续利用；

关切公约区域 IUU 捕鱼活动破坏了 WCPFC 通过的养护和管理措施的效力；

意识到有必要优先处理东部小公海（EHSP）进行 IUU 捕鱼活动的渔船的问题；

决心在不损及根据 WCPFC 相关文书对 CCMs 和非 CCMs 采取进一步措施的情况下，通过对在 EHSP 内的船舶采取应对措施来处理 IUU 捕鱼活动增加的挑战；

承认公约第八条 1 款要求为公海和为国家管辖区制定的养护和管理措施具有兼容性；

回顾公约第八条 4 款要求委员会特别关注公约区域被专属经济区围绕的公海；

注意到公约第三十条 1 款要求委员会应充分承认公约的发展中国家缔约方、特别是小岛屿发展中国家、参与领地和属地在养护和管理公约区域高度洄游鱼类种群以及发展利用这些种群的渔业方面的特殊要求；

进一步注意到公约第三十条 2 款（c）项，要求委员会确保养护和管理措施不会直接或间接地把养护行动的负担不成比例地转移给发展中国家缔约方、参与领地和属地。

依据公约第十条，通过下述养护和管理措施。

适用区域

1. 东部小公海（EHSP）是西以库克群岛专属经济区、东以法属波利尼西亚专属经济区、北以基里巴斯专属经济区包围的公海。在本措施中，WCPFC 船舶监测系统（VMS）应使用精确坐标数据（大地测量数据），精确坐标数据见附件 1。

报告目击渔船

2. CMM 应鼓励在 EHSP 作业的悬挂其船旗的船只向秘书处报告目击到的任何渔船的情况。这类信息应当包括：日期和时间（UTC）、位置（准确度数）、方位、标记、船速（节）和船舶类型。船只应确保在目击事件发生后 6 小时内将这一信息传送给秘书处。

VMS

3. 相邻沿海国/参与领地应依据委员会为保护、获取和分发委员会为监测、控制和监督（MCS）活动目的的汇编的公海非公开领域数据和信息，以及为科学目的的获取和分发公海 VMS 数据的委员会规则和程序第 22 条，并通过前述规则和程序第 5 条，持续要求取得连续的近实时 VMS 信息。

4. 船旗国应至少使用 WCPFC VMS 监测其在 EHSP 作业的渔船，以确保其遵守本措施。

船舶名单

5. 委员会秘书处应根据近实时的 VMS 信息，维持出现在 EHSP 的所有渔船的"实时名单"。委员会成员可在 WCPFC 网站上获取该名单。

转运

6. 自 2019 年 1 月 1 日起，EHSP 内禁止所有转运活动。

遵守

7. 被发现未遵守本措施的船舶应根据 CMM 2010-06 和委员会通过的任何其他适用

措施进行处理。

措施的实施及审议

8. 秘书处应每年向 TCC 提供一份该措施的执行和遵守情况的报告。

9. 上述措施应每 2 年与 TCC 相关建议一道进行审议。除其他外，审议应考虑该措施是否有预期效果，以及所有 CCMs 和捕鱼界为实现委员会的养护目标的贡献程度。

10. 该措施不构成先例，仅限于 EHSP。

11. 该措施替代第 2010-02 号 CMM，并继续有效，直至委员会通过 EHSP 的替代措施。

附件 1 EHSP 特别管理区（SMA）坐标（2012 年 4 月）

EHSP 特别管理区坐标见附表 1，该坐标不影响现行边界的任何谈判或成果，且当边界议题解决时亦将变更。

附表 1 EHSP 特别管理区坐标

经度（°W）	纬度（°S）	经度（°W）	纬度（°S）
155.495 308	11.375 548	160.011 413	14.890 788
155.498 321	11.391 248	159.926 847	14.750 107
155.375 667	11.665 2	159.877 87	14.621 808
155.144 789	12.031 216	159.796 53	14.407 807
155.087 069	12.286 791	159.759 68	14.275 899
155.011 312	12.527 927	159.711 458	14.113 648
154.988 916	12.541 928	159.682 425	13.985 75
155.011 131	12.528 155	159.655 144	13.863 674
155.440 5	12.588 23	159.621 745	13.726 376
155.839 8	12.704 5	159.619 708	13.634 445
156.339 6	12.960 24	159.616 001	13.561 895
156.748	13.269 71	159.614 094	13.509 574
157.080 5	13.578 45	159.561 966	13.476 838
157.424 7	13.995 67	159.464 666	13.417 237
157.643 4	14.376 97	159.323 121	13.349 332
157.798 6	14.737 52	159.212 807	13.287 211
157.913 1	15.117 09	159.104 174	13.209 011
157.962	15.466 05	158.983 445	13.143 509
158.039 622	15.653 761	158.882 253	13.049 931
158.122 829	15.877 123	158.744 371	12.946 46
158.127 739	15.869 203	158.649 624	12.872 332
158.231 024	15.803 568	158.560 938	12.795 621
158.369 55	15.745 447	158.495 677	12.723 884
158.496 828	15.694 033	158.424 306	12.639 442

续表

经度（°W）	纬度（°S）	经度（°W）	纬度（°S）
158.661 362	15.634 953	158.333 838	12.548 261
158.821 586	15.583 395	158.285 3	12.455 63
159.026 918	15.539 192	158.071 642	12.438 16
159.190 663	15.503 491	157.890 9	12.423 76
159.372 631	15.472 738	157.747 379	12.436 771
159.548 569	15.453 715	157.631 174	12.428 707
159.736 692	15.448 871	157.481 1	12.396 78
159.903 16	15.449 959	157.229 515	12.356 368
160.083 542	15.463 548	157.039 477	12.306 157
160.226 654	15.480 612	156.868 471	12.243 143
160.365 423	15.495 182	156.665 366	12.174 288
160.451 319	15.514 117	156.495 214	12.106 995
160.406 016	15.448 192	156.364 9	12.017 69
160.316 351	15.338 878	156.251 13	11.967 768
160.217 964	15.213 622	156.113 903	11.894 359
160.156 932	15.110 787	156.012 144	11.844 092
160.074 995	14.978 629	155.895 851	11.761 728
		155.774 15	11.663 55
		155.688 884	11.572 012
		155.593 209	11.478 779
		155.495 308	11.375 548

第 2017-02 号：港口国最低标准的养护和管理措施

WCPFC 深切关注持续在公约区域的非法、不报告和不管制（IUU）捕鱼活动①及其对鱼类种群、海洋生态系统和合法渔民生计，特别是小岛屿发展中国家（SIDS）和参与领地渔民生计的不利影响，以及该区域对粮食安全不断增加需求的不利影响；

回顾公约第二十七条 1 款确认港口国有权利和义务采取措施以提高分区域、区域和全球养护和管理措施的效力；

意识到港口 CCMs 在采取有效 MCS 措施促进海洋生物资源可持续利用和长期养护方面的作用；

认识到港口国措施可能为预防、阻止和消除 IUU 捕鱼提供一种强有力且成本效益高的手段；

意识到需加强区域和区域间协调，除其他外，通过港口国措施来打击 IUU 捕鱼；

---

① IUU 捕鱼的定义如《预防、阻止和消除非法、不报告和不管制捕鱼国际行动计划》（IPOA-IUU）所描述。

认识到发展中国家缔约方的特殊需要，特别是公约第三十条规定的 SIDS 和参与领地，包括港口运行在许多 SIDS 和参与领地经济中的重要性，有必要确保港口国措施不会导致将养护行动不成比例的负担转嫁到发展中国家缔约方，以及需要援助发展中国家，特别是通过和执行港口国措施的 SIDS 和参与领地；

铭记 CCMs 依据其内部法律法规，并符合国际法，对其领土内的港口行使主权；

认识到分区域渔业管理安排和组织所采取的措施在中西部太平洋（WCPO）的重要性；

回顾 1982 年 12 月 10 日《联合国海洋法公约》（1982 年公约）的有关规定；

进一步回顾 1995 年 8 月 4 日《执行 1982 年 12 月 10 日〈联合国海洋法公约〉有关养护和管理跨界鱼类种群和高度洄游鱼类种群的规定的协定》、1993 年 11 月 24 日《促进公海渔船遵守国际养护和管理措施的协定》和 1995 年联合国粮农组织《负责任渔业行为守则》；

注意到一些 CCMs 是联合国粮农组织《预防、阻止和消除非法、不报告和不管制捕鱼港口国措施协定》的缔约方；

注意到联合金枪鱼区域渔业管理组织会议 2007 年 1 月在神户通过的行动计划和整体神户进程。

依据公约第十条，通过以下养护和管理措施。

目标

1. 本措施的目标是为 CCMs 制定规程，要求对涉嫌从事 IUU 捕鱼或支持 IUU 捕鱼活动的渔船进行港口检查。

一般权利和义务

2. 本 CMM 中的任何内容均不得损害 CCMs 根据国际法享有的权利、管辖权和义务。特别是，本 CMM 中的任何内容均不得被解释为影响：

（a）CCMs 在其内水、群岛和/或领海的主权权利，或其对大陆架和/或专属经济区的主权权利；

（b）依照国际法，港口 CCMs 对其领土内港口行使主权，包括拒绝入境和采取比本 CMM 规定更严格的措施。

3. 本 CMM 的解释和适用应符合国际法，并考虑到适用的国际规则和标准。

4. 本措施不会影响船舶在不可抗力或紧急遇险情况下，根据国际法规定进入港口的权利。同时，也不会阻止港口所在国的合作成员允许船舶仅为了向遇险的人员、船只或飞机提供救助而进入港口。

5. 对于每一个成员 CCMs 应要求悬挂其旗帜的船舶与依据公约和本 CMM 正在实施港口国措施的港口 CCMs 合作。

港口的指定

6. 鼓励每个港口 CCMs 通过向 WCPFC 执行主任提供其指定港口清单的方式指定用于检查目的的港口。任何之后指定的港口或清单变化应至少在指定或变化生效前 30 天通知 WCPFC 执行主任。

7. WCPFC 执行主任应根据港口 CCMs 提交的清单建立并维护指定港口记录。该记录及其后的任何变化应立即公布于 WCPFC 网站。

授权的渔业检查员

8. 港口 CCMs 应确保渔业检查由政府授权检查员进行。每名检查员应携带由港口 CCMs 签发的身份证明文件。

检查要求

9. 港口 CCMs 应该至少对下列船只进行检查：

（a）任何进入指定港口但未列入 WCPFC 渔船记录的外国延绳钓船、围网船和运输船，除非船舶获得港口 CCMs 是缔约方的另一 RFMO 的授权；

（b）RFMO 的 IUU 名单中的船舶。

10. 港口 CCMs 应特别考虑检查涉嫌从事 IUU 捕鱼活动的船舶，包括如果非 CCMs 或其他 RFMO 确认，特别是有证据表明从事 IUU 捕鱼或支持 IUU 捕鱼活动的船舶。

港口检查请求

11. 当 CCMs 有合理理由相信某艘船舶从事 IUU 捕鱼或支持 IUU 捕鱼的相关活动，并且正在寻求进入，或在另一 CCMs 的指定港口，可要求 CCMs 检查该船舶或采取与 CCMs 港口国措施相一致的其他措施。

12. CCMs 应确保根据第 11 款提出的检查请求，包括关于涉嫌从事 IUU 捕鱼或支持 IUU 捕鱼活动的性质和理由的信息。港口 CCMs 应确认收到检查请求，并告知是否根据所提供的信息、资源的可获得性和在其提出检查请求时的能力评估进行检查。

检查程序

13. 如港口 CCMs 按第 12 款进行了检查，应尽快形成结果报告（检查报告），无论如何在提出检查要求的 15 日内提供给提出请求的 CCMs、船旗国 CCMs 和 WCPFC 执行主任。如果港口 CCMs 在 15 日内无法提供报告，则港口 CCMs 应将提供检查报告的预计日期通知提出请求的 CCMs、船旗国 CCMs 和 WCPFC 执行主任。

14. 检查完成时，港口检查员应在离开船舶前向船长提交船舶检查临时报告副本。

15. 如果船旗 CCMs 在港口检查后收到第 13 款所述的检查报告，表明有合理理由认为悬挂其旗帜的船舶已从事 IUU 捕鱼或支持 IUU 捕鱼的有关活动，应根据公约第二十五条立即全面调查此事。

16. 如果港口 CCMs 不按照第 11 款的要求进行检查，提出请求的 CCMs 可寻求 WCPFC 秘书处协助，利用其可获得的监视信息[①]，向提出请求的 CCMs 建议该船舶下次可以进入的指定港口。然后，提出请求的 CCMs 可要求指定港口的 CCMs 按照第 11 款至第 15 款对船舶进行检查。

17. 如果有足够证据表明某艘船舶从事了 IUU 捕鱼，或者支持 IUU 捕捞的相关活动，

---

① 监视信息可包括 VMS 信息和可能提供船舶位置信息的其他来源，包括通过与其他区域组织的协商获得的信息。

或者是其在 RFMO 的 IUU 名单上，则港口 CCMs 只能为检查和调查目的允许其进入其指定港口。应禁止其支持捕捞作业的活动，除其他外，包括卸货、转运和再补给。

18. 在制定港口国措施时，CCMs 可考虑按本 CMM 附件 1、附件 2 和附件 3 的规定指南[①]，实施港口国检查程序、港口检查报告和港口检查员培训。CCMs 也可考虑实施 FFA 标准检查程序和报告框架或其他兼容的程序和框架。

协调与沟通

19. 每个港口 CCMs 应通知委员会为本措施的目的联系点。港口 CCMs 应在本 CMM 生效之日起 6 个月内将此信息传送给执行主任。任何后续变更应在变更生效前至少 15 天通知 WCPFC 执行主任。WCPFC 执行主任应建立并维护港口 CCMs 联系人名单，并在 WCPFC 网站上公布该名单。

20. CCMs 应根据委员会保密和数据保护要求及其内部相关法规，与相关 CCMs、WCPFC 秘书处、其他区域组织和相关国际组织合作交流信息，推进实现目标，并确保本 CMM 的有效实施。

21. 建立港口国措施的 CCMs 应在这些措施生效后 30 天内，以适当方式公布所有相关措施，并应通知委员会在 WCPFC 网站公布，以更广泛地传播。

小岛屿发展中国家和参与领地的特殊要求

22. CCMs 应充分承认发展中国家缔约方，特别是小岛屿发展中国家，在执行本 CMM 方面的特殊要求。为此，WCPFC 应向 CCMs 中的小岛屿发展中国家（SIDS）提供援助，除其他外，以：

（a）加强其制定有效执行港口国措施的法律基础和能力；

（b）便于其参加任何促进有效制定和执行港口国措施的国际组织；

（c）促进技术援助，以加强其与有关国际机制协调制定和执行港口国措施。

23. CCMs 应合作建立适当机制协助发展中国家缔约方，特别是 SIDS 执行本 CMM，其中可能包括通过双边、多边和区域合作渠道提供技术和/或财政援助。

24. 这些机制，除其他外，应特别针对：

（a）制定国家和国际港口国措施；

（b）开发和提升能力，包括监测、控制和监督能力以及在国家和区域层面培训港口管理人员、检查员、执法人员和法律人员；

（c）监测、控制、监督和遵守与港口国措施有关的活动，包括获得技术和设备；

（d）帮助那些小岛屿发展中国家成员方承担因根据本措施采取的行动而产生的解决争议过程中的相关费用。

25. 从 2018 年开始，委员会将建立机制，包括通过成本回收，为根据本措施对外来渔船进行检查的 SIDS CCMs 提供资金支持。委员会将尽最大努力在 WCPFC 第 16 届会议前完成和同意这一机制，注意到这一机制对于 SIDS 是否根据本 CMM 指定其港口的决策过程至关重要。

---

① CCMs 还应当考虑调查减缓兼捕设备的安装启用情况。

26. CCMs 应尽可能鼓励使用小岛屿发展中国家的港口，以增加小岛屿发展中国家进行检查和参与中西部太平洋金枪鱼种群的渔业的机会。

27. 在履行本 CMM 的任何义务时，尽管采取了本节的措施，但小岛屿发展中国家显示转移了不成比例的负担时，CCMs 应合作以确认减轻执行负担的机制，其中可能包括关键能力或资源援助以及第 2013-06 号 CMM 的 4 款确定的机制。CCMs 应与该小岛屿发展中国家合作，采用或获得这些机制，协助其履行该义务。

定期审议

28. 委员会应在本措施生效后两年内审议本措施，其中应包括但不限于对其效力，以及与实施本措施有关的任何财政和行政负担的评估。

29. 在审议本措施时，委员会可考虑其他要素，如通知要求、港口进入、授权或拒绝、港口使用和额外检查要求。

附件 1　港口国检查程序指南

检查员应：

（a）在可能范围内核实船上的船舶识别文件和有关船主的资料是否真实、完整和正确，包括通过与船旗国的适当接触或必要时的国际船舶记录；

（b）核实该船舶的旗帜和标记[如船名、外部登记号、国际海事组织（IMO）船舶识别号、国际无线电呼号和其他标记，以及主要尺寸]与文件中所载信息是否一致；

（c）尽可能核实与捕鱼有关的活动的授权书是否真实、完整和正确，并与本附件所提供的资料是否一致；

（d）审查船上所有其他相关文件和记录，包括船旗国或相关 RFMO 提供的电子表格和船舶监测系统（VMS），相关文件可包括航海日志、渔获物、转运和贸易文件、船员名单、配载图和图纸、鱼舱描述以及《濒危野生动植物种国际贸易公约》所要求的文件；

（e）尽可能检查船上所有相关渔具，包括任何存放在视线之外的渔具以及相关设备，并尽可能核实其是否符合授权条件，应当尽可能对渔具进行检查，以确保渔具诸如网目大小和网线直径、设备和附件、网具，笼壶和耙网的尺寸和结构配置、钓钩尺寸和数量等特征符合适用规定，以及确保标识与该船授权的标记相符；

（f）尽可能确定船上的渔获物是否符合授权捕捞；

（g）检查渔获物，包括取样，以确定其数量和组成，为此，检查员可打开被预先打包的容器，并移动渔获物或容器，以确定鱼舱的完整性，这种检查可包括产品类型的检查和标称重量的确定；

（h）评估是否有明确证据表明该船曾从事 IUU 捕鱼或支持 IUU 捕鱼的有关活动；

（i）向船长提供载有检查结果的报告，包括可能采取的措施，由检查员和船长签字，船长在报告上的签名只能作为确认收到报告副本，船长应有机会对报告提出任何评论或反对意见，并酌情与船旗国有关部门联系，特别是当船长在理解报告内容方面有严重困难时，报告副本应提供给船长；

(j) 在必要和可能的情况下，安排相关文件的翻译。

附件 2　港口检查报告指南

1. 检查报告编号			2. 港口国			
3. 检验机构						
4. 首席检查员姓名			身份证（ID）			
5. 检查港						
6. 检查开始时间		年	月	日		时
7. 检查完成时间		年	月	日		时
8. 收到提前通知		是		否		
9. 目的		卸载	转运	加工		其他（请注明）
10. 最后一次停靠港的港口和国家及日期				年	月	日
11. 船舶名称						
12. 船旗国						
13. 船舶类型						
14. 国际无线电呼号						
15. 登记证编号						
16. IMO 船舶 ID（如有）						
17. 外部 ID（如有）						
18. 船籍港						
19. 船主						
20. 船舶受益人（如知道并与船东不同）						
21. 船舶经营人（如与船东不同）						
22. 船长姓名和国籍						
23. 渔捞长姓名和国籍						
24. 船舶代理人						
25. VMS		无	是：国家	是：RFMO		类型：

26. 在进行捕鱼或捕鱼相关活动的 RFMO 的状况，包括任何 IUU 船舶清单

船舶标识	RFMO	船旗国状况	授权名单船舶	IUU 名单船舶

27. 相关捕鱼许可

检验人	由……签发	有效期	捕鱼区	物种	渔具

28. 相关转运许可

检验人		由……签发		有效期	
检验人		由……签发		有效期	

续表

29. 有供货船的转运信息						
船名	船旗国	证件号	物种	产品来源	捕捞区域	数量

30. 卸载渔获量（数量）估计					
物种	产品来源	捕捞区域	申报数量	卸载量	申报数量与确定数量差额（如有）

31. 船上留存渔获物（数量）					
物种	产品来源	捕捞区域	申报数量	留存数量	申报数量与确定数量差额（如有）
32. 日志和其他文件的检查		是	否	评论	
33. 遵守适用的渔获文件计划		是	否	评论	
34. 遵守适用的贸易信息计划		是	否	评论	
35. 使用的渔具类型					
36. 根据附件 1 第（e）项检查的渔具		是	否	评论	
37. 检查员发现的情况					
38. 注明的明显违法情况，包括参考的相关法律文书					
39. 船长意见					
40. 采取的行动					
41. 船长签名					
42. 检查员签名					

附件 3　港口国检查员培训指南

港口国检查员培训方案的内容至少应包括以下方面：

1. 伦理学；

2. 健康、安全和安保问题；

3. 适用的国家法律法规、职权范围及养护和管理措施、相关 RFMO 的港口国措施，以及适用的国际法；

4. 证据的收集、评估和保存；

5. 一般检查程序，如报告撰写和面谈技巧；

6. 信息的分析，如航海日志、电子文件和船舶历史（船名、所有权和船旗国），以验证船长所提供的信息；

7. 船舶登船检查，包括鱼舱检查和鱼舱容积的计算；

8. 核实和确认有关卸载、转运、加工和船上存留渔获物的资料，包括利用各物种和产品的转换系数；

9. 鱼类种类鉴定，如长度和其他生物学参数的测量；

10. 船舶和渔具的识别，以及渔具的检查和测量技术；

11. VMS 和其他电子追踪系统的设备和操作；

12. 检查后应采取的行动。

第 2017-03 号[①]：关于保护 WCPFC 区域观察员计划的观察员的养护和管理措施

WCPFC 回顾公约第二十八条 7 款，要求委员会为运行区域观察员计划（ROP）制定程序和指南；

进一步回顾公约附件三第三条，明确要求船舶经营者和船员允许并协助 ROP 的观察员安全履行其所有职责，以及船舶经营者或任何船员不得攻击、阻碍、抵制、耽搁、拒绝登临、恐吓或干扰观察员履行职责。

承诺履行第 2007-01 号养护和管理措施（CMM），该措施明确阐明观察员的权利除其他外，应包括不受攻击、阻碍、抵制、耽搁、恐吓或干扰地履行其职责；

认识到观察员在支持有效管理中发挥的关键作用，以及在观察员履行职责过程中，确保其人身安全措施的重要性；

注意到第 2007-01 号 CMM 规定，船舶经营者和船长的责任除其他外，应包括确保观察员履行其职责时不受攻击、阻碍、抵制、耽搁、恐吓、干扰、影响、贿赂或试图贿赂；

进一步意识到 1982 年 12 月 10 日《联合国海洋法公约》（1982 年公约）第 98 条和第 146 条关于帮助和保护人的生命的承诺，以及国际海事组织修订并监督的《国际海上搜寻救助公约》，其中概述了各国政府在海上搜寻程序中的责任，包括组织和协调行动、国家间的合作以及船舶经营者和船员的操作程序；

进一步注意到 1982 年公约第 94 条 7 项的承诺，船旗国有责任对海上事故或航行事故涉及悬挂其旗帜的船舶导致另一国国民的任何生命损失或严重受伤的情况进行调查。

依据公约第十条，通过以下养护和管理措施。

1. 本措施适用于在 WCPFC ROP 下捕捞航次中的中西部太平洋区域观察员。

2. 本措施不损害有关 CCMs 实施与国际法一致的观察员安全的法律的权利。

---

① 本措施修改和替代了 CMM 2016-03，唯一的变化是删除了脚注 1。

3. 如果发生 WCPFC ROP 观察员死亡、失踪或被推定为落水，船旗 CCMs 要确保其渔船：

（a）立即停止所有捕捞作业；

（b）如果观察员失踪或被推定为落水，应立即开始搜救，并至少搜寻 72 小时，除非找到了失踪的观察员，或接到船旗 CCMs 指示继续搜寻[①]；

（c）立即通知船旗 CCMs；

（d）立即使用所有可用的通信工具向附近其他船舶发出报警；

（e）全力配合任何搜救行动；

（f）无论搜寻是否成功，应按船旗 CCMs 和观察员提供方的协议，让渔船返回最近的港口接受进一步调查；

（g）就事故向观察员提供方和适当主管机构提供报告；

（h）全力配合所有官方调查，保护任何潜在的证据和死亡或失踪观察员的私人物品和住处。

4. 第 3 款（a）项、（c）项和（h）项适用于观察员死亡的情况，此外，为尸体解剖和调查，船旗 CCMs 应要求渔船确保尸体得到妥善保存。

5. 如果 WCPFC ROP 观察员患有严重疾病或受伤威胁其健康或安全，船旗 CCMs 应确保其渔船：

（a）立即停止捕捞作业；

（b）立即通知船旗 CCMs；

（c）采取所有合理行动照顾观察员，并在船上提供任何可能的治疗；

（d）如尚未获得船旗 CCMs 的指示，依据观察员提供方的指示方便观察员尽快下船并转移到可提供护理所需医疗设施的地方；

（e）充分配合任何和所有官方调查疾病或受伤原因。

6. 为第 3 款至第 5 款的目的，船旗 CCMs 应确保立即通知适当的海事救援协调中心[②]、观察员提供方和秘书处。

7. 如果有合理理由确信 WCPFC 的区域观察员受到攻击、恐吓、威胁或骚扰，导致观察员的健康和安全受到威胁，观察员和观察员提供方向船旗 CCMs 表示希望该观察员离开该渔船，船旗 CCMs 应确保其渔船：

（a）立即采取行动确保观察员的安全，并缓解和改善船上状况；

（b）尽快将观察员的状态和位置通知船旗 CCMs 和观察员提供方；

（c）根据船旗 CCMs 和观察员提供方商定的方式和地点，便于观察员安全离船，获得任何需要的医疗；

（d）充分配合对该事件的所有官方调查。

8. 如果有合理理由相信 WCPFC 区域观察员受到攻击、恐吓、威胁或骚扰，但观察员和观察员提供方都不希望观察员离开该船，船旗国 CCMs 应确保其渔船：

（a）立即采取行动确保观察员的安全，并尽早缓解和解决船上问题；

---

① 在不可抗拒的因素下，船旗国可许可其渔船在 72 小时之前停止搜寻救援作业。

② http://sarcontacts.info/。

（b）尽快将该情况通知船旗 CCMs 和观察员提供方；

（c）全面配合对该事件的所有官方调查。

9. 如果发生第 3 款至第 7 款所述的任何事件，港口 CCMs 应方便渔船进港，允许 WCPFC 区域观察员上岸，并根据船旗 CCMs 的请求，在可能的情况下协助任何调查。

10. 如果 WCPFC 区域观察员离开所在渔船后，观察员提供方发现观察员在渔船上受到攻击或骚扰等可能的违规事件，观察员提供方应书面通知船旗 CCMs 和秘书处，船旗 CCMs 应：

（a）根据观察员提供方提供的信息调查该事件，并对调查结果采取适当行动；

（b）充分配合观察员提供方进行的任何调查，包括向观察员提供方和事件的有关管理机构提供报告；

（c）通知观察员提供方和秘书处有关事件调查结果和采取的任何行动。

11. CCMs 应确保其国家观察员提供方：

（a）如果 WCPFC 区域观察员在工作期间死亡、失踪或推定为落水，应立即通知船旗 CCMs；

（b）在搜救操作中全面合作；

（c）在涉及 WCPFC 区域观察员事故的所有官方调查中充分合作；

（d）在 WCPFC 区域观察员患有严重疾病或受伤情况下，应方便其尽早离船和替换；

（e）在 WCPFC 区域观察员受到某种程度的攻击、恐吓、威胁、骚扰以致其希望离开该渔船的情况下，应方便其尽早离船；

（f）应观察员提供方的要求，根据 WCPFC 关于保护、获取和分发委员会汇编数据的规则和程序，保护、获取和分发委员会为监测、控制和监督（MCS）活动目的汇编的公海非公开数据和信息的规则和程序，以及获取和分发为科学目的公海 VMS 数据的规则和程序，向船旗 CCMs 提供一份涉及提供方观察员的涉嫌违规行为的观察员报告副本。

12. 尽管有第 1 款规定，CCMs 应确保任何悬挂其旗帜经授权的公海登临检查船最大限度地配合任何涉及搜救 WCPFC 区域观察员的行动。CCMs 也应鼓励悬挂其旗帜的其他船舶最大限度地参加任何搜寻和救助 WCPFC 区域观察员的行动。

13. 在观察员提供方提出要求时，CCMs 应在调查中彼此合作，包括就第 3 款至第 8 款所述的任何事故提供报告，酌情协助任何调查。

14. 技术和履约分委会和委员会将不迟于 2019 年审议本养护和管理措施，并在以后定期审议。尽管有此规定，CCMs 可在任何时间提交修改本措施的提案。

第 2017-04 号：关于海洋污染的养护和管理措施

WCPFC 考虑到海洋污染日益被视为一个重大的全球性问题，其对海洋和沿海环境、野生动物、经济和生态系统造成了有害影响；

回顾支持通过"我们的海洋,我们的未来:行动呼吁"宣言第 13(g)款来实施可持续发展目标 14 的联合国大会确认,需要防止和显著减少各种海洋污染;

意识到某些与捕捞有关的活动可能会影响中西部太平洋海洋环境,这些活动可能在 WCPFC 努力尽量降低非目标物种的兼捕死亡率和减少对海洋生态环境的影响方面起显著作用;

注意到在海洋环境中被丢弃、遗失或以其他方式抛弃的渔具,会破坏海洋、珊瑚和沿海生境,通过幽灵网捕捞、缠绕、误食和成为入侵物种传播的栖息地而对海洋生命有害,并且对航行造成危险;

注意到 1973 年《国际防止船舶造成污染公约》(MARPOL)附件 V 以及 1978 年议定书修订的内容和 1997 年议定书修订的内容,禁止在海上处置所有渔具和塑料;

进一步注意到 MARPOL 附件 I、附件 IV 和附件 VI 关于管理和限制海上船舶排放油、污水以及空气污染物的规定;

注意到对于渔船的 MARPOL 义务的监测和执行有限,因此关于渔船在海上非法污染活动的信息很少;

进一步注意到 1972 年《防止倾倒废物和其他物质污染海洋公约》(伦敦公约)和《1996 年议定书》(伦敦议定书)通过规章管理或禁止废物及其他物质倾倒入海洋;

回顾观察报告的信息显示,渔船对中西部太平洋大量的海洋污染物负有责任,即使有观察员在船上,渔船对海洋的污染也可能更加显著,尤其是观察员覆盖率很低的延绳钓船;

认识到公约第三十条 1 款要求委员会充分认识到公约区发展中国家缔约方,尤其是小岛屿发展中国家和参与领地,在养护和管理公约区域高度洄游鱼类种群以及发展与这些种群有关的渔业方面的特殊要求;

进一步认识到公约第三十条 2 款要求委员会考虑发展中国家缔约方,尤其是小岛屿发展中国家和参与领地的特殊要求。这些要求包括确保其通过的养护和管理措施不会导致养护行动的负担不成比例地直接或间接地转给发展中国家缔约方和参与领地;

回顾通过的第 2013-07 号 CMM,也承认小岛屿发展中国家和参与领地的特殊要求。

依据公约第五条(d)项至(f)项和第十条 1 款(h)项,通过以下养护和管理措施。

1. 鼓励有权批准、接受、核准或加入 MARPOL 和伦敦议定书附件的委员会成员、合作非成员和参与领地(合称 CCMs)尽早这么做,如果尚未这么做的话。鼓励在成为 MARPOL 或伦敦议定书缔约方方面有困难的 CCMs,向国际海事组织通报其情况,以便考虑在这方面采取适当行动,包括提供必要的技术支持。

2. CCMs 应禁止其在公约区域作业的渔船排放任何塑料制品(包括塑料包装、含塑料和聚苯乙烯的物品),但不包括渔具。

3. 鼓励 CCMs 禁止其在公约区域作业的渔船向海洋排放:

(a)油类或燃油产品或含油残留物;

(b)垃圾,包括渔具、食物垃圾、生活垃圾、焚烧灰和食用油;

(c)污水;但根据适用的国际文书允许的除外。

4. 鼓励 CCMs 研究与公约区域渔业有关的海洋污染,以进一步制定和细化减少海洋污染的措施，并鼓励他们向 SC 和 TCC 提交从这些努力中获得的任何信息。

5. CCMs 应鼓励其在公约区域的渔船取回抛弃、丢失或遗弃的渔具，并保留在船上，将其与其他废弃物分开，放至港口的接收设施。如不可能找回或未找回，CCMs 应鼓励其渔船报告抛弃、丢失或遗弃渔具的经纬度、类型、尺寸和时间。

6. 要求 CCMs 确保提供充足的港口接收设施以回收渔船的废弃物。要求 CCMs 中的小岛屿发展中国家酌情依据国际标准使用区域港口接收设施。

7. 鼓励 CCMs 确保悬挂其旗帜在公约区域作业的渔船，将 MARPOL 附件的缔约方中没有足够港口接收设施回收 MARPOL 废弃物的港口通知船旗国。

8. CCMs 应在符合其法律法规的情况下，直接或通过委员会合作，并根据其能力，通过提供足够的港口设施积极支持小岛屿发展中国家和参与领地接收和妥善处理渔船的废弃物。

9. 鼓励 CCMs 制定通信框架，记录和分享渔具丢失的信息，以减少渔具的丢失并促进渔具的回收。

10. 进一步鼓励 CCMs 制定框架或系统，帮助渔船向其船旗国、有关沿海国和委员会报告渔具丢失情况。

11. 鼓励 CCMs 对悬挂其旗帜的渔船的船员和船长进行有关海洋污染影响和实践操作的培训和宣传，以消除渔船引起的海洋污染。

12. 本措施将由委员会每 3 年审议一次，以考虑扩大有关消除渔船造成的海洋污染方面的措施范围。

13. 本措施实施日期为 2019 年 1 月 1 日。

第 2018-03 号：减少捕捞高度洄游鱼类种群对海鸟的影响的养护和管理措施

WCPFC 关注一些海鸟物种，尤其是信天翁和海燕，面临全球灭绝的威胁；

注意到南极海洋生物资源养护委员会的报告，在该组织公约区域毗邻海域内，除了非法、不报告和不管制捕捞，南大洋海鸟的最大威胁是延绳钓渔业造成的死亡；

注意到表层延绳钓渔业减少海鸟兼捕的科学研究显示，各种减少兼捕措施的有效性因渔船类型、季节和聚集的海鸟种类等有很大差异。

注意到科学分委会的建议，多种减缓措施结合对有效减少海鸟兼捕至关重要；

承认沿海国在其国家管辖区域内勘探和开发、养护和管理高度洄游鱼类种群的主权权利；

回顾公约第五条，根据 1982 年公约和协定的规定，委员会成员有责任合作，要求委员会成员根据公约第五条（e）款采取措施，除其他外，尽量减少非目标物种的渔获量；

进一步认识到公约第三十条以及必须确保养护和管理措施不会造成直接或间接地将养护行动的负担不成比例地转移到发展中国家缔约方、参与领地和属地。

决议如下。

1. 委员会成员、合作非成员及参与领地（合称 CCMs）如尚未执行减少延绳钓渔业意外捕获海鸟的国际行动计划（海鸟 IPOA），应在最大可行的范围内执行海鸟 IPOA。

2. CCMs 应向委员会报告执行海鸟 IPOA 的情况，包括适当时报告减少延绳钓渔业意外捕获海鸟的国家行动计划的执行状况。

根据《中西部太平洋高度洄游鱼类种群养护和管理公约》第五条（e）项和第十条 1款（c）项，通过以下措施处理海鸟兼捕事项。

南纬 30 度以南海域

1. CCMs 应要求其在南纬 30 度以南作业的延绳钓船，使用以下两类方法的其中一类：

（a）至少使用以下三种措施中的两种：

　　（i）支线加重

　　（ii）夜间投钩

　　（iii）惊鸟绳；或

（b）钓钩屏蔽装置。

南纬 25 度至南纬 30 度海域

2. CCMs 应要求其在南纬 25 度至南纬 30 度海域作业的延绳钓船，使用下列减缓措施之一：

　　（i）支线加重

　　（ii）惊鸟绳

　　（iii）钓钩屏蔽装置

3. 海鸟减缓措施适用范围从南纬 30 度延伸到南纬 25 度，将于 2020 年 1 月 1 日生效。

4. 由于海鸟被意外捕获的风险较低，上述第 2 款的要求应不适用于法属波利尼西亚、新喀里多尼亚、汤加、库克群岛和斐济的专属经济区。鼓励有渔船在南纬 25 度以南海域作业的小岛屿发展中国家和参与领地收集与海鸟相互影响的数据，酌情增加观察员覆盖率，并且在其专属经济区内作业时实施海鸟减缓措施。

5. 本规定应在实施之日起不迟于 3 年由 SC 基于可获得的最佳科学信息进行审议，审议既要考虑正在使用的减缓措施的效果，又要考虑在不需要采取减缓措施的海域给易受影响的海鸟带来的风险，如必要时则向委员会提出建议。

北纬 23 度以北海域

6. CCMs 应要求在北纬 23 度以北海域作业的总长大于或等于 24 米的大型延绳钓船，至少使用表 1 中的两种减缓措施，其中包括 A 栏中至少一种。CCMs 也应要求其在北纬 23 度以北海域作业的总长小于 24 米的小型延绳钓船，至少使用表 1 的 A 栏中的一项减缓措施。这些措施的规范见附件 1。

表 1 减缓措施

A 栏	B 栏
使用惊鸟帘和支线加重，船舷边投钩①	惊鸟绳②
夜间投钩且甲板灯光减至最暗	饵料染蓝色
惊鸟绳	深层投钩机
支绳加重	鱼内脏丢弃管理
钓钩屏蔽装置③	

其他区域

7. 在其他区域（南纬 25 度至北纬 23 度），如有需要，鼓励有延绳钓船在该海域作业的 CCMs 采用表 1 的一种或多种减缓措施。

一般原则

8. 为了研究有效的减缓措施并向委员会报告，有延绳钓船在南纬 30 度以南或北纬 23 度以北公约区域捕捞的 CCMs 应在提交委员会的年度报告第二部分说明要求其渔船采用哪一种减缓措施，以及每一种措施的技术规范。CCMs 还应在后续的年报中包括其对要求的减缓措施所做的任何改变情况或这些措施的技术规范。

9. 鼓励 CCMs 开展有关研究，进一步开发和改进减缓措施，包括在投钩和起钓过程中采用的减缓措施，并应向秘书处提交从这种努力中获得的任何信息，供 SC 和 TCC 使用。研究应在减缓措施适用的渔业和海域进行。

10. SC 和 TCC 将每年审议新的或现行减缓措施方面的或观察员有关海鸟相互影响的或其他监测计划获得的任何新信息。必要时，将向委员会提供一套更新的减缓措施、减缓措施的规范或适用海域的建议，供委员会酌情考虑和审议。

11. 鼓励 CCMs 采取措施，确保将延绳钓作业时捕获的活海鸟放生，并尽可能在良好的条件下放生，以及确保尽可能在不危及有关海鸟生命的情况下去除钓钩。鼓励研究海鸟释放后的存活率。

12. 闭会期间区域观察员计划工作组（IWG-ROP）将考虑有必要获得关于海鸟相互影响的详细信息，以便分析渔业对海鸟的影响和评估减缓措施的效力。

13. CCMs 应每年在年度报告第一部分向委员会提供观察员报告或收集的所有可获得的关于与海鸟相互影响的信息，以便能够估计公约适用的所有渔业的海鸟死亡率（年度报告第一部分报告模板指南见附件 2）。这些报告应包含以下有关信息：

（a）观察到使用具体减缓措施的努力量所占比例；

（b）观察和报告的按海鸟具体物种的兼捕率和总兼捕数量，或按海鸟物种的相互作用率（对于延绳钓，为每千钩的兼捕量）和总数的严格统计估计。

14. 本养护和管理措施替代 2017-06 号 CMM，该措施因此被废止。

---

① 如使用 A 栏的惊鸟帘和支线加重的船舷边投钩，则视为两种减缓措施。

② 如 A 栏和 B 栏都选择惊鸟绳，相当于同时使用两套（即一对）惊鸟绳。

③ 钓钩屏蔽装置可作为一个独立的措施。

附件 1　技 术 规 范

1. 惊鸟绳（南纬 25 度以南海域）

（1）总长大于或等于 35 米的渔船

（a）设置至少一组惊鸟绳。可能时，鼓励渔船在海鸟数量较多或活动频繁时使用第二组惊鸟绳。两组惊鸟绳应同时设置在投放主绳的两侧。如使用两组惊鸟绳，应在两组惊鸟绳包覆的区域内投放带饵的钓钩；

（b）应使用长短飘带结合的惊鸟绳，飘带应该是色彩鲜艳，且长飘带和短飘带混合：

　　（i）长飘带的间距须小于 5 米，且长飘带必须用转环附挂在惊鸟绳上以预防与惊鸟绳缠绕。使用的长飘带长度须足以在无风情况下达到海面

　　（ii）短飘带（长度大于 1 米）的间隔不应超过 1 米

（c）渔船设置的惊鸟绳应达到所需的大于或等于 100 米的覆空范围。为达到这一覆空范围，惊鸟绳的最小长度应为 200 米，且应连接到尽可能靠近船尾且距水面 7 米以上的长杆（惊鸟绳杆）上；

（d）如果渔船仅使用一组惊鸟绳，则惊鸟绳应设置在沉降饵钩的迎风面。

（2）总长小于 35 米的渔船

（a）使用一组长短飘带的惊鸟绳，或一组仅采用短飘带的惊鸟绳；

（b）飘带应该是：必须使用色彩鲜艳的长和/或短（但长度大于 1 米）飘带，并按以下间距设置：

　　（i）惊鸟绳前 75 米的长飘带间距须小于 5 米

　　（ii）短飘带的间距不应超过 1 米

（c）长飘带应采用一种方式附挂在惊鸟绳上，以防止飘带缠绕惊鸟绳。所有长飘带应在无风情况下达到海面。惊鸟绳前 15 米内的飘带可以进行修改，以避免纠缠；

（d）渔船设置的惊鸟绳应达到 75 米的最低覆空范围。为达到此覆空范围，惊鸟绳应尽可能附挂在渔船船尾距离水面超过 6 米高的长杆上。必须产生足够的阻力，以便在侧风时使惊鸟绳的空中范围最大，并保持其正好处在船后方。为避免绳索间缠结，惊鸟绳末端最好使用一根在水中的长绳子或尼龙绳；

（e）如使用两组惊鸟绳，这两组惊鸟绳必须设置在主绳的两侧。

2. 惊鸟绳（北纬 23 度以北海域）

（a）长飘带：

　　（i）最短长度：100 米

　　（ii）须附挂在渔船船尾距离水面最低 5 米的迎风位置，使其能在钩绳进入水面处悬浮

　　（iii）须附挂使其空中范围维持在下沉中饵钩的上方

　　（iv）飘带间距须小于 5 米，使用转环，飘带长度足够长，尽可能接近水面

　　（v）如使用两组（即一对）惊鸟绳，这两组惊鸟绳必须设置在主绳的两侧

（b）短飘带（总长大于或等于 24 米的渔船）：

　　（i）须附挂在渔船船尾距离水面最低 5 米的迎风位置，使其能在钩绳进入水面

处悬浮

（ii）须附挂使其空中范围能维持在下沉中饵钩的上方

（iii）飘带最小长度为 30 厘米且其间隔必须小于 1 米

（iv）如使用两组（即一对）惊鸟绳，这两组惊鸟绳必须设置在主绳的两侧

（c）短飘带（总长小于 24 米的渔船）：本设计应自执行之日起不晚于 3 年依据科学数据进行审议。

（i）须附挂在渔船船尾距离水面最低 5 米的迎风位置，使其能在钩绳进入水面处悬浮

（ii）须附挂使其空中范围能维持在下沉中饵钩的上方

（iii）如使用飘带，鼓励使用最小长度为 30 厘米且其间隔小于 1 米的飘带

（iv）如使用两组（即一对）惊鸟绳，这两组惊鸟绳必须设置在主绳的两侧

3. 船舷投放惊鸟帘和加重的支线

（a）干绳从船的右舷或左舷投放，尽量远离船尾（至少 1 米），如用投钩机，则必须安装在船尾前至少 1 米处；

（b）当海鸟出现时，起钓机须确保干绳投放时松弛，使带饵的钓钩保持在水下；

（c）惊鸟帘必须采用：

（i）投钩机的尾杆长至少 3 米

（ii）至少有 3 条主飘带附挂在尾杆上 2 米处

（iii）主飘带直径最小为 20 毫米

（iv）附挂在主飘带末端的支飘带，长度足以在无风情况下在水面拖曳，最小直径为 10 毫米

4. 晚间投钩

（a）海上日出后至海上日落前禁止投钩。

（b）海上日落及海上日出的定义依据航海天文历相关纬度、当地时间及日期等表格数据。

（c）甲板照明应保持在最低限度。最低甲板照明不应违反最低安全和航行标准。

5. 支线加重

（a）最低加重规格要求如下：

（i）距钓钩 0.5 米的钓线上加重 40 克或以上

（iii）距钓钩 1 米的钓线上加重 45 克或以上

（iii）距钓钩 3.5 米的钓线上加重 60 克或以上

（iv）距钓钩 4 米的钓线上加重 98 克或以上

6. 钓钩屏蔽装置

钓钩屏蔽装置将带饵钩的钩尖和倒钩包住，以防止在投绳时被海鸟攻击。下列钓钩屏蔽装置已获批准在 WCPFC 渔业中使用。

钩夹符合以下性能特点[①]：

---

① SC 第 14 次会议已注意。

（a）该装置把钩子的尖钩和倒钩包裹起来，直到它达到至少 10 米水深或浸入水中至少 10 分钟；

（b）该装置满足本附件规定的当前支线加重的最低标准；

（c）该装置被设计成固定在渔具上，因而不会丢失。

7. 内脏丢弃管理

（a）投钩或起钩时不得丢弃内脏；

（b）策略性地从渔船投钩/起钩的另一舷丢弃内脏，积极引诱鸟类远离挂有饵料的钓钩。

8. 染蓝的饵料

（a）如使用染蓝饵料，必须在完全解冻时染色；

（b）委员会秘书处应当发放标准化的色版；

（c）所有饵料须按照色版色度加以染色。

9. 深层投钩机

投钩机必须以某种方式设置，以便将钩子投放得比不使用投钩机时深得多，且多数钓钩至少能达到 100 米深度。

附件 2　年度报告第一部分报告模板指南

下列表格应当包括在国家报告第一部分，概括最近 5 年的情况。

表 2　CCMs 按捕捞年度的捕捞努力量、观察到的海鸟兼捕

年度	捕捞努力量				观察到的海鸟兼捕	
	总船数	总钩数	总观察钩数	观察到的钩数（%）	数量	兼捕率*
上一年，如 2017 年						
当年，如 2018 年						

注：对于在北纬 23 度以北海域、南纬 30 度以南海域、南纬 25 度至南纬 30 度海域或北纬 23 度至南纬 25 度海域所有区域捕捞的 CCMs，则应以每个区域的单独表格提供信息。表格给出每年的总钩数、总观察钩数、观察员覆盖率（观察到的钩数的百分比）、观察到的海鸟兼捕数量（包括活的和死的）以及海鸟兼捕率（每千钩捕获数量）

* 提供每千钩的海鸟兼捕数据

表 3　船队在[××年]使用的减缓措施类型的比例

减缓措施的组合	观察到的减少兼捕措施的捕捞努力量所占比例			
	南纬 30 度以南海域	南纬 25 度至南纬 30 度海域	北纬 23 度至南纬 25 度海域	北纬 23 度以北海域
无减缓措施				

续表

减缓措施的组合	观察到的减少兼捕措施的捕捞努力量所占比例			
	南纬 30 度以南海域	南纬 25 度至南纬 30 度海域	北纬 23 度至南纬 25 度海域	北纬 23 度以北海域
南纬 25 度以南海域要求的选择	TL+NS			
	TL+WB			
	NS+WB			
	TL+WB+NS			
南纬 25 度至南纬 30 度海域的其他选择	HS			
	WB			
	TL			
北纬 23 度以北海域的其他选择	SS/BC/WB/DSLS			
	SS/BC/WB/（MOD 或 BDB）			
提供其他减少兼捕措施的组合				
总计（必须等于 100%）				

注：TL=惊鸟绳，NS=晚间投钩，WB=支线加重，SS=船侧投钩，BC=惊鸟帘，BDB=饵料染蓝，DSLS=深层投钩机，MOD=内脏丢弃管理，HS=钓钩屏蔽装置

表 4　按物种和海域的延绳钓渔业观察到的海鸟兼捕数量

物种	南纬 30 度以南海域	南纬 25 度至南纬 30 度海域	北纬 23 度以北海域	北纬 23 度至南纬 25 度海域	合计
例如，安提波第恩信天翁（*Antipodean albatross*）					
物种名称					
物种名称					
物种名称					
物种名称					
物种名称					
总计					

第 2018-04 号：海龟的养护和管理措施

WCPFC 根据《中西部太平洋高度洄游鱼类种群养护和管理公约》：

认识到中西部太平洋（WCPO）所有海龟物种的生态和文化意义；

进一步认识到公约区域的 5 种海龟受到威胁或极度濒危；

考虑捕捞高度洄游鱼类种群时对中西部太平洋某些海龟种群经捕获、伤害和死亡而造成的不利影响；

承认委员会对以投放浅钩捕捞剑鱼的延绳钓渔业中与海龟的相互作用已通过了措

施和报告要求；

深切关注过去三十年太平洋棱皮龟（*Dermochelys coriacea*）亚种群数量已急剧下降；

通过科学研究，包括 WCPFC 和共同海洋国家管辖外（ABNJ）金枪鱼项目研讨班（2016 年）关于减少误捕海龟有效性的联合分析，在最近工作的指导下，避免渔业和海龟的相互作用和/或降低渔业与海龟相互作用的严重性的最佳实践和技术取得了进步，该分析表明单独或同时使用大号圆形钩和鱼饵能降低与海龟相互作用的概率，并显著减少误捕海龟；

承认在过去十年中许多国家在其延绳钓渔业中进行了圆形钩试验；

确认应采取额外措施，减少在金枪鱼渔业中海龟的误捕和死亡；

认识到渔民做出的相对简单的主动性和反应努力，既可避免与海龟的相互影响，又可在这种影响发生时尽量减轻其不利后果；

注意到浅层延绳钓渔业也对高纬度地区脆弱的海鸟种群构成重大威胁，有必要在易受延绳钓影响的物种之间达成减缓措施需求的平衡；

依据公约第五条和第十条，通过以下养护和管理措施。

1. 委员会成员、合作非成员和参与领地（合称 CCMs）将酌情执行 FAO 降低捕捞作业中海龟死亡率的指南（FAO 技术指南），确保对捕获的所有海龟的安全处理，以改善其存活状况。

2. CCMs 应在其年度报告第二部分向委员会报告其执行本措施的进展，包括收集的受公约管理的渔业与海龟相互影响的信息。

3. WCPFC 区域观察员计划（ROP）收集的关于海龟相互作用的所有数据应按照经议定的委员会其他数据收集规定向委员会报告。

4. CCMs 应要求捕捞公约管辖物种的渔船上的渔民，在可行的情况下，尽快将任何被捕获的处于昏迷或不活动状态的硬壳海龟带上船，并在将其放回海中前使其恢复，包括让其苏醒。CCMs 应确保渔民了解和使用 WCPFC 指南中所述的合适的减缓和处理技术。

5. 有围网船捕捞公约管辖物种的 CCMs 应：

（a）确保此类渔船的操作员在公约区域捕鱼作业时：

（i）在可操作范围内，避免放网包围海龟，如海龟被包围或被困，采取可行的措施安全释放海龟

（ii）在可操作范围内，释放所有观察到的被 FAD 或其他渔具缠住的海龟

（iii）如海龟被网缠住，一旦海龟浮出，立即停止收网；并在恢复收网前，以不伤害的方式让海龟解困；并在可行范围内，在将其放回海水前协助其恢复

（iv）携带并在适当时使用抄网处理海龟

（b）要求这类渔船操作员记录捕捞作业期间所有涉及海龟的事件，并向 CCMs 有关当局报告此类事件；

（c）在提交给委员会的科学数据的年报中，向委员会提交根据第 5 款（b）项的报告结果；

（d）向委员会提供与改良 FAD 开发设计以减少海龟缠绕有关的任何研究结果，并

采取措施鼓励使用在减少海龟缠绕方面取得成功的减缓设计。

6. 有延绳钓船捕捞公约管辖物种的 CCMs 应确保所有这类渔船的操作员携带并使用剪线器和脱钩器，按照 WCPFC 技术指南处理并立即释放捕获的或被困的海龟。CCMs 也应确保要求这类渔船的操作员酌情依据 WCPFC 指南携带和使用抄网。

7. 有延绳钓船以浅层下钩①方式捕鱼的 CCMs 应：

（a）确保要求这类渔船的经营者，在公约区域内使用或执行下列三种减少海龟捕获方法中的至少一种：

（i）只使用大型圆形钩，这类钓钩的形状通常是圆形或椭圆形，为原始设计和制造，钓钩尖端垂直向钩柄弯入，这些钓钩与钩柄的偏移角不应超过 10 度

（ii）只使用有鳍鱼类作为饵料

（iii）执行科学分委会（SC）以及技术和履约分委会（TCC）审议并经委员会批准的能够在浅层下钩的延绳钓渔业中降低与海龟的互动率（观察到的每钩钓捕的数量）的任何其他措施、减缓计划②或活动

（b）第 7 款（a）项的要求不必适用于 SC 根据有关 CCMs 提供的信息确定的在三年期间观察到的海龟互动率最低③，以及这三年内每年的观察员覆盖率至少达到 10% 的浅层延绳钓渔业；

（c）确立和执行其浅层延绳钓渔业、大型圆形钩的操作定义，以及根据第 7 款（a）项（iii）分项所述或委员会依第 12 款通过的任何措施，确保这类措施尽可能具有可执行性，并在其年度报告第二部分向委员会报告这些定义；

（d）规定其延绳钓船记录捕捞作业期间所有涉及海龟的事件，并将此类事件向该 CCMs 的有关机构报告；

（e）在提交的科学数据的年报中将第 7 款（d）项的结果向委员会报告。

8. 敦促拥有非浅层下钩的延绳钓渔业的 CCMs：

（a）在这些延绳钓渔业中进行圆形钩和其他减缓方法的研究试验；

（b）至少在委员会附属机构年会前 60 天，向 SC 和 TCC 报告这些研究试验的结果。

9. SC 和 TCC 将审议 CCMs 依本措施报告的信息。如有必要，SC 和 TCC 将制定一套更新的减缓措施、减缓措施的规范或适用的建议，并提交委员会考虑和审议。

10. 委员会秘书处有义务使用特殊要求基金，协助发展中国家成员和参与领地执行 FAO 技术指南以降低海龟死亡率。这些基金可用作培训和鼓励渔民采取适当方法和技术，减少与海龟的互动和减少对它们的不利影响。

11. 委员会呼吁 CCMs 向特殊要求基金捐款，或通过双边安排提供这类援助，以支持符合条件的成员努力执行本措施。

12. 委员会将根据 SC 及 TCC 的意见和 CCMs 根据本措施提供的信息，在 2021 年审议本措施，以考虑扩大该措施的范围，包括扩大到深层下钩延绳钓渔业。

---

① 浅层下钩渔业一般被认为是大多数钓钩处于 100 米水深以浅的渔业；但根据第 7 款（c）项，CCMs 将确立和执行其自己的作业定义。

② 减缓计划将详细说明为实现降低与海龟的互动将采取的行动。

③ SC 第 5 次会议的决定。

13. 本措施不应损害沿海国的主权及主权权利，包括传统捕捞活动及传统生计型渔民的权利，以及在其国家管辖区为勘探、开发、养护和管理海龟而采取的替代措施，包括任何养护和管理海龟的国家行动计划。

14. 本措施将于 2020 年 1 月 1 日生效，并应取代第 2008-03 号 CMM。

第 2018-05 号：关于区域观察员计划的养护和管理措施

WCPFC 回顾《中西部太平洋高度洄游鱼类种群养护和管理公约》第二十八条 1 款，要求委员会应制定区域观察员计划，其中包括收集经核实的渔获物数据，并监督委员会通过的养护和管理措施的实施；

进一步回顾公约第二十八条 7 款，要求委员会应为区域观察员计划的运行拟订程序和指南；

认识到第 2006-07 号养护和管理措施要求确立制定区域观察员计划的程序。

依据公约第十条，通过下列制定区域观察员计划的养护和管理措施。

区域观察员计划（ROP）的设立

1. 特此设立区域观察员计划，由委员会秘书处协调。

2. 区域观察员计划应分阶段实施，实施计划见附件 3。

3. 委员会秘书处应向委员会提供关于区域观察员计划及与该计划有效运行有关的其他事项的年度报告。

区域观察员计划的目标

4. 区域观察员计划的目标应是在公约区域收集经核实的产量数据、其他科学数据及与渔业有关的其他信息，并监督委员会所通过的养护和管理措施的执行。

区域观察员计划的范围

5. 区域观察员计划应适用于依委员会第 2004-01 号养护和管理措施（或该养护和管理措施的替代措施）授权在公约区域捕鱼的渔船类型：

（a）仅在公约区域公海作业的渔船；

（b）在公海和在一个或多个沿海国管辖海域作业的渔船，以及在两个或多个沿海国专属经济区作业的渔船。

观察员的职责

6. 区域观察员计划运行的观察员职责应包括收集渔获物数据和其他科学数据，监督委员会通过的养护和管理措施的执行，以及委员会可能批准的与渔业有关的任何其他信息。当一艘渔船在同一航次同时在其船旗国管辖海域和邻近公海作业，且该船在其船旗国管辖海域时，则依区域观察员计划所派驻的观察员如未获船旗国同意，不应行使任何职责。

委员会 CCMs 的义务

7. 委员会每一 CCMs 应确保悬挂其旗帜在公约区域作业的渔船，在委员会要求时接收区域观察员计划的观察员，但仅在船旗国管辖海域作业的渔船除外。

8. 委员会每一 CCMs 应有责任满足委员会所设定的观察员覆盖率。

9. CCMs 应依委员会的决定为其船舶提供观察员。

10. CCMs 应向渔船船长解释与委员会通过措施有关的观察员职务。

11. CCMs 应依公约第二十三条和第二十五条利用观察员收集的信息用于研究目的，并在交换此类信息方面进行合作，包括根据委员会通过的标准，通过主动请求、回应和协助满足提供观察员报告副本的要求。

委员会及其附属机构的角色

12. 委员会应通过其附属机构，在其各自的权限内，监督和监视区域观察员计划的执行，确立区域观察员计划的优先事项和目标，并评估区域观察员计划的结果。委员会可在必要时就区域观察员计划的运行提供进一步指示。委员会应确保区域观察员计划的协调和管理能获得足够的资源。委员会可签订提供观察员的合同。

秘书处的作用

13. 在符合公约第十五条 4 款的情况下，秘书处的作用是：

（a）协调区域观察员计划，除其他外，包括：

（i）保留区域观察员计划手册和区域观察员计划的观察员工作手册

（ii）使参与区域观察员计划的现有国家及分区域观察员计划达到委员会通过的标准

（iii）接受通信并向委员会（及其附属机构）提供区域观察员计划运行报告，包括目标和观察员覆盖率

（iv）根据指示和在适当的情况下，与其他区域渔业管理组织协调区域观察员计划的活动

（v）促进区域观察员计划中授权观察员的使用

（vi）监督培训区域观察员计划观察员的教师和观察员培训课程，以促进维持委员会所通过的标准

（vii）区域观察员计划处理委员会养护和管理措施对数据和监测的需要

（viii）由区域观察员计划根据委员会通过的程序，收集、汇整、保存和分发监督委员会通过的养护和管理措施的适当的信息和数据

（ix）按照委员会的指示，在特殊情况下管理和监督观察员

（x）提供有效管理区域观察员计划所需的职员

（xi）在委员会网站维护最新的国家观察员协调员名单及其联系信息，以及每一

区域观察员提供方为其观察员制定的行为指南的副本或链接

（b）向区域观察员计划的观察员提供方授权。

沿海国的作用

14. 各 CCMs 应提名一名 WCPFC 国家观察员协调员，作为区域观察员计划有关事务的联络方，并将协调员及其联系方式的任何变更通知秘书处。

区域观察员计划运行指导原则

15. 委员会 ROP 应根据下述原则运行：

（a）区域观察员计划应由符合委员会批准标准的独立公正的观察员组成；

（b）主要在沿海国海域作业，但偶尔会前往邻接公海或邻近国家管辖水域作业的渔船，若获得船旗国同意，可搭载本国国籍的观察员，且这些观察员应已获秘书处授权[①]；

（c）区域观察员计划应考虑公约区域渔业的性质和委员会认为适当的任何其他因素，以灵活的方式组织；

（d）为确保成本效益和避免重复，区域观察员计划应尽可能与其他区域、分区域和国家观察员计划协调，在此情况下，委员会可就提供 ROP 签订合同作出适当安排；

（e）区域观察员计划应提供经委员会批准的足够水平的覆盖率，确保委员会在考虑不同渔业特点的情况下，收到有关渔获量的适当数据和信息，以及与公约区域渔业有关的任何附加信息；

（f）观察员不应不当干涉船舶的合法作业，在履行职责时应适当考虑该船舶的作业要求，并在可行范围内，尽量减少对在公约区域作业渔船的干扰，观察员应遵守附件 1 关于观察员权利和责任的指南；

（g）区域观察员计划的运行应确保观察员在履行职责时不受不适当的阻碍，在此范围内，CCMs 应确保渔船经营者遵守附件 2 关于渔船经营者、船长和船员权利与责任的指南；

（h）区域观察员计划应确保未汇总数据和委员会认为具有机密性质的其他信息的保密性和安全性，发布委员会 ROP 收集的数据和其他信息，应根据委员会有关获取和分发委员会汇编数据的规则和程序所确立的指南进行。

附件 1　观察员的权利和责任指南

依公约第二十八条和附件三第三条，下述观察员权利与责任的指南应适用于依区域观察员计划派驻在船上的观察员。

1. 观察员的权利应包括：

（a）充分进入并使用船上所有观察员认为履行其职责所必需的设施和设备，包括进入驾驶台、接近船上的渔获物和可能用来暂放、处理、称重和储存渔获物的区域；

---

① 参阅 TCC2 摘要报告第 54 段 ii 点"需要将现有国家和区域观察员计划整合到委员会区域观察员计划"，并"允许 CCMs 继续在主要在沿海国海域作业、偶尔扩展到公海作业的渔船上部署国家观察员"。

（b）为记录检查和复印，全面查阅船上记录，包括渔捞日志和文件，合理接近航海设备、海图和无线电，合理获取其他与捕鱼有关的信息；

（c）根据要求访问和使用通信设备和人员，以登录设备、传送及收取与观察员工作有关的数据或信息；

（d）获取便于船上观察员工作的其他设备，如果有，如高倍双筒望远镜和电子通信工具等；

（e）在收绳或起网时进入工作甲板，获取样本（活的或死亡的）以便收集和取出样本；

（f）船长在投绳和收绳程序前至少15分钟发出通知，除非观察员特别要求不通知；

（g）获得相当于船上职务船员通常享有的合理标准的食物、住宿、医疗和卫生设施；

（h）在驾驶台或其他指定区域拥有适当空间进行案头工作，在甲板有适当空间履行观察员职责；

（i）自由执行其职务，在履行职责时不得受到攻击、阻碍、抵抗、拖延、威胁或干扰。

2. 观察员的职责应包括：

（a）有能力行使委员会规定的职责；

（b）接受并遵守商定的有关渔船和船主捕鱼作业的保密规则和程序；

（c）在履行区域观察员计划职责时，始终保持独立和公正；

（d）遵守在渔船上执行观察员任务的区域观察员计划议定书；

（e）遵守对渔船行使管辖权的CCMs的法律法规；

（f）尊重适用于所有渔船船员的等级制度和一般行为规则；

（g）以不过分打扰渔船合法作业的方式来履行职责，在履行职责时应适当考虑渔船的作业需求，并应定期与船长或渔捞长沟通；

（h）熟悉船上的应急程序，包括熟悉救生筏、灭火器和急救箱的位置；

（i）定期与船长就有关观察员问题和职责进行沟通；

（j）遵守船员的民族风俗和渔船船旗国的习惯；

（k）遵守适用的观察员行为守则；

（l）依委员会通过的程序，迅速撰写报告并提交报告至委员会或国家观察员计划。

附件2 渔船经营者、船长和船员的权利和责任指南

根据公约第二十八条和附件三第三条，当委员会ROP在船上派驻有观察员时，关于渔船经营者、船长和船员权利和责任的指南将适用。

渔船经营者和船长的权利和责任

1. 渔船经营者和船长的权利应包括：

（a）期望在派驻ROP观察员前应给予合理的事先通知期；

（b）期望观察员遵守一般行为规则、等级制度和对渔船行使管辖权的委员会CCMs

的法律法规；

（c）观察员提供方在观察员完成航次后及时通知任何有关渔船作业的意见，船长应有机会审议和评论观察员的报告，并有权加入其认为相关的其他信息或个人陈述；

（d）没有因观察员在场和履行其必要职责受到不当干扰，保持合法操作渔船的能力；

（e）观察员在危险区域执行任务时，能够根据判断，酌情指派一名船员陪同。

2. 渔船经营者和船长的责任应包括：

（a）如委员会要求，接受任何根据 ROP 确认为观察员的人员登船；

（b）通知船员 ROP 观察员登船时间，以及 ROP 观察员登船时船员的权利和责任；

（c）协助 ROP 观察员在商定的时间和地点安全地登临/离开渔船；

（d）在放网或起绳前至少 15 分钟通知 ROP 观察员，除非观察员特别要求不要通知；

（e）允许并协助 ROP 观察员安全执行其所有任务；

（f）允许 ROP 观察员全面查阅船舶记录，包括渔捞日志和文件，以便进行记录和复制；

（g）允许 ROP 观察员合理使用航海设备、海图和无线电，以及合理使用与捕鱼有关的其他信息；

（h）允许 ROP 观察员使用额外设备，如有，如高倍率望远镜和电子通信手段，以便于观察员在船上工作；

（i）允许并协助 ROP 观察员在渔获物中取出并储存样本；

（j）在观察员或 ROP 观察员提供方或政府无须负担费用的情况下，在船上向观察员提供与职务船员通常可获得的标准相当的食宿、卫生和医疗设施；

（k）在船上时，向 ROP 观察员提供其在船上期间的保险费用；

（l）允许并协助 ROP 观察员完全接近和使用船上所有观察员认为执行其职务必需的设施和设备，包括进入驾驶台、接近船上的渔获物和可能用来暂放、处理、称重、储存渔获物的区域；

（m）确保 ROP 观察员执行职务时，不遭受攻击、阻碍、抵抗、拖延、威胁、干扰、影响、贿赂或企图贿赂，以及确保不强迫或说服 ROP 观察员违反他/她的职责，并促进观察员遵守适用的行为守则。

渔船船员的权利和责任

3. 渔船船员的权利应包括：

（a）期望观察员遵守一般行为规则、等级制度和对渔船行使管辖权的委员会 CCMs 的法律法规；

（b）期望船长在 ROP 观察员派驻前有合理的预先通知期；

（c）合理期望有船员个人区域的隐私权；

（d）正常作业时不受观察员存在和履行其必要职责而受到不当干扰。

4. 渔船船员的责任应包括：

（a）不攻击、阻碍、抵抗、威胁、影响或干扰 ROP 观察员，或妨碍或拖延观察员的工作，以及不强迫或说服 ROP 观察员违反他/她的职责，并促进观察员遵守适用的行为守则；

（b）遵守依公约制定的程序与规则，以及对渔船有管辖权的 CCMs 制定的其他指南、规则或条件；

（c）允许并协助 ROP 观察员完全取得和使用船上所有观察员认为执行其职务所必需的设施和设备，包括进入驾驶台、接近船上的渔获物和可能用来暂放、处理、称重、储存渔获物的区域；

（d）允许并协助 ROP 观察员安全地履行其所有职责；

（e）允许并协助 ROP 观察员在渔获物中取出和储存样本；

（f）遵守船长就 ROP 观察员职责所发出的指示。

附件 3　区域观察员计划的执行计划

1. 在本措施生效时，CCMs 应根据 WCPFC 通过的措施，利用区域内已运行的分区域和国家观察员计划来执行区域观察员计划（ROP），鼓励 CCMs 尽快提交这些计划的数据。

2. 在委员会指示下，闭会期间区域观察员计划工作组（IWG-ROP）应继续确立区域观察员计划的架构和要素（如明确观察员覆盖率适用的最小渔船规格、观察员培训和认证、观察员的作用和责任、数据需求、成本问题和表示覆盖率水平的适当努力量单位）。

3. 2008 年的安排不妨碍委员会未来区域观察员计划的制定。

4. 在 2008 年 12 月 31 日之前，应将现有分区域和国家观察员计划视为 ROP 的一部分，除非委员会另有决定，应继续执行。通过这些观察员计划取得的数据应提交委员会，并应视为委员会数据。

5. 2009 年 1 月 1 日至 2010 年 12 月 31 日，委员会应审议 IWG-ROP、SC 和 TCC 提供的建议，并在必要时进一步发展和细化 ROP，包括 ROP 的适用。

6. 除第 9 款和第 10 款提及的渔船外，CCMs 应于 2012 年 6 月 30 日前达到委员会管辖海域每种渔业 5%努力量的观察员覆盖率。为便于安置观察员，后勤方面可能要求根据航次安排观察员。

7. SC 和 TCC 2012 年年度会议应审议来自 ROP 的数据，这些附属机构应向委员会提出适当建议。委员会应根据 SC 和 TCC 的意见和建议每年审议 ROP，并视需要做出调整。在 ROP 要素中要被审议的内容包括第 10 款关于最初推迟适用 ROP 渔船的规定。

8. 还应期望 CCMs 履行包括在 WCPFC 通过的养护和管理措施中的任何其他 ROP 观察员义务，如渔获物存留措施、FAD 管理措施或转运措施的规定。这类措施包括对超低温延绳钓船、围网船和/或运输船的观察员要求。

特殊情况

9. 只在北纬 20 度以北海域捕捞冰鲜鱼[①]的渔船，应考虑下述内容：

---

① 在本措施中，"冰鲜鱼"指活体、整条、去头、去尾/鳞/鳍/内脏，但未进一步加工或冷冻的高度洄游鱼类。

（a）北方分委会应于 2008 年年度会议上，考虑执行委员会通过的在北纬 20 度以北海域捕鱼的冰鲜渔船的 ROP；

（b）北方分委会应于 2010 年年度会议上，向委员会提出对北纬 20 度以北海域捕鱼的冰鲜渔船执行 ROP 的建议；

（c）北方分委会的建议应规定在北纬 20 度以北海域的冰鲜渔船执行 ROP 的日期不得晚于 2014 年 12 月 31 日。

10. 下述渔船的实施计划应推迟：

（a）小型渔船，其最小规格应由 IWG-ROP 考虑并于 2008 年向委员会提出建议；

（b）捕捞鲣鱼或长鳍金枪鱼的曳绳钓船和竿钓船（时间安排由 IWG-ROP 审议）。

第 2018-06 号[①]：WCPFC 渔船记录与捕鱼许可

捕鱼许可

1. 委员会每一成员[②]应：

（a）依公约第二十四条，只有在其能够有效履行 1982 年公约、协定和公约规定对有关船舶方面的责任时，方可授权其船舶在公约区域捕鱼；

（b）采取必要措施确保其渔船执行依公约通过的养护和管理措施；

（c）采取必要措施确保仅悬挂委员会成员旗帜的船舶，以及依本措施"WCPFC 非成员运输船和油轮的临时登记"一节[③]的非成员运输船和油轮可在公约区域捕捞高度洄游鱼类；

（d）采取必要措施确保任何悬挂其旗帜的渔船，只有在持有另一国可能要求的执照、许可证或授权书的情况下，方可在该国管辖区域捕鱼；

（e）承诺管理授权捕鱼的数量与该委员会成员在公约区域可获得的捕鱼机会相称的捕捞努力量水平；

（f）确保不发给有非法、不报告和不管制（IUU）捕鱼历史的船舶在公约区域的捕鱼许可，除非该渔船所有权已变更，且新船主提供足够证据显示先前的船主或经营者对该船已无法律、利益或财务关系或不再控制该船，或委员会有关成员在考虑所有相关事实后，确信该船已不再从事 IUU 捕鱼或与 IUU 捕鱼无关；

（g）依公约第二十五条 4 款吊销捕鱼许可；

（h）在审议悬挂其旗帜的渔船授权捕鱼的申请时，考虑渔船和经营者的违规历史；

（i）采取必要措施确保在 WCPFC 渔船记录内悬挂其旗帜的船舶船主是其管辖范围

---

① 本措施通过扩展脚注 50 的范围而修正第 2017-05 号 CMM，第 2017-05 号 CMM 包含脚注 6 来修正第 2013-10 号 CMM。第 2013-10 号 CMM 修正第 2009-01 号 CMM，纳入 WCPFC 第 10 届年会通过的唯一船舶识别号规定，修正内容为纳入第 6 款（s）项、脚注 4 及第 11 款。

② 当用于本措施时，"成员"一词包括合作非成员。

③ 此节（第 2009-01 号 CMM 的修正）是修正第 36 款的参照错误。

内的公民、居民或法人，因此能对其采取任何有效的控制或处罚行动。

2. 委员会每一成员应采取必要措施，确保其渔船在公约区域时，仅与下列渔船相互转运及提供与取得加油服务或其他方面的支持：

（a）悬挂委员会成员旗帜的船舶；

（b）悬挂非委员会成员旗帜的其他船舶，但这类船舶已列入依下述设立的 WCPFC 非成员转运船和油轮的临时登记（临时登记）；

（c）依本措施第 42 款至第 44 款以租赁、租借或其他类似机制经营的船舶。

3. 委员会任何成员均不得允许任何悬挂其旗帜的渔船在国家管辖范围以外的公约区域进行捕鱼，除非该渔船已获该成员有关当局的授权。

4. 每一项此类授权应明列签发该许可的渔船：

（a）授权有效期内的特定区域、物种和时间期限；

（b）允许该渔船从事的活动；

（c）禁止渔船在另一沿海国管辖区内捕捞、留存、转运或卸载渔获物，除非取得依该沿海国要求的任何执照、许可证或授权书；

（d）要求船舶在船上保存依上述第 1 款发放的捕鱼许可证或经认证的副本，沿海国签发的任何执照、许可证或授权书或经认证的副本，以及有效的渔船登记证书；

（e）任何遵守公约规定和依公约通过的养护和管理措施的其他特定条件。

成员渔船的记录

5. 依公约第二十四条 4 款，委员会每一成员应保持授权悬挂其旗帜在该国管辖区外的公约区域捕鱼的渔船记录，并应确保所有这类渔船均列入记录。

6. 委员会每一成员应尽可能以电子文件方式向执行主任提交列入记录的每艘渔船的下列信息：

（a）船名、注册号、WCPFC 识别号（WIN）、先前船名（如知道）和船籍港；

（b）船主姓名和地址；

（c）船长姓名和国籍；

（d）先前的船旗（若有）；

（e）国际无线电呼号；

（f）船舶通信的类型及其号码（Inmarsat A、B、C 号码和卫星电话号码）；

（g）船舶彩色照片；

（h）船舶建造地点与日期；

（i）船舶类型；

（j）正常的船员配置人数；

（k）作业方式；

（l）长度（指明类型和度量）；

（m）型深（指定度量）；

（n）船宽（指定度量）；

（o）总登记吨数（GRT）或总吨数（GT）；

（p）主机或发动机的功率（指定度量）；

（q）装载能力，包括冷冻机型号、冻结能力和数量、鱼舱容量和冻结室容量（指定度量）；

（r）船旗国核发许可的格式和编号，包括有效的特定区域、物种和时间期限；

（s）国际海事组织（IMO）号或劳氏号（LR）^①（如签发）。

7. 2005 年 7 月 1 日后，委员会每一成员应在渔船于公约区域开始捕鱼活动的前 15 天内，或在任何情况下在 72 小时内，通知执行主任：

（a）依第 6 款所列数据在记录增列任何渔船；

（b）有关第 6 款所列渔船记录信息的任何变更；

（c）从其记录中删除的任何渔船，连同依公约第二十四条 6 款所述的删除理由。

8. 委员会每一成员应在执行主任提出要求后 15 天内，提交执行主任要求的在国家渔船记录中有关渔船的信息。

9. 每年 7 月 1 日前，委员会每一成员应向执行主任提交一份清单，列出上一年任何时间出现在渔船记录的所有渔船以及每艘渔船的 WCPFC 识别号（WIN），并说明每艘渔船是否在国家管辖区外的公约区域捕捞高度洄游鱼类种群。前述说明应分别以（a）或（b）表示捕捞或未捕捞。

10. 有租赁、租借或其他类似安排导致数据报告义务转由非船旗国的成员将做出安排，确保船旗国能满足第 9 款的义务。

11. 在评估是否遵守前述第 6 款（s）项规定时，委员会应考虑船主依适当程序仍无法取得 IMO 号或 LR 号的特殊情况。船旗 CCMs 应于年报第二部分报告这类特殊情况。

WCPFC 渔船记录

12. 委员会应依公约第二十四条 7 款，并根据公约和基于本程序提供给委员会的信息，建立和维持授权在委员会成员管辖区以外的公约区域捕鱼的渔船记录，该记录应称为 WCPFC 渔船记录（"记录"）。

13. WCPFC 渔船记录应包括每艘渔船自 2007 年起的每一年是否在国家管辖外公约区域活动的说明，并与委员会成员依第 9 款提供的信息相符。

14. 执行主任应确保 WCPFC 渔船记录和临时登记适当公开，包括使其内容可通过适当网站获取。

15. 执行主任应至少在委员会年会前 30 天向委员会所有成员和参与领地（合称 CCMs）传送 WCPFC 渔船记录及临时登记的年度摘要信息。

16. CCMs 应审议其依第 1 款采取的内部行动和措施，包括制裁和惩处行动，在以信息披露方面符合其国内法的情况下，每年向委员会报告审议结果。委员会在考虑这类审议结果时，应酌情要求 WCPFC 渔船记录或临时登记内的船舶船旗国或成员采取进一步行动，以强化这些船舶对 WCPFC 养护和管理措施的遵守。

---

① 自 2016 年 1 月 1 日生效，船旗 CCMs 应确保授权在公约区域的国家管辖区外作业的 100GT 或 100GRT 以上的所有渔船取得核发给这类渔船的 IMO 号或 LR 号；自 2020 年 1 月 1 日生效，船旗 CCMs 应确保授权在公约区域的国家管辖区外作业的所有小于 100GT（或 100GRT）且全长小于 12 米的机动渔船取得核发给这类渔船的 IMO 号或 LR 号。

17. 委员会每一成员有责任确保其渔船根据本措施的要求列入 WCPFC 渔船记录，任何未列入 WCPFC 渔船记录或临时登记内的船舶，应均被视为未经授权在其船旗国国家管辖区外公约区域捕捞、留存、转运或卸载高度洄游鱼类种群。委员会每一成员应禁止任何悬挂其旗帜但未列入 WCPFC 渔船记录或临时登记的船舶从事前述活动，并应把违反这一禁令视为严重违规。这类渔船应符合考虑列入 IUU 渔船名单的资格①。

18. 委员会每一成员应进一步禁止未列入 WCPFC 渔船记录或临时登记的船舶将在公约区域捕捞的高度洄游鱼类种群在其港口卸载或转运至悬挂其旗帜的船舶上。

19. 委员会每一成员应依公约第二十五条，通知执行主任有合理理由怀疑未列入 WCPFC 渔船记录或临时登记的船舶，正在或曾在公约区域捕捞或转运高度洄游鱼类种群的任何事实信息。

20. 若这类船舶悬挂委员会成员的旗帜，执行主任应通知该成员并要求其采取必要措施，以防止该船在公约区域捕捞高度洄游鱼类种群，并报告对该船采取的行动。

21. 第 17 款至第 19 款不适用于完全在一个成员专属经济区作业且悬挂该成员旗帜的船舶②。

22. 若这类船舶悬挂无合作地位的非成员旗帜，或无法判定其船旗，执行主任应通知所有 CCMs，以便其可采取除第 16 款所述行动外的符合公约的适当行动。

23. 委员会和有关成员应彼此联系，并尽力与 FAO 和其他区域渔业管理组织制定和执行适当的措施，若可行，包括及时建立与 WCPFC 渔船记录类似性质的记录，以避免对其他洋区渔业资源产生不利影响。该不利影响可能包括 IUU 渔船转移到其他区域渔业管理组织管辖海域，从而导致过度的捕捞压力。

24. 如果委员会作出决定，将记录在案的一艘船舶列入 WCPFC IUU 渔船清单，船旗国或负责国家应根据适用的国内法撤销该船在船旗国管辖范围以外捕鱼的许可。执行主任应在收到根据第 7 款（c）的通知后，在可行的情况下尽快将该船从 WCPFC 渔船记录中删除。

WCPFC 非成员运输船和油轮的临时登记

25. 委员会鼓励在公约区域营运且已列入临时登记的运输船和油轮的所有船旗国，在可行情况下，尽快向委员会申请合作非成员（CNM）地位。为此，秘书处将在可行情况下，尽快将本养护和管理措施的副本发送给所有这类船旗国的适当联系人。

26. 委员会应依本养护和管理措施审议所有这类申请，并注意委员会批准申请者 CNM 地位，但限于只能为渔业运输船和油轮提供。

2010～2012 年

27. 委员会特此建立非成员运输船和油轮的临时登记（"登记"）。

28. 依本节条款由委员会列入临时登记的运输船和油轮，应被授权在公约区域进行

---

① WCPFC 第 6 届年会同意对第 2004-01 号 CMM 该款的修正，但未纳入第 2009-01 号 CMM。本修正为更正此项删除。

② 第 17 款到 19 款也不适用于仅在萨摩亚专属经济区捕鱼的悬挂萨摩亚国旗的延绳钓船，这些渔船使用毗邻成员的港口卸载渔获物且毗邻的成员不反对使用其港口。

高度洄游鱼类种群转运、为公约区域捕捞高度洄游鱼类种群的悬挂 CCMs 旗帜的渔船加油或补给。

29. 委员会任何成员可在任何时间向执行主任提交（如可能以电子文件格式）其希望列入临时登记的任何运输船或油轮清单。此清单应包括前述第 6 款所述的信息以及船舶的船旗国。

30. 建议将运输船和油轮列入临时登记，CCMs 应证明其建议的船舶并非：

（a）有 IUU 捕鱼历史的船舶，除非该船舶所有权已变更，且新船主已提供足够证据显示先前船主或经营者对该船已无法律、利益或财务关系或不再控制该船，或有关 CCMs 在考虑所有相关事实后，确信该船不再从事 IUU 捕鱼或与 IUU 捕鱼无关；

（b）目前列入任何区域渔业管理组织通过的 IUU 渔船名单的渔船；

（c）在收到依第 4 款所列信息前的一年内，依第 39 款规定从临时登记除名的渔船。

31. 纳入临时登记的条件是船主或管理者/经营者向委员会提供书面保证，声明船主或管理者/经营者及运输船或油轮的船长将充分遵守所有可适用的委员会决定，包括养护和管理措施。就这些书面保证而言，委员会决定中提及的悬挂成员旗帜的渔船应解释为包括悬挂非成员旗帜的船舶。这些保证应包括一项明确承诺，允许任何依委员会公海登临与检查程序正式授权的检查员，在公海登临和检查该船舶。这类保证也应包括一项协议，同意支付委员会有关决定的费用，如船舶监测系统登记和观察员派遣费。

32. 在委员会审议并确定与上述第 31 款有关的船舶具体费用之前，渔船经营者应承诺支付象征性的费用，以协助委员会的工作。

33. 船主或管理者/经营者应有责任确保任何此类保证符合船旗国的国内法。此外，鼓励船主或管理者/经营者取得船旗国的支持声明，包括陈述其在公海登临与检查的明确立场。

34. 秘书处将在网站公布书面保证必须包括的所有适用的养护和管理措施，以及其他适用的委员会决定的清单。此外，如运输船或油轮的船主或管理者/经营者或船长根据第 29 款提供的信息有任何变更，须在变更后 15 天内通知秘书处。

35. 船舶船主或管理者/经营者或船长没有完全遵守适用的委员会决定，包括养护和管理措施，根据委员会建立 WCPFC IUU 渔船名单的有关养护和管理措施，应构成将该船舶列入委员会 IUU 渔船清单草案的适当依据。

36. 秘书处收到依第 29 款至第 31 款要求的运输船和油轮的完整信息后，应在 7 个工作日内将该船舶列入临时登记；也应在收到有关信息的任何变更后的 7 个工作日内，更新临时登记的信息。临时登记将包括每艘船舶依第 6 款所列的所有信息、依第 31 款提供的书面承诺书副本，以及要求将该船舶纳入临时登记的 CCMs。

37. 秘书处收到依第 29 款至第 31 款要求的运输船和油轮的完整信息后，应尽快通知其船旗国，为船旗国提供机会表达其立场，包括关于公海登临与检查的明确承诺或立场（如果还未依第 31 款这样做的话）。

38. 委员会将定期监测各区域渔业管理组织维持的 IUU 船舶名单。任何时候，如果临时登记上的船舶也列入这类 IUU 渔船名单，秘书处将：

（a）把此发现通知委员会成员和该船船主，并将该船舶移出临时登记，自该通知之日起 30 天内生效；

（b）依（a）项发送通知的 30 天后，将该船舶从临时登记中除名。

39. 委员会应就依第 31 款提交的书面承诺监督临时登记的船舶的表现。如果任何时间，某一委员会成员发现临时登记的船舶船主、管理者/经营者或船长未能完全履行承诺的证据：

（a）该委员会成员应立即向秘书处提交此证据；

（b）秘书处将立即向委员会 CCMs 分发此证据；

（c）委员会应审议此证据并决定是否将该船从临时登记中除名。若委员会在依第 39 款（b）项发送通知后的 14 天至 60 天开会，则应在下届委员会年会做出决定，否则将依委员会议事规则的会间决策规定处理；

（d）若委员会决定将一艘船舶从临时登记中除名，秘书处将在 7 天内通知该船船主并在委员会做出决定 60 天后将该船从临时登记中除名；

（e）执行主任应通知所有 CCMs 和船旗国，依第 39 款（d）项所采取的行动已完成。

40. 临时登记将在 2012 年委员会年会后 60 天失效，除非委员会在该会议上另有决定。TCC 将于 2011 年及 2012 年审议悬挂非 CCMs 旗帜的船队，包括评估禁止非 CCMs 运输船和油轮后对公约区域捕捞高度洄游鱼类的渔业的潜在经济冲击和可能引发的不可预见情况。

2013 年及以后

41. 注意到前述第 25 款和第 26 款，委员会预期在 2013 年委员会年会后，大多数运输船和油轮将悬挂委员会成员的旗帜。

42. 尽管有此预期，但悬挂非成员旗帜且在租赁、租借或其他类似机制下运行的运输船或油轮，作为一个 CCMs 渔业的重要组成部分，应被认为是租赁 CCMs 的船舶，如果该船舶在一个以上 CCMs 的管辖海域作业，则须依"成员渔船的记录"规定纳入相应的租赁 CCMs 的渔船记录。为此，渔船记录应区分悬挂 CCMs 旗帜的渔船和依本款纳入的船舶。

43. 这类租赁、租借或其他安排应规定该租赁的成员在任何时间对该船进行有关的监测、控制和监督，并允许委员会赋予该租赁成员确保前述船舶遵守养护和管理措施的责任。这类租赁、租借或其他安排应包括一项明确的条件，即船舶应完全遵守委员会所有适用的决定，包括养护和管理措施。就本条款而言，委员会决定中提及的悬挂成员旗帜的船舶应解释为包括悬挂非成员旗帜的船舶。这些条件应包括一项明确承诺，允许依委员会的公海登临和检查程序正式授权的任何检查员，在公海对该船进行登临和检查。

44. 经租赁成员和沿海国授权后，这类安排可仅授权非成员运输船和油轮在该成员管辖的港口或海域内营运。租赁成员承认，如果该船舶不遵守养护和管理措施，将受到处罚，可能包括列入 IUU 名单、拒绝为悬挂相同旗帜的其他船舶注册以及制裁租赁的成员。

一般条款

45. 委员会应经常审议本程序并酌情修正。

第 2019-01 号：关于合作非成员的养护和管理措施

重申公约的目标是，根据 1982 年 12 月 10 日《联合国海洋法公约》和 1995 年 8 月 4 日《执行 1982 年 12 月 10 日〈联合国海洋法公约〉有关养护和管理跨界鱼类种群和高度洄游鱼类种群的规定的协定》，通过有效的管理，确保中西部太平洋高度洄游鱼类种群的长期养护与可持续利用；

回顾 1999 年高度洄游鱼类种群养护和管理的多边高级别大会（MHLC）决议，对未来 MHLC 参与方人数进行了限制，并确认 MHLC 参与方有资格成为 WCPFC 的成员；

回顾 2004 年 12 月 9 至 10 日 WCPFC 首届年会通过的第 2004-02 号关于合作非成员的养护和管理措施；

认识到有必要继续鼓励在公约区域有渔船捕捞 WCPFC 物种的非缔约方，实施 WCPFC 通过的养护和管理措施；

回顾公约第三十二条 4 款，规定委员会成员可要求其渔船在公约区域捕捞的本公约非缔约方，在执行委员会通过的养护和管理措施方面充分合作；

考虑到公约区域高度洄游鱼类种群的状况和公约区域现有捕捞努力量水平；

重申委员会应充分承认本公约发展中国家缔约方，特别是小岛屿发展中国家、参与领地和属地，在养护和管理公约区域高度洄游鱼类种群以及发展金枪鱼渔业方面的特殊需求。

为实施公约第三十二条，通过以下养护和管理措施。

1. 有渔业利益或其船只在公约区域捕鱼或打算捕鱼的委员会非成员，可向委员会请求给予合作非成员（CNM）地位。任何该等请求和支持材料应以英文提供，并且执行主任应至少在审议该请求的技术和履约分委会年会召开前 60 天收到该请求和相关材料。执行主任应将该等申请通知委员会所有成员，并将全部申请材料分发给所有成员。

2. 寻求 CNM 地位的非成员应在其申请中包括：

（a）寻求 CNM 地位的理由；

（b）承诺在实施委员会通过的养护和管理措施方面全面合作，确保悬挂其旗帜并在公约区域捕鱼的渔船，以及尽可能确保其国民，遵循公约的规定和委员会通过的养护和管理措施；

（c）明确承诺按照委员会的公海登临和检查程序接受公海登临和检查；

（d）关于其在公约区域历史渔业的完整数据，包括名义渔获量、渔船数量/类型、渔船船名、捕捞努力量和捕捞区域；

（e）根据委员会通过的建议要求必须提交的所有数据和信息，包括其目前在公约区域捕鱼活动的详细情况，如船数与特征，以及其在公约区域进行的研究项目的结果；

（f）委员会确定的任何进一步相关信息；

（g）明确承诺，如果成为缔约方或成员，将依据委员会按公约第十八条 2 款确定的财务分摊机制计算，做出与其应分摊金额相称的财务捐款。本条款不适用于没有资格成为委员会成员的国家或实体。

3. TCC 应评估 CNM 地位的申请，并向委员会提供建议和技术咨询意见，委员会除其他外应考虑：

（a）CNM 的申请是否包括第 2 款规定的所有信息；

（b）考虑该 CNM 地位申请方出席审议其申请的 TCC 会议，但须能以观察员身份出席会议；

（c）若为申请续期，申请方遵守公约各项规定和委员会通过的养护和管理措施及公约区域沿海国的渔业法规的记录；

（d）申请方对根据公约第二十五条提请其注意的任何悬挂其旗帜的渔船的 IUU 活动的回应记录；

（e）在适当情况下，申请方遵守其他区域渔业管理组织的养护和管理措施的记录；

（f）如申请续期 CNM 地位，申请方是否符合第 11 款关于 CNM 的所有规定。

4. 执行主任应在切实可行的情况下，将 TCC 相关建议和意见的副本尽快转给非成员申请方。

5. 非成员申请方应有机会考虑 TCC 的建议和意见，并在委员会决定其申请前，如有必要，提交补充信息。

6. 委员会在决定是否给予非成员 CNM 地位时，应考虑第 3 款所述的标准，包括出席审议其 CNM 地位申请的委员会会议，但申请方必须能以观察员的身份出席。

7. 委员会也应审议其他区域渔业管理组织提供的有关寻求 CNM 地位的非成员资料，以及这些非成员提交给委员会的资料。在给予这些非成员 CNM 地位时应谨慎，避免将其他区域过剩的捕捞能力或 IUU 捕捞活动引入公约区域。

8. 委员会应按年给予 CNM 地位。委员会可根据该 CNM 遵守本公约的审议情况，更新其 CNM 地位。

9. 寻求更新地位的 CNM，须遵守委员会为确保遵守委员会通过的养护和管理措施而通过的其他规定。

10. CNM 有资格以观察员的身份参加委员会及其附属机构的会议。

11. CNM 应：

（a）遵守委员会通过的所有养护和管理措施；

（b）按照委员会通过的格式和标准，及时提供委员会成员必须向委员会提交的所有数据；

（c）每年向委员会通报为确保其渔船遵守委员会的养护和管理措施所采取的措施；

（d）及时回应悬挂其旗帜渔船涉嫌违反委员会通过的养护和管理措施及涉嫌从事任何 IUU 活动，按照委员会成员的要求或委员会有关附属机构的决定，将根据公约第二十五条规定对该等船只采取的行动通报提出要求的成员和委员会；

（e）接受根据委员会公海登临和检查程序的登临。

12. 在不损害沿海国在其国家管辖区内的勘探、开发、养护和管理高度洄游鱼类种群的主权权利的情况下，在授予 CNM 地位后，委员会应在必要时，决定委员会通过的养护和管理措施应如何限制 CNM 的参与权利。为实施本款规定，除其他外，委员会应考虑：

（a）高度洄游鱼类种群的资源状况和渔业现有捕捞努力量水平；

（b）公约区域发展中国家缔约方，特别是小岛屿发展中国家、参与领地和属地，在养护和管理公约区域高度洄游鱼类种群，以及发展这些鱼类种群渔业方面的特殊需求；

（c）新成员和现有成员或参与方各自的利益、捕鱼模式和捕鱼做法；

（d）新成员和现有成员或参与方各自在养护和管理种群、收集和提供准确数据及进行有关种群的科学研究方面作出的贡献；

（e）主要依赖捕捞这些种群的沿海捕鱼社区的需要；

（f）经济极为依赖开发海洋生物资源的沿海国的需要；

（g）种群也在其国家管辖区内出现的区域或分区域发展中国家的利益。

13. 委员会根据本措施和委员会通过的其他养护和管理措施，不时审议依第 12 款决定的对 CNM 的限制。

14. 委员会应监督 CNM 的国民和渔船的活动，包括其遵守公约条款以及委员会通过的养护和管理措施的记录。

15. CNM 如不遵守委员会通过的任何养护和管理措施，应被认为损害了委员会通过的养护和管理措施的效力。委员会应依公约和委员会通过的养护和管理措施采取适当行动，包括撤销其 CNM 地位和/或对其的制裁和处罚。

16. 委员会成员应单独或联合要求有船在公约区域捕鱼的本公约非缔约方，在执行委员会通过的养护和管理措施方面充分合作，并敦促其申请 CNM 地位。

第 2019-03 号：北太平洋长鳍金枪鱼养护和管理措施

WCPFC 观察到北太平洋金枪鱼和类金枪鱼国际科学委员会（ISC）提出的最佳科学证据显示，根据委员会通过的限制参考点（$20\%SSB_{current\ F=0}$），北太平洋长鳍金枪鱼可能没有出现资源型过度捕捞，也可能没有发生强度型过度捕捞；

进一步回顾公约第二十二条 4 款，其中规定就出现在两个组织公约区域的鱼类种群与美洲间热带金枪鱼委员会（IATTC）进行合作；

认识到 IATTC 在其第 73 届会议通过了关于北太平洋长鳍金枪鱼的养护和管理措施，以及在其第 85 届会议通过了补充措施，并在第 93 届会议上对补充措施作了修订；

依据公约第十条，通过以下养护和管理措施。

1. 公约区域赤道以北水域的北太平洋长鳍金枪鱼总捕捞努力量不得超出目前水平。

2. 各成员、合作非成员和参与领地（合称 CCMs）应采取必要措施，确保其在公约区域捕捞北太平洋长鳍金枪鱼渔船的捕捞努力量不超过 2002～2004 年的平均水平。

3. 所有 CCMs 应每年向委员会报告赤道以北的所有长鳍金枪鱼渔获量和主捕长鳍金枪鱼的捕捞努力量。渔获量和捕捞努力量均应按渔具类型报告，渔获量也要按重量报告。应使用附件 1 提供的模板,捕捞努力量应根据某一特定渔具类型最相关的措施报告,至少包括所有渔具类型的捕捞船天数。

4. 北方分委会应与 ISC 和其他研究该种群的科学机构进行协调,包括科学分委会,监测北太平洋长鳍金枪鱼的资源状况,在每届年会上向委员会报告,并向委员会提出有效养护它们的建议。

5. 委员会应根据北方分委会的建议,审议今后关于北太平洋长鳍金枪鱼的行动。

6. CCMs 应努力维持并在必要时降低公约区域北太平洋长鳍金枪鱼的捕捞努力量水平,使其与该种群长期可持续性相称。

7. WCPFC 执行主任应将本决议通知 IATTC,并请这两个委员会进行协商,以期就一套一致的北太平洋长鳍金枪鱼养护和管理措施达成协议。特别是建议两个委员会在切实可行的情况下尽快采取统一的养护和管理措施,以及确保遵守商定措施需要的任何报告或其他措施。

8. 第 2 款不应损害公约区域目前对北太平洋长鳍金枪鱼的捕捞活动有限,但对该物种的捕捞有真正的兴趣和历史,并希望在未来发展自己的长鳍金枪鱼渔业的小岛屿发展中国家成员和参与领地根据国际法的正当权利与义务。

9. 第 8 款规定不应成为小岛屿发展中国家成员或参与领地之外的利益方拥有或经营的渔船增加捕捞努力量的依据,除非这种捕捞是为了支持这些小岛屿发展中国家成员或参与领地发展其渔业。

10. 本养护和管理措施将取代第 2005-03 号 CMM。

附件 1

2002~2004 年在北太平洋主捕长鳍金枪鱼渔业的年均捕捞努力量和后续几年的年捕捞努力量

成员方	海域①	渔业	2002~2004 年平均		××年		××年	
			渔船数	船天数	渔船数	船天数	渔船数	船天数

第 2019-04 号:关于鲨鱼的养护和管理措施

WCPFC 根据《中西部太平洋高度洄游鱼类种群养护和管理公约》:
承认鲨鱼在中西部太平洋(WCPO)的经济和文化的重要性,鲨鱼在海洋生态系统

---

① 如果努力量限制为整个北太平洋,分别报告公约区域和北太平洋的努力量。

中作为关键捕食物种生物的重要性，某些鲨鱼在捕捞压力下的脆弱性，以及需要采取措施促进鲨鱼种群和渔业的长期养护、管理和可持续利用；

认识到需要收集有关渔获量、捕捞努力量、丢弃量和贸易的数据，以及许多物种生物学参数的信息，以便能够有效地养护和管理鲨鱼；

还认识到某些种类的鲨鱼和鳐鱼，如姥鲨和大白鲨，已列入《濒危野生动植物种国际贸易公约》附录 II。

依据公约第五条、第六条和第十条，通过以下养护和管理措施。

定义

1. 在本养护和管理措施（CMM）中：

（a）"鲨鱼"是指所有种类的鲨、鳐、魟和银鲛类（软骨鱼纲）；

（b）"充分利用"是指渔船抵达首个卸货点或转运点时保留鲨鱼除头、内脏、脊椎骨和皮以外的所有部分；

（c）"割鳍"是指切除并保留全部或部分鲨鱼的鳍，将其躯体丢弃到海里。

目的和范围

2. 本 CMM 的目标是，通过应用预防性做法和基于生态系统的渔业管理，确保鲨鱼的长期养护和可持续利用。

3. 本 CMM 应适用于：

（a）1982 年公约附件 1 所列的鲨鱼；

（b）与公约管理有关渔业捕捞的任何其他鲨鱼。

4. 本 CMM 适用于公海和公约区域的专属经济区。

5. 本 CMM 任何规定不损及沿海国家的主权和主权权利，包括传统的捕鱼活动和传统渔民的权利，在其国家管辖范围内为勘探、开发、养护和管理鲨鱼而应用其他替代措施，包括为鲨鱼的养护和管理而采取的任何国家行动计划。当委员会成员、合作非成员和参与领地（合称 CCMs）采用替代措施时，应在其每年向委员会提交的年度报告的第二部分提供措施说明。

FAO 鲨鱼养护和管理国际行动计划

6. CCMs 应酌情执行 FAO 鲨鱼养护和管理国际行动计划（IPOA）。为执行该 IPOA，各 CCMs 应根据情况，在年度报告第二部分包括国家鲨鱼行动计划。

鲨鱼充分利用和禁止割鳍

7. CCMs 应采取必要措施，要求充分利用其船上留存的所有鲨鱼。CCMs 应确保禁止割鳍的做法。

8. 为履行第 7 款的义务，2020 年、2021 年和 2022 年 CCMs 应要求其渔船上岸的鲨鱼皆为鱼鳍自然附着在躯体上。

9. 尽管有第 8 款规定，但 2020 年、2021 年和 2022 年 CCMs 可采取以下替代措施确保在任何时候都能容易地在船上识别个别鲨鱼躯体及其相应的鱼鳍：

（a）每一尾鲨鱼的躯体及其相应的鱼鳍用同一袋子存放，最好用可生物降解的袋子；

（b）每一尾鲨鱼的躯体及其相应的鱼鳍用绳子或钢丝线绑缚；

（c）在每一尾鲨鱼的躯体及其相应的鱼鳍上都贴上相同且带有唯一编号的标签，以便检查人员随时容易识别躯体和鱼鳍的配对情况。躯体和鱼鳍应储存在船上同一货舱内。尽管有这一规定，但如果渔船保存有显示标记的鱼鳍及其相应的躯体存放位置的记录或渔捞日志，以便检查人员容易识别，则 CCMs 可允许其渔船将躯体及其相应的鱼鳍储存在不同的货舱。

10. 如果 CCMs 希望允许其在公海作业的渔船使用第 9 款（a）项至（c）项三种替代办法以外的任何措施，应向 TCC 提出申请。如果得到 TCC 批准，应提交后续年会批准。

11. 所有 CCMs 应在其国家年度报告第二部分包括第 8 款或第 9 款措施的执行情况，以供 TCC 审议。CCMs 的报告应详细说明第 8 款或第 9 款（如适用的话）的执行情况，包括如何监测遵守情况。鼓励各 CCMs 向 TCC 报告在执行替代措施时遇到的任何执法困难，以及如何应对海上监测和物种替代等风险。2023 年的 TCC 会议应审议到这些报告，就第 9 款所列措施作为第 7 款规定义务的替代措施的有效性向委员会提出建议，并建议措施供委员会 2023 年年会上审议和可能通过。

12. CCMs 应采取必要措施，防止其渔船留存（包括供船员食用）、转运和上岸违反本措施捕获的任何鲨鱼鳍。

13. CCMs 应采取必要措施，确保以鲨鱼的躯体及其相应的鱼鳍在一起的方式上岸或转运，使检查员在上岸或转运时能够验证单尾躯体及其鱼鳍之间的对应关系。

最小化兼捕量和安全释放做法

14. 对于主捕金枪鱼和旗鱼的延绳钓渔业，CCMs 应确保其渔船至少符合以下一项选择：

（a）支线或引线不得使用或携带钢丝线；

（b）延绳钓浮子下不得直接下挂支线或称为鲨鱼线的下降线。鲨鱼线示意图见附件 1。

15. 实施上述第 14 款规定的措施时应以单船或以 CCMs 为基础。每个 CCMs 应于 2021 年 3 月 31 日前向委员会通报第 14 款的执行情况。此后任何时间改变选项时也应通知委员会。

16. 对于主捕鲨鱼的延绳钓渔业，CCMs 应在其年度报告第二部分制定并报告其管理计划。

17. 委员会应通过和强化减少兼捕的措施，并在必要时制定新的或修订现有鲨鱼安全释放指南[①]，以最大限度地提高捕获但不留存的鲨鱼的存活率。当兼捕的鲨鱼不需要时，应在考虑船员安全的情况下，以造成最小伤害的技术活体释放它们。同时，CCMs 应鼓励其渔船使用委员会通过的任何有关鲨鱼安全释放和操作的指南。

18. CCMs 应确保先将捕获但不予留存的鲨鱼拉到渔船旁边再剪线释放，以便于物

---

① 委员会在 WCPFC15 会议上通过了鲨鱼安全释放最佳处理指南（不包括鲸鲨和前口蝠鲼/蝠鲼）。

种鉴定。此要求仅适用于现场有观察员或适用的电子监控摄像机，且仅在考虑船员和观察员安全的情况下执行。

19. 制定新的 WCPFC 指南或对现有鲨鱼安全释放指南进行修订，应考虑船员的健康和安全。

具体物种的要求

20. 镰状真鲨和长鳍真鲨

（a）成员、合作非成员和参与领地（合称 CCMs）在公约管理的渔业中应禁止悬挂其旗帜的渔船和根据租赁安排的渔船，在船上留存、转运、存储或卸载任何长鳍真鲨或镰状真鲨的整条或部分鱼体。

（b）CCMs 应要求所有悬挂其旗帜及在租赁安排下的渔船将任何误捕的长鳍真鲨或镰状真鲨拉到船边后，尽快以伤害最小的方式，根据安全释放鲨鱼指南予以释放。

（c）遵守国家法律法规，尽管有第（a）项和第（b）项，如果镰状真鲨和长鳍真鲨被围网船误捕和冷冻，渔船必须将镰状真鲨和长鳍真鲨交给政府当局，或者在卸货地或转运时丢弃。以该种方式提交的镰状真鲨和长鳍真鲨，不能销售或进行物物交换，但可以捐赠供当地消费。

（d）观察员应被允许在中西部太平洋海域从收绳（网）时收集已死亡的长鳍真鲨和镰状真鲨生物样本，只要这些样本是 CCMs 或科学分委会研究项目的一部分。如果取样是作为 CCMs 项目进行的，则该 CCMs 应在其年度报告第二部分报告。

21. 鲸鲨

（a）CCMs 应禁止悬挂其旗帜的船舶和租赁安排的围网船针对鲸鲨随附金枪鱼鱼群放网，如在开始放网前已目击到鲸鲨。

（b）CCMs 应禁止悬挂其旗帜的船舶和租赁安排的船舶在船上留存、转运或卸下任何在公约区域捕获的公约管辖渔业的鲸鲨的任何部分或整条鲸鲨。

（c）对于在瑙鲁协定缔约方（PNA）专属经济区内的捕鱼活动，第（a）项规定的禁令应根据 2010 年 9 月 11 日修订的瑙鲁协定第三次安排执行。

（d）尽管有上述第（a）项的规定，对于在北纬 30 度以北 CCMs 专属经济区的捕鱼活动，CCMs 应执行本措施或与本措施下义务相一致的兼容措施。当 CCMs 采用兼容措施时，CCMs 应每年在其年度报告第二部分中向委员会提供该措施说明。

（e）当鲸鲨意外被围困在网内时，CCMs 应要求围网船船长：

　　（i）确保采取一切合理步骤确保将鲸鲨安全释放

　　（ii）向船旗国有关主管部门报告此事件，包括被困鲸鲨的数量、如何被围困及其原因、发生地点、确保安全释放采取的步骤，以及对释放时鲸鲨生命状况的评估等详细情况

（f）在根据上述第（e）项（i）分项的要求采取步骤确保安全释放鲸鲨的过程中，CCMs 应鼓励船长遵照 WCPFC 关于安全释放被围困鲸鲨的指南（WCPFC 关键文件 SC-10）①。

---

① 最初于 2015 年 12 月 8 日通过。本指南的标题是经委员会 WCPFC13 决定采用 SC12 会议摘要报告第 742 款修订的：SC12 同意将标题"安全释放被围困的动物，包括鲸鲨的指南"变更为"安全释放被围困鲸鲨的指南"。

（g）在适用第（a）项、第（e）项（i）分项和第（f）项规定的步骤时，船员的安全仍应是最重要的。

（h）秘书处应在观察员报告的基础上报告本段的执行情况，作为区域观察员计划年度报告的一部分。

报告要求

22. 各 CCMs 应根据委员会科学数据提交规定（WCPFC 关键文件 Data-01）[①]，提交有关 WCPFC 关键鲨鱼物种的数据。

23. CCMs 应根据附件 2 就该措施的实施向委员会（在其年度报告第二部分）提出建议。

研究

24. CCMs 应酌情支持研究和发展避免意外捕获鲨鱼的策略（如化学、磁性和其他鲨鱼阻碍剂）、安全释放指南、鲨鱼生物学和生态学、索饵场识别、渔具选择性、评估方法和 WCPFC 鲨鱼研究计划下列出的其他优先事项。

25. 科学分委会应定期就主要鲨鱼种类的种群状况提供建议，以供评估并维持一份评估这些种群状况的 WCPFC 鲨鱼研究计划。如果可能，应与 IATTC 一起进行这项工作。

能力建设

26. 委员会应当考虑向发展中国家成员和参与领地提供适当援助，以执行本 IPOA 和收集有关留存和丢弃的鲨鱼渔获物的数据。

27. 委员会应考虑为执行本措施对发展中国家成员和参与领地提供适当援助，包括为其船队提供物种辨识指南和安全释放鲨鱼的指南和培训，并包括根据公约第七条涵盖国家管辖区域。

审议

28. 根据 SC 和或 TCC 的建议，委员会应在 2023 年审议本措施的实施和效力，包括具体物种的措施，除其他外，考虑 SC 或 TCC 的任何建议，并酌情进行修订。

29. 本措施应于 2020 年 11 月 1 日[②]生效，届时将取代第 2010-07 号 CMM、第 2011-04 号 CMM、第 2012-04 号 CMM、第 2013-08 号 CMM 和第 2014-05 号 CMM。

---

① 数据提交规定中的 WCPFC 关键鲨鱼物种是根据指定 WCPFC 数据提交和评估关键鲨鱼物种的程序（WCPFC 关键文件 SC-08）指定的，并在向委员会提交的科学数据（WCPFC 关键文件 Data-01）中列出。
② 本 CMM 在 2021 年 11 月 1 日前不适用于印度尼西亚。在此之前，所有与鲨鱼和鳐类有关的现行 CMM 都应适用于印度尼西亚。

附件 1　鲨鱼线示意图

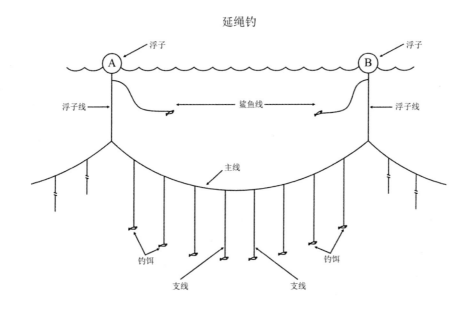

附件 2　报告实施本措施的模板

每个 CCMs 应在其年度报告的第二部分包括以下信息。

1. 如适用，第 5 款替代措施说明。

2. 如适用，鲨鱼养护和管理国家行动计划（NPOA）需求和/或国家行动计划现状的评估结果。

3. 如适用，关于执行鲨鱼养护和管理国家行动计划第 6 款的国家行动计划详细说明，包括：

（a）国家行动计划目标的细节；

（b）国家行动计划所涵盖的物种、船队及其渔获量；

（c）尽量减少鲨鱼渔获物的浪费和丢弃，并鼓励活体释放误捕鲨鱼的措施；

（d）执行国家行动计划的工作计划和审议程序。

4. 有关第 9 款：

（a）悬挂其旗帜的渔船是否保留鲨鱼或鲨鱼的部分，如果有，他们是如何处理和储存的；

（b）如果 CCMs 留存鲨鱼，并选择采用鱼鳍自然连附躯体上的要求，则

　　（i）提供与这一要求相关的监测和执行系统

（c）如果 CCMs 留存鲨鱼，并选择不采用鱼鳍自然连附躯体的要求，则

　　（i）提供与这一要求相关的监测和执行系统

　　（ii）详细说明该船队为什么要采取这种处理鲨鱼鳍的做法

5. 第 16 款的管理计划包括：

（a）特定的捕鱼授权，如许可证和总允许可捕量或其他措施，限制鲨鱼的捕捞量至可接受的水平；

（b）采取措施避免或减少捕捞和最大限度地以活体释放委员会禁止留存的鲨鱼物种。

6. 根据第 20 款（4）项，关于长鳍真鲨和镰状真鲨取样计划的报告。

7. 通过观察员计划和其他方式收集的数据，估计在公约区域兼捕的长鳍真鲨和镰状真鲨的释放数量，包括释放时的状态（死亡或活着）。

8. 第 21 款（4）项所述的兼容措施的描述。

9. 记录任何鲸鲨被船旗国围网包围的事例，包括根据第 21 款（5）项（b）分项要求的详情。

第 2019-05 号：关于 WCPFC 公约区域有关渔业捕获的蝠鲼科鱼类的养护和管理措施

WCPFC 根据《中西部太平洋高度洄游鱼类种群养护和管理公约》：

考虑联合国粮食及农业组织（FAO）鲨鱼养护和管理国际行动计划呼吁各国通过区域渔业管理组织合作，以确保鲨鱼种群的可持续性；

认识到中西部太平洋（WCPO）鲨鱼和鳐类的生态和文化意义；

注意到前口蝠鲼和蝠鲼被列在《保护野生动物迁徙物种公约》附录 I 和附录 II 中，该公约的缔约方对保护这类物种负有一系列义务；

进一步注意到前口蝠鲼和蝠鲼也被列在《濒危野生动植物种国际贸易公约》附录 I 和附录 II 中，这些物种的贸易应在特定条件下受严密管控，特定条件包括，除其他外，贸易将不会损害这些野生物种的生存；

确认委员会第 13 届年会将六种前口蝠鲼和蝠鲼物种指定为需要资源评估的关键鲨鱼物种，并呼吁制定前口蝠鲼和蝠鲼的安全释放指南；

进一步确认委员会第 14 届年会通过了关于围网渔业和延绳钓渔业误捕的前口蝠鲼和蝠鲼安全释放最佳做法的非强制性指南；

注意到第 12 届科学分委会承认 WCPFC 渔业对蝠鲼科的影响、生态担忧和数据可得性；

注意到第 13 届科学分委会确认，作为特别关切物种，对前口蝠鲼和蝠鲼将根据区域观察员计划数据字段最低标准，收集所有必要的数据；

关切蝠鲼科物种，包括前口蝠鲼和蝠鲼，由于生长缓慢、性成熟晚、妊娠期长、出生数量少等，被认为容易受到过度捕捞的伤害；

还关切从沿海到公海的各种不同渔业对这些物种可能产生的影响。

依据公约第十条，通过以下养护和管理措施。

1. 本养护和管理措施适用于公约区域所有成员、合作非成员和参与领地（合称CCMs）授权在公约区域专属经济区和公海作业的渔船。

2. 在本 CMM 中，蝠鲼类是指蝠鲼科的物种，包括前口蝠鲼和蝠鲼。

3. 各 CCMs 应禁止其渔船在公约区域以蝠鲼类为目标鱼种或故意对蝠鲼类放网。

4. 各 CCMs 应禁止其渔船留存、转运、卸载任何在公约区域捕获的蝠鲼类的完整鱼体或部分鱼体。

5. 各 CCMs 应要求其渔船在切实可行的情况下，尽快释放活着的、未被伤害的蝠鲼类，并以对捕获个体伤害最小的方式进行。CCMs 应当鼓励其渔船在考虑船员安全的同时，执行附件 1 中详细介绍的操作方法。

6. 尽管有第 4 款规定，但如果围网船作业无意兼捕到蝠鲼并作为渔获物的一部分卸载，该船必须在卸载点或转运点将完整的蝠鲼交给当地政府主管部门或其他主管部门，或在可能的情况下丢弃。以这种方式交出的蝠鲼不能用于买卖或以物易物，但可以以捐赠名义供当地消费。

7. 各 CCMs 应就本措施的实施在年度报告第二部分向委员会提出建议。

8. 各 CCMs 应确保渔民了解适当的减缓、识别、处理和释放技术，并鼓励渔民在船上保存所有安全释放蝠鲼类的必要设备。为此，鼓励 CCMs 使用附件 1 所列的处理方法。

9. 鼓励 CCMs 研究蝠鲼类在船上和释放后的死亡率，包括但不限于应用卫星标记计划，研究本措施的有效性以及更有效的活体释放方法。

10. 应允许观察员收集在公约区域兼捕并在拉回时死亡的蝠鲼类的生物样本。

11. 本措施将于 2021 年 1 月 1 日生效。

附件 1　安全释放蝠鲼类的最佳操作方法

1. 围网
（a）可以做：
　　（i）尽可能在鲼类仍在自由游动时释放（如向后向下过程、上纲浸在水中、割网）
　　（ii）个体较大（60 千克以上）的鲼类，无法用手安全提起，最好用抄网将其从网中捞出，并使用专门制作的大网目网兜或帆布吊带或按照文件 SC08-EB-IP-12 建议推荐的类似装置释放，最好每次放网前准备好释放用网和装置
　　（iii）小型（小于 30 千克）和中型（30～60 千克）鲼类，在确保船员安全的情况下，最好由 2 人或 3 人处理，通过抓住其两侧翼搬移，或最好使用专用的摇篮或担架予以释放
　　（iv）当被渔网缠住时，在确保船员安全的情况下，小心地把渔网从鲼类身上割开，并尽快将其放回大海
（b）不可以做：
　　（i）不要将鲼类留在甲板上，直到网具收绞结束后再放回海里

(ii) 不要在鳐类身体上穿孔（如用缆绳或网线穿孔后提起鳐类）

(iii) 不要用鱼钩钩其"头部脑叶"或尾部，或用手插入其鳃缝或呼吸孔来钩、拖、运、提或拉

2. 延绳钓

（a）可以做：

(i) 对于小型鳐类，轻轻地把它拉到船上，通过退出钓钩的办法尽可能把钓钩都拔掉，如果钓钩嵌入鳐类身上，可以用断线钳剪断鱼钩，或者剪断钓钩处的线，然后轻轻地把它放回大海

(ii) 对于中型到大型（30千克以上）鳐类，将其留在水中，使用脱钩器取下钓钩，或用长柄切线器在尽可能靠近钓钩的地方剪断钓线（理想情况下，让钩线与动物连接在一起的长度小于0.5米）

（b）不可以做：

(i) 不要击打或猛击鳐类的体表来将钓线从鱼体上移走

(ii) 不要试图通过拉支线或使用脱钩器来取出嵌入鱼体很深的钩子或被吞入的钩子

(iii) 不要试图将中型到大型（30千克以上）鳐类吊到船上

(iv) 不要割尾

(v) 不要用鱼钩钩其"头部脑叶"或尾部，或用手插入其鳃缝或呼吸孔来钩、拖、运、提或拉

3. 附加建议

由于任何捕鱼作业都可能捕到鳐类，因此可预先准备一些工具。例如，用于搬运或起吊的帆布或网兜或担架，围网渔业用于覆盖舱口/漏斗的大网目网片或网格，延绳钓渔业的长柄切割器和脱钩器等。

第 2019-06 号①：履约监测计划的养护和管理措施

WCPFC 根据《中西部太平洋高度洄游鱼类种群养护和管理公约》：

回顾委员会为实现公约的目标已通过了广泛的养护和管理措施；

注意到根据公约第二十五条，委员会成员已承诺执行本公约的规定以及委员会通过的任何养护和管理措施；

也注意到根据国际法，委员会成员、合作非成员和参与领地有责任对悬挂其旗帜的船舶和对其国民行使有效的管辖权和管制权；

承认公约第二十四条规定委员会成员应采取必要的措施，确保悬挂其旗帜的渔船遵守公约的规定和委员会根据公约通过的养护和管理措施，以及租赁国对作为该国作业船

---

① 该养护和管理措施已部分被"第 2021-03 号：履约监测计划的养护和管理措施"替代，部分仍使用。

队组成部分的租赁船舶所承担的义务；

注意到应当以负责任、公开、透明和非歧视的方式，使委员会了解可能与委员会工作有关的任何和所有可得信息，以便识别成员、合作非成员和参与领地不遵守养护和管理措施的情况并追究其责任。

承诺公约第三十条，要求委员会充分承认发展中国家缔约方，特别是小岛屿发展中国家（SIDS）和参与领地的特殊需求，其中可能包括提供财务、技术和能力发展援助；

承诺实施第 2013-07 号 CMM，充分认识到公约区域 SIDS 和参与领地的特殊需求，特别是对履行其义务等可能需要的援助，从而在实施中发挥作用；

进一步承认履行第 2013-06 号 CMM，通过应用确定一提案对公约区域 SIDS 和参与领地的影响性质和程度的标准，以确保他们能够履行其义务，并确保任何措施不会直接或间接地导致养护行动的负担不成比例地转嫁到 SIDS 和参与领地；

回顾公约第十四条第 1 款（b）项，技术和履约分委会（TCC）应监督和审议 CCMs 遵守委员会通过的养护和管理措施，以及向委员会提出必要建议的具体职能；

认识到成员、合作非成员和参与领地有责任充分和有效地履行公约的规定和委员会通过的养护和管理措施，以及有必要改进这种履行并确保遵守这些承诺。

回顾金枪鱼区域渔业管理组织（RFMO）第 2 次联席会议的建议，即所有 RFMO 应引入稳健的履约审议机制，每年深入审议每一成员的履约纪录；

认知到委员会制定的考虑按单个船舶履约的监测、控制和监督（MCS）及执法架构，除其他外，如建立推定在中西部太平洋从事非法、不报告和不管制（IUU）捕捞活动船舶清单的养护和管理措施第 2010-06 号 CMM、在线履约案件文件系统、公约第二十五条。

依据公约第十条，通过下列养护和管理措施，建立 WCPFC 履约监测计划。

第一节　目　　的

1. WCPFC 履约监测计划（CMS）的目的是确保委员会成员、合作非成员和参与领地（合称 CCMs）履行和遵守根据公约和委员会通过的养护和管理措施（CMM）所规定的义务。CMS 的目的也是评估船旗 CCMs 就其涉嫌违规船舶采取的有关行动，而不是评估个别船舶的遵守情况。

2. 本 CMS 的设计目的是：

（a）评估 CCMs 对其 WCPFC 义务的履约；

（b）确定可能需要技术协助或能力建设的领域，以协助 CCMs 实现履约；

（c）确定为有效实施，可能需要改进或修订养护和管理措施的有关内容；

（d）通过补救和/或预防性措施来应对 CCMs 的不履约问题，包括考虑 CCMs 不履约的原因和程度、严重性、后果与频率而采取的可能是必要和适当的一系列可能的响应，以促进遵守 CMM 和委员会其他义务[①]；

---

① 按照第 46 款（iv）项规定的确定纠正行动认定程序。

（e）监测和解决 CCMs 不遵守其 WCPFC 义务的未决案件。

第二节 原　　则

3. 为实施本措施，CMS 及其相关程序应根据下列原则进行：

（a）有效性：有效服务于本 CMS 评估 CCMs 遵守的目标，并协助 TCC 履行公约第十四条第 1 款（b）项的规定；

（b）效率：避免 CCMs、委员会或秘书处不必要的行政负担或费用，并协助 TCC 确定和建议取消重复的报告义务；

（c）公平：促进公平，包括确保明确规定义务和绩效预期；确保评估始终如一进行，且基于现有信息的事实进行；确保 CCMs 有机会参与这一过程；

（d）履约合作：在可能的情况下，促进支持、合作和非对抗的方式，包括考虑能力援助需求或其他质量改进和纠正行动，以确保长期遵守的目标。

第三节　范围及适用

4. 委员会应在 TCC 的协助下，评估 CCMs 对公约和委员会通过的养护与管理措施履约义务，并根据本节所述的方法确定 CCMs 未履约的实例。

5. CMS 不得损害任何 CCMs 执行其内部法律法规或根据其内部法律法规采取符合该 CCMs 国际义务的更严格措施的权利、管辖权和职责。

6. 每年，一旦制定并商定，委员会应采用基于风险的做法更新在下一年度评估的义务。在制定这种基于风险的做法之前，委员会在考虑将在下一年度评估的义务时，应考虑下列因素：

（a）委员会包括其附属机构的需求和优先事项；

（b）高比例的不履约或 CCMs 持续多年不履行具体义务的证据；

（c）有待开发的基于风险评估方法确定的其他领域；

（d）CCMs 未遵守 CMM（或源自 CMM 产生的共同义务）时，对公约或依公约通过的特定措施的目标所构成的潜在风险。

7. 委员会应按照第 6 款确定的优先义务对 CCMs 在上一年度的履约评估，评估应根据以下标准做出决定：

（a）对于 CCMs 层级的数量限制，或集体的 CCMs 数量限制，如捕捞能力、捕捞努力量或渔获量的限制，有可验证的数据表明未超过该限制；

（b）对于其他义务：

  （i）执行适用的一项义务时，要求 CCMs 应提供信息，表明其已按照政策和程序通过具有约束力的措施来执行该义务

  （ii）在监控和确保遵守方面，要求 CCMs 应提供信息，表明其具有监控系统或程序以监控船舶与人员是否遵守该约束力的措施，具有响应未遵守事件的系统或程序，且已对潜在违规采取行动

8. 根据 CMS 准备、发送和讨论履约信息，应遵循与保护、散布和存取委员会汇编的公开和非公开领域数据及信息的所有相关规则和程序。就此而言，履约监测报告草案和暂定报告不应属于公开领域数据，最终履约监测报告则应为公开领域数据。

第四节　WCPFC 在线履约案件文件系统

9. 秘书处应维护 WCPFC 在线履约案件文件系统，作为安全、可供查询的系统来存储、管理和提供信息，以协助 CCMs 追踪悬挂其旗帜船舶的涉嫌违规行为。

10. 船旗 CCMs 应针对在线系统内的每一案件，提供以下信息：

（a）是否已开始调查（是/否）；

（b）若是，目前的调查状况如何（正在进行，完成）；

（c）若被指控的违规行为来自观察员报告，是否已获取该观察员报告（是/否）；

（d）若为否，已采取哪些步骤获取该观察员报告；

（e）调查结果如何（结案-无违规；违规-无惩处；违规-已惩处）；

（f）若无违规，请提供简要说明；

（g）若违规但无惩处，请提供简要说明；

（h）若违规已惩处，请问如何惩处（如处罚/罚款、许可证制裁、口头或书面警告等）以及惩处程度为何（如罚款金额、制裁期间等）。

11. 船旗 CCMs 应在在线系统内提供调查进展的更新信息，直到调查完成为止。

12. 与案件有关的 CCMs 应允许查看悬挂其旗帜船舶的案件。相关的 CCMs 应包括提交通知给船旗 CCMs 的 CCMs，以及在适当情况下，沿海 CCMs、观察员计划提供方以及租船 CCMs。

13. 当案件进入在线系统时，秘书处应通知相关 CCMs。

第五节　发展中国家的特殊需求

14. 尽管有第 4 款的规定，但如果 SIDS 或参与领地或印度尼西亚或菲律宾因能力缺乏而不能履行正在评估的特定义务[①]，CCMs 应向秘书处提交能力发展计划及履约监测报告草案（dCMR），其中：

（a）明确指出和解释妨碍该 CCMs 履行义务的原因；

（b）指出该 CCMs 为履行义务所需的能力援助；

（c）估计及援助有关的成本和（或）技术资源，如有可能，包括必要的资金与技术援助；

（d）设立一个预期的时间框架，在这个时间框架内，如果确定的援助需求得到提供，CCMs 将能够履行这一义务。

15. CCMs 可与秘书处共同起草能力发展计划。该计划应附在 CCMs 就 dCMR 的回复意见中。

① 任何 CCMs 都可通过 CMS 程序确定能力援助需求，但第 14 款至第 16 款仅适用于这些款所指称的那些 CCMs。

16. 如果 SIDS 或参与领地、印度尼西亚或菲律宾通过能力发展计划的准备,在其 dCMR 中确定了阻碍其履行特定义务的能力援助的需求,TCC 也已确认第 14 款所述能力建设发展计划的所有要素都包括在内,则 TCC 应将该 CCMs 评估为履行特定义务"需要能力援助"。TCC 应向委员会建议允许能力发展计划运行至规定的预期时限和援助交付结束。

17. CCMs 每年应在其年度报告第二部分报告其能力发展计划下的进展情况,在计划预期时限结束之前,该 CCMs 应仍被评估为履行特定义务"需要能力援助"。

18. 当委员会在能力发展计划中确定援助该 CCMs 时,则秘书处应向 TCC 提交有关援助的年度报告。

19. 如果 CCMs 通知委员会其能力需求已得到满足,则应认为该义务的能力发展计划已完成,CCMs 对该义务的履约情况应按照附件 1 标准进行评估。

20. 除非 SIDS 或参与领地、印度尼西亚或菲律宾在 dCMR 中修改根据第 6 款提交的能力发展计划,且 TCC 已确认其内容已包括第 14 款所述的所有要素,否则当原计划时间到期后,CCMs 对该义务的履约情况应根据附件 1 标准进行评估。

21. 委员会认识到发展中国家缔约方,特别是 SIDS 和参与领地的特殊需求,应积极寻求与这些 CCMs 接触和合作,促进其有效参与和实施 CMS,包括通过:

(a)确保提供建议并帮助这些 CCMs 的政府间分区域机构能够参与根据本 CMS 建立的程序,包括以观察员身份参加任何工作小组,并依委员会议事规则第三十六条参加会议,并获得所有相关信息;

(b)提供适当有针对性的援助,包括通过考虑能力建设和技术援助等选项,以改善执行和遵守公约义务和委员会通过的养护和管理措施。

第六节　TCC 会议前

22. TCC 年会前,执行主任应准备一份履约监测报告草案(简称报告草案),其中包括每一 CCMs 的履约报告草案(dCMR),以及一段关于公约或与公约管理渔业活动有关的 CMM 产生的集体义务的章节。

23. 每个 dCMR 应反映与相关 CCMs 履行第 6 款所规定的义务有关的信息,以及任何潜在的履约问题(如适用)。这些信息应从 CCMs 根据养护和管理措施及其他委员会义务要求提交的报告中取得,例如:

(a)委员会通过信息收集计划获得的信息,包括但不限于公海转运报告、区域观察员计划数据和信息、渔船监控系统信息、公海登临与检查计划报告和租船通知等;

(b)年度报告中包括的无法通过其他途径取得的信息;

(c)若适当,关于上一年度遵守的任何额外的适合的记录信息。

24. 报告草案应提供与每一 CCMs 履行义务有关的所有可获得的信息,供 TCC 履约审议。

25. 执行主任应至少在每年 TCC 会议前 55 天向每个 CCMs 传送 dCMR。

26. 同时,执行主任应从在线案件档案系统取得有关材料并:

(a)将在线系统中有关其船旗船舶涉嫌违规的相关认定传送给每一船旗 CCMs,供该 CCMs 同其 dCMR 一起进行审议，也应提供第 12 款中所述的相关 CCMs 同样的信息；

（b）将基于 CCMs 根据第 10 款报告的信息汇总的所有船队前 5 年的信息传送给所有 CCMs，附件 2 所附模板将作为所包括数据字段的基础，这将用于为 CCMs 在履行义务时可能出现的异常情况提供一项指标，以便查明该 CCMs 在执行方面面临的挑战，查明船旗国在对指称的违规行为采取行动方面的系统性失误，这些信息应连同 dCMR 一起由 TCC 审议。

27. 各 CCMs 在收到其 dCMR 后，可酌情在每年的 TCC 会议 28 天前答复执行主任：

（a）对其 dCMR 中包含的信息提供补充信息、澄清、修正或更正；

（b）指出在履行任何义务方面的任何特殊困难；

（c）指出协助该 CCMs 履行任何义务所需的技术援助或能力建设。

28. 相关 CCMs 可继续在在线履约案件文件系统中提交补充信息或澄清。如果上述补充信息或澄清至少在 TCC 会议前 15 天提供，执行主任应分发第 26 款所述文件的更新版本。

29. 为促进履行第 27 款和第 28 款规定的义务，鼓励船旗 CCMs 和其他相关 CCMs 积极合作和沟通。

30. 执行主任应至少在 TCC 会议 15 天前，根据委员会同意的格式汇总完整的报告草案并分发给所有 CCMs，该报告草案将包括任何潜在履约问题和评估有关 CCMs 履约状况的进一步信息要求，包括根据第 28 款可能提供的所有信息。

31. TCC 应根据 dCMR 中包含的信息，以及 CCMs 根据本措施第 28 款提供的任何信息审议报告草案，并确定每个 CCMs 可能存在的履约问题。CCMs 也可以向 TCC 提供关于履行其义务的额外信息。

第七节　编制 TCC 暂定履约监测报告

32（a）考虑任何根据第 14 款至第 16 款规定制定能力发展计划、第 26 款（b）项所述的报告和其他信息、CCMs 提供的任何额外信息，以及在适当情况下非政府组织或与执行本公约有关的其他组织提供的任何其他信息，TCC 应编制暂定履约监测报告（暂定报告），内容包括其基于已经确定的关于 CCMs 的潜在履约问题，使用本措施附件 1 中规定的评估履约状况的标准和考虑因素，对所有适用的个别义务及对 CCMs 需要采取的任何纠正行动或委员会要采取的措施提出建议的履约状况。

32（b）在编制暂定报告时，TCC 不得评估个别船舶的履约情况。

33. 在考虑第 26 款（b）项所述的汇总报告和报告草案时，如果 CCMs 发现了实施方面的挑战，TCC 应与该 CCMs 协商，以：

（a）确定解决挑战可能需要的任何有针对性的援助；

（b）确定解决挑战的时间框架；

（c）向委员会报告该 CCMs 如何能够令人满意地履行其义务；

（d）如果 CCMs 是 SIDS 或参与领地或印度尼西亚或菲律宾，本措施第五节应适用。

34. 在考虑第 26 款（b）项所述的汇总报告和报告草案时，如果案件已经于在线履约案件文件系统中保存了两年或两年以上，且案件仍处于公开状态，且不受第 33 款的约束，则 TCC 应与该 CCMs 协商：

（a）确定推进或解决这些案件需要什么；

（b）决定案件解决的时限；

（c）向委员会报告该 CCMs 如何能够令人满意地履行其义务；

35. 对每个 CCMs 履约状况的暂定评估应通过协商一致决定。如果某一特定 CCMs 就某项义务的履行状况达成共识的所有努力都失败了，暂定报告应说明多数和少数的意见。暂定评估应反映多数意见，也应记录少数意见。

36. 尽管有上述第 35 款的规定，但如果所有其他与会的 CCMs 都同意评估，CCMs 不应阻止对自己的履约评估。若被评估的 CCMs 不同意某项评估，应在暂定履约监测报告中反映其意见。

37. 如果某 CCMs 错过了报告的截止期①，但已提交了所需的信息，TCC 将接受该项义务，除非 CCMs 有特别的关注或秘书处根据收到的新信息做出更新。

38. 暂定报告还应包含一个执行摘要，以及包括与根据第 10 款规定提供数据有关的汇总数据（模板附于附件 3）的表格，包括 TCC 关于下述内容的建议或观察：

（a）识别任何应审议的 CMM 或义务，以解决 CCMs 在执行或履约方面遇到的困难，特别是当 TCC 发现在解释该措施或义务时存在歧义或在监测和执行方面存在困难时，包括已经确定的任何修订或改进；

（b）CCMs，特别是小岛屿发展中国家与参与领地，确定的能力建设援助或其他执行障碍；

（c）对下一年度要评估的优先义务进行基于风险的评估（一旦开发了基于风险的评估）。

39. 暂定报告应在 TCC 年会上定稿，并提交委员会在年度会议上审议。

40. CCMs 可在 TCC 年会后 21 天内提供额外信息。额外信息限于仅需要秘书处进行行政审议以填补数据缺口的信息。本款不适用于实质问题。TCC 应考虑是否可以通过提供额外信息履行某一特定义务。

41. 秘书处应于提交额外信息期限后 21 天，根据第 40 款概述的 CCMs 提供的额外信息，更新 CCMs 的履约状况。这些更新的摘要应连同 dCMR 一起提交委员会审议。

第八节　委员会年会的程序

42. 在每次委员会年度会议上，委员会应审议 TCC 建议的暂定报告，以及 CCMs 提交的任何意见，表明 TCC 对某一特定义务的履约评估是以 CCMs 认为程序上不公正的方式进行的。

---

① 就履约监测计划而言，所有报告的截止期都将基于协调世界时（UTC）时间，除非确定截止期的 CMM 另有规定。

43. 考虑 TCC 之后根据第 42 款进行的任何审议，委员会应通过最终的履约监测报告。

44. 最终的履约监测报告应包括每个 CCMs 针对每项评估义务的遵守状况和任何需要的纠正行动，也应包括一份列出委员会就本措施第 38 款所列问题的任何建议或观察的执行摘要，以及如第 38 款所述的与第 10 款所提供的信息有关的汇总数据表。

45. 每个 CCMs 应在其年度报告第二部分，包括其为解决前几年履约监测报告中所指出的未履约问题所采取的任何行动。

第九节　未　来　工　作

46. 委员会特此承诺执行一项多年期任务工作计划，以加强 CMS，目的是通过精简程序使其更有效率和有效。该工作计划应包括制定指导方针和操作程序，以支持履约监测计划的实施，并除其他外应包括：

2020 年：

（a）制定审计点，以澄清根据 CMS 评估的委员会义务；并编制一份清单，供任何提议的提案人使用，包括一份供委员会审议的可能的审计点清单；

（b）探索对技术解决方案的投资，以促进履约案件档案系统的改进；

2020～2021 年：

（c）制定基于风险的评估架构，通知履约评估，确保义务符合委员会的目标；

（d）制定纠正行动，当发现未履约时，鼓励和激励 CCMs 遵守委员会的义务；

（e）制定观察员参加审议履约监测报告的委员会及其分委会闭门会议的指南。

47. TCC 应审议任何工作计划和资源需求，以促进秘书处在这方面的工作。

第十节　适用和审议

48. 本措施可在 2020 年根据第九节未来工作的进展情况或其他需要的改进和调整进行审议和加强。

49. 本措施应于 2021 年 12 月 31 日失效。

附件 1

附表 1　履约状态表

履约状态①	2019 年的临时标准	一旦确立审计点的标准	回应
履行	如果 CCMs 满足以下所有标准，则该 CCMs 将被视为履行义务： a. 截止期内提交或报告； b. 通过法律或法规履行义务； c. 在适当的情况下，以商定的格式提交所需的所有强制性信息或数据	履行审计要点	无

---

① 本附件适用于每一个别义务分配的履约状态。

续表

履约状态	2019 年的临时标准	一旦确立审计点的标准	回应
不履行	如果发现下列可适用情形之一,CCMs 将被视为不履行义务: a. CCMs 未能履行某项义务或未明确确定为优先级不履行的义务类别; b. 针对提交信息和数据的义务,提交不完整或不正确的信息和数据; c. TCC 认为在能力发展计划或船旗 CCMs 调查中没有进展,或格式错误; d. CCMs 未在截止期内报告或提交	未遵守审计点	每个 CCMs 应在其年度报告第二部分说明其所采取处理履约监测报告认定不履行的任何行动,行动可包括下述一项或多项: a. CCMs 在下次履约评估前须解决该问题,以便获得履约; b. CCMs 应向秘书处提交状态报告; c. 委员会所决定的其他回应内容
优先级 不履行	如果发生下列可适用情形之一,CCMs 将被视为优先级不履行: a. 超过委员会确定的渔获量或努力量限额; b. 未提交年度报告第二部分; c. 连续两年或以上经评估为持续不履行一项义务; d. 被委员会确定为优先级不履行的任何其他不履行义务	a. 不履行高风险优先义务和相关审计点; b. 屡次不履行一项义务连续两年或以上; c. 任何其他被委员会确定为优先级不履行的不履行	每一 CCMs 应在其年度报告第二部分包括其为解决履约监督报告中确定的不履行问题所采取的任何行动,行动可包括以下一项或多项: a. CCMs 必须处理该问题,以便在下一次履约评估时获得履约; b. 委员会确定的其他答复
需要能力 援助	当 SIDS 或参与领地或印度尼西亚或菲律宾无法履行义务时,且发生以下情况时,将被视为需要能力援助: a. 该 CCMs 已在 TCC 会议前将其能力发展计划和 dCMR 一起提交给秘书处; b. TCC 确认第 14 款所有内容都已列入该计划	当 SIDS 或参与领地或印度尼西亚或菲律宾因缺乏能力而不能履行所评估的义务时,该 CCMs 应在 TCC 会议前,向秘书处提交能力发展计划和 dCMR 的答复内容	(i) 该 CCMs 应完成该义务的能力发展计划的步骤,以履行该义务; (ii) 每年在其年度报告第二部分报告该计划的进展,直至该计划规定的时间框架结束
养护和管理 措施审议	对一项义务的要求不够明确	对一项义务的要求不够明确	委员会应审议该义务并澄清其要求

附件 2 第 26 款（b）项所述汇总报告的 AB 两部分模板

A 部分：WCPFC 在线履约案件文件系统中每个列表相关的汇总表模板[①]

由在线履约案件文件系统衍生的汇总表格,旨在依据船旗 CCMs 在线履约案件文件系统对履约案件的回复,提供分主题的摘要。

附件 2.1 船旗 CCMs 对 WCPFC 在线履约案件文件系统通知的公约第二十五条 2 款调查请求的答复汇总表

数据基于公海登临和检查报告、空中监视或港口检查报告,以及观察员安全事件报告。

---

① 对 WCPFC-TCC15-2019-dCMR02_rev1 船旗 CCMs 响应 2019 WCPFC 在线履约案件文件系统中涉嫌违规案件的汇总表格（2019 年 9 月 17 日）的更新。

表 1A 按 CCMs 和调查状况归类的所有涉嫌违反公约第二十五条 2 款的案件数

已通知船旗 CCMs		船旗 CCMs 调查完成				总履约案件数
		违规-不处罚	违规-处罚	违规-警告	无违规	
CMM××	2017 年					
	2018 年					
……	……					

注：CCM××表示某一成员方

表 1B-1X 按主题*和 CCMs 及年份归类显示调查状况案件数的涉嫌违反公约第二十五条 2 款的案件汇总表

已通知船旗 CCMs			船旗 CCMs 调查完成				总履约案件数
			违规-不处罚	违规-处罚	违规-警告	没有违规	
CMM/CMM 第 A 款	2017 年	CCMsxx					
		CCMsxx					
……	……						

注：公约第二十五条 2 款，指的是要对违规行为进行调查，故违规行为是针对具体措施的违规行为，即 X 代表了措施的第几段

* 主题包括兼捕相关的、船舶相关的、VMS 报告、其他

附件 2.2 船旗 CCMs 对 WCPFC 在线履约案件文件系统中根据 ROP 数据通知的涉嫌 FAD 放网违规案件答复汇总表

包括 ROP 数据显示 FAD 禁用期在特定时间和/或在公约区域特定水域对 FAD 放网的案件。

表 2A 按 CCMs 和年份归类显示调查状况的案件数和收到 ROP 观察员报告的案件数的所有涉嫌违规的 FAD 放网案件数

		已通知船旗 CCMs	船旗 CCMs 调查中	船旗 CCMs 完成调查	总履约案件数	收到 ROP 报告的案件数
CCMxx	2017 年					
	2018 年					
……	……					

表 2B-2X 按主题*和 CCMs 及年份归类显示调查状况的 FAD 禁用期捕捞热带金枪鱼类涉嫌违规的案件汇总表

		已通知船旗 CCMs	船旗 CCMs 调查中	船旗 CCMs 完成调查				总履约案件数
				违规-不处罚	违规-处罚	违规-警告	无违规	
2017 年	CCMsxx							
	CCMsxy							
……								

注：2X 指选择年份

* 主题包括 3 个月 FAD 禁用期（7 月 1 日至 9 月 30 日）、第 4 个月 FAD 禁用期（10 月 1 日至 30 日）、公海 FAD 禁用期

附件 2.3　船旗 CCMs 对 WCPFC 在线履约案件文件系统中根据 ROP 数据通知的涉嫌妨碍观察员案件的答复汇总表

包括 ROP 数据报告观察员妨碍事件的案件。

表 3A　按 CCMs 和年份归类的显示调查状况案件数和收到 ROP 观察员报告案件数的所有涉嫌妨碍观察员的案件数

		已通知船旗 CCMs	船旗 CCMs 调查中	船旗 CCMs 完成调查	总履约案件数	收到 ROP 报告的案件数
CCMsxx	2017 年					
	2018 年					
……	……					

表 3B～3D　按主题和 CCMs 及年份归类显示调查状况案件数的涉嫌妨碍观察员的案件汇总表

		已通知船旗 CCMs	船旗 CCMs 调查中	船旗 CCMs 完成调查				总履约案件数
				违规-不处罚	违规-处罚	违规-警告	无违规	
2017 年	CCMsxx							
	CCMsxy							
……								

注：表 3B～3D 为三个表格，分别记录 RS-A、RS-B、RS-D 措施项目的履约问题调查情况。RS-A：操作人员或任何船员是否攻击、妨碍、抗拒、延误、拒绝登船、恐吓或干扰观察员履行职责；RS-B：要求观察员不报告事件；RS-D：观察员在船上时，经营者是否未给观察员或观察员的政府免费提供相当于职务船员通常可以获得的合理标准的食物、住宿和医疗设施

附件 2.4　船旗 CCMs 对 WCPFC 在线履约案件文件系统中根据 ROP 数据通知的涉嫌鲨鱼渔获违规案件的答复汇总表

ROP 数据表明船上留存被禁鲨类的部分或全部渔获物或存活状态代码可能表明割鳍活动的案件。

表 4A　按 CCMs 和年份归类的显示调查状况案件数和收到 ROP 观察员报告案件数的所有涉嫌鲨鱼渔获物的违规案件数

		已通知船旗 CCMs	船旗 CCMs 调查中	船旗 CCMs 完成调查	总履约案件数	收到 ROP 报告的案件数
CCMsxx	2017 年					
	2018 年					

表 4B～4D　按主题和 CCMs 及年份归类显示调查状况案件数的涉嫌鲨鱼渔获物的违规案件汇总表

		已通知船旗 CCMs	船旗 CCMs 调查中	船旗 CCMs 完成调查				总履约案件数
				违规-不处罚	违规-处罚	违规-警告	无违规	
2017 年	CCMsxx							
	CCMsxy							
……								

注：表 4B～4D 为三个表格，分别代表第 2010-07 号措施第 9 款、第 2011-04 号措施和 2013-08 号措施履约问题调查情况。第 2010-07 号 CMM 第 9 款：CCMs 应采取必要措施禁止其渔船留存、转运、上岸或交易违反本养护和管理措施收获的任何鲨鱼鳍。第 2011-04 号 CMM：①CCMs 应禁止悬挂其旗帜的船舶和根据租船安排的船舶，在公约所涵盖的渔业中留存、转运、储存或上岸长鳍真鲨的任何部分或全部；②CCMs 应要求悬挂其旗帜的所有船舶和根据租船安排的船舶，在把被捕捞的长鳍真鲨带至船边后，尽快予以释放，并应尽可能以对该鲨鱼造成最小伤害的方式释放。第 2013-08 号 CMM：①CCMs 应禁止悬挂其旗帜的船舶和根据租船安排的船舶，在公约所涵盖渔业中留存、转运、储存或上岸公约区域捕获的镰状真鲨的任何部分或全部；②CCMs 应要求悬挂其旗帜的所有船舶和根据租船安排的船舶，在把被捕捞的镰状真鲨带至船边后，尽快予以释放，并应尽可能以对该鲨鱼造成最小伤害的方式释放

附件 2.5　船旗 CCMs 对 WCPFC 在线履约案件文件系统中根据 ROP 数据通知的涉嫌鲸豚和鲸鲨互动违规案件的答复汇总表

包括 ROP 数据表明围网船在一个航次中与鲸豚类或鲸鲨个体之间有一次或多次互动的案件（由于案件是以个体和存活状态代码区分，每个观察航次可能有多种情况）。

WCPFC 相关规定包括：如果在围网船开始放网前目击到鲸鲨或鲸豚类，则禁止放网；要求报告任何意外围捕事件；安全释放的指南。

表 5A　按 CCMs 和年份归类显示调查状况的案件数和收到 ROP 观察员报告案件数的所有涉嫌违规围网和鲸鲨的案件数

		已通知船旗 CCMs	船旗 CCMs 调查中	船旗 CCMs 完成调查	总履约案件数	收到 ROP 报告的案件数
CCMsxx	2017					
	2018					

表 5B、5C　按主题和 CCMs 及年份归类显示调查状况案件数的围网涉嫌违规案件汇总表

		已通知船旗 CCMs	船旗 CCMs 调查中	船旗 CCMs 完成调查				总履约案件数
				违规-不处罚	违规-处罚	违规-警告	无违规	
2017 年	CCMsxx							
	CCMsxy							
......								

注：表 5B、5C 分别代表第 2011-03 号措施第 1 款和第 2012-04 号措施第 1 款履约问题调查情况。第 2011-03 号 CMM 第 1 款：CCMs 应禁止悬挂其旗帜的船舶在公约区域公海和专属经济区内针对随附鲸豚类的金枪鱼鱼群下网，如果在开始下网前就目击到鲸豚类。第 2012-04 号 CMM 第 1 款：本措施应适用于公约区域的公海和专属经济区，CCMs 应禁止悬挂其旗帜的船舶在公约区域公海和专属经济区针对随附鲸鲨的金枪鱼鱼群下网，如果在开始下网前就目击到鲸鲨。

附件 2.6　船旗 CCMs 对目前 WCPFC 在线履约案件文件系统中通知的 ROP 预先通知问题（不包括涉嫌妨碍观察员案件）的答复汇总表

包括对含有这些数据要素的所有 CCMs 的汇总通知（观察员妨碍事件除外），这些要素 ROP 观察员在 WCPFC 观察员航次监督总结中做出了肯定答复，或在 SPC/FFA 通用表格 3（SPC/FFA General Form 3）中纳入。

WCPFC14 接受 TCC13 的建议，基于评估任何与之相关义务的目的，审议过程不考虑 ROP 预先通知清单中的内容，妨碍或干扰观察员相关的情况除外，未来将依此程序进行（WCPFC14 最终履约监测报告）。

WCPFC ROP 预先通知代码：

LC-A-未在渔捞日志中准确填报留存的目标鱼种；

LC-B-未准确填报丢弃的目标鱼种；

LC-C-未准确填报物种；

LC-E-未准确填报丢弃的兼捕物种；

LC-F-未准确填报留存的兼捕物种；

LP-A-未在渔捞日志中准确填报船舶在放网（钩）、起网（绳）和渔获时的位置；

WC-b-拣选价值较高的渔获物；

SI-b-与特别关切物种互动（未上甲板）；

WC-a-未能遵守任何委员会养护和管理措施；

NR-a-在任何不允许渔船捕鱼的海域捕鱼；

NR-c-使用非该渔船设计或许可的方法捕鱼；

NR-e-转运另一艘船舶的渔获物或把渔获物转运到另一艘船舶；

NR-g-在进入没有授权捕鱼的区域时未能收纳渔具；

LP-b-船舶在进入或离开一沿海国 EEZ（进出沿海国 EEZ 进入或离开公海）时，未按要求向有关国家报告船位；进出专属经济区进入或离开公海

PN-a-处置任何金属、塑料、化学品或旧渔具；

PN-b-排放任何油；

PN-c-丢失任何渔具；

PN-d-遗弃任何渔具；

PN-e-未报告任何遗弃的渔具；

SS-a-未能监听国际安全频道；

		已通知船旗 CCMs	船旗 CCMs 调查中	船旗 CCMs 完成调查				总履约案件数
				违规-不处罚	违规-处罚	违规-警告	没有违规	
预通知代码	年份							

B 部分：WCPFC 在线履约案件文件系统中与每个 CCMs 相关的案件汇总表格模板

汇总表源自在线履约案件文件系统，旨在提供每个船旗 CCMs 对在线履约案件文件系统中履约案件响应的摘要。

某 CCMs 成员方

表 1　按年度统计每个 CCMs 在线履约案件文件系统中的所有涉嫌违规的案件数，并按调查状况列出每个 CCMs 的案件数量，以及在适用情况下列出收到 ROP 观察员报告的案件数量

		已通知船旗 CCMs	船旗 CCMs 调查中	船旗 CCMs 完成调查	总履约案件数	收到 ROP 报告的案件数
FAI	2017 年					
	2018 年					

注：A25：公约第二十五条 2 款；FAI：涉嫌 FAD 投网的违规；OAI：涉嫌妨碍观察员的违规；SHK：涉嫌鲨鱼渔获物的违规；CWS：涉嫌与鲸豚和鲸鲨互动的违规

表 2　船旗 CCMs 对 WCPFC 在线履约案件文件系统中根据 ROP 数据通知的履约案件响应的汇总表

		已通知船旗 CCMs	船旗 CCMs 调查中	船旗 CCMs 完成调查				总履约案件数
				违规-不处罚	违规-处罚	违规-警告	无违规	
CMM/CMM 第 A 款	2017 年							
	2018 年							

表3　船旗CCMs对WCPFC在线履约案件文件系统中通知的公约第二十五条2款调查请求的答复汇总表

		已通知船旗 CCMs	船旗 CCMs 调查中	船旗 CCMs 完成调查				总履约案件数
				违规-不处罚	违规-处罚	违规-警告	没有违规	
CMM/CMM 第A款	2017 年							
	2018 年							

附件3　暂定CMR的汇总表模板[①]

表1　根据ROP数据分年度显示的WCPFC在线履约案件文件系统中的涉嫌违规案件总数（显示按照调查状况的案件数以及已收到ROP观察员报告的案件数）

		已通知船旗 CCMs	船旗 CCMs 调查中	船旗 CCMs 完成调查	总履约案件数	收到 ROP 报告的案件数
2015 年	涉嫌 FAD 投网违规					
2016 年						
	……					

注：FAI：涉嫌FAD投网违规；OAI：涉嫌妨碍观察员违规；SHK：涉嫌鲨鱼渔获物违规；CWS：涉嫌与鲸豚和鲸鲨互动的违规。

表2-xx　船旗CCMs按公约第二十五条2款规定或在ROP观察员数据中按CMM（义务）分组并按年份和调查状况显示案件数通知WCPFC的涉嫌违规案例调查结果汇总表

		已通知船旗 CCMs	船旗 CCMs 调查中	船旗 CCMs 完成调查				总履约案件数
				违规-不处罚	违规-处罚	违规-警告	没有违规	
CMM/CMM 第A款	2017 年							
	2018 年							
……	……							

注：xx表示CMM某一成员方。为便于阅读，养护和管理措施（义务）组可按照类似主题表格呈现，如涉嫌投放FAD、涉嫌兼捕物、妨碍观察者、安全事故、涉渔船、VMS报告以及其他事项

第2019-07号[②]：关于建立WCPO被认定从事非法、不报告和不管制捕鱼活动渔船名单的养护和管理措施

WCPFC回顾FAO理事会于2001年6月23日通过预防、阻止和消除非法、不报告和不管制捕鱼的国际行动计划（IPOA—IUU）。该计划规定，对从事IUU捕鱼活动的渔

① 汇总表来自以前的报告，包括按照义务（而不是CCMs）的摘要，并包括以下信息：船旗CCMs已通知；船旗CCMs调查中；船旗CCMs完成调查（包括违规-不处罚、违规-处罚、违规-警告、没有违规）；总案件数。
② 在通过反映在WCPFC第7届会议概要报告附件T和附件U的第2010-06号CMM时，委员会撤销了第2007-03号CMM，其被修改和替代。

船的认定应依遵循商定的程序，并以公平、透明和非歧视的方式进行；

关切公约区域 IUU 捕捞活动损害 WCPFC 通过的养护和管理措施的效力；

进一步关切从事此类捕鱼活动的渔船船主可能已改挂船旗，以规避遵守 WCPFC 的措施；

决心通过对此类渔船适用的措施，在不损及根据 WCPFC 相关文书对 CCMs 和非 CCMs 采取进一步的措施的情况下，应对 IUU 捕鱼活动增加的挑战；

考虑到其他区域金枪鱼渔业组织为解决这一问题所采取的行动；

意识到必须优先处理从事 IUU 捕鱼活动的渔船；

注意到必须根据所有相关国际渔业文书及其他国际义务，包括世界贸易组织（WTO）协议规定的有关权利和义务规定，处理预防、阻止和消除 IUU 捕鱼的努力；

回顾公约第二十三条和第二十五条关于委员会成员的义务以及遵守和执法的条款；

依据公约第十条，通过下述养护和管理措施。

IUU 活动的认定

1. 每年年会上，委员会将认定在公约区域以损害公约及现行措施效力的方式捕捞公约管理物种的渔船，并根据本养护和管理措施规定的程序与指南，建立此类渔船名单（IUU 渔船名单），并在必要时在随后的年份进行修订。

2. 此项认定应适当地记录在案，除其他外，包括成员、合作非成员和参与领地（合称 CCMs）有关生效的养护和管理措施的报告；基于有关贸易统计数据的贸易信息，如粮食及农业组织（FAO）的数据；统计文件以及其他国家或国际可核实的统计数据，以及从港口国获得的和/或从渔场收集的有适当文件证明的任何其他信息。CCMs 提供的信息应以委员会批准的格式提供。

3. 在本措施中，捕捞公约管辖物种的渔船被认为在公约区域从事 IPOA-IUU 所述的 IUU 捕鱼活动，当某 CCMs 提供有适当文件资料证明这些船只，除其他外：

（a）捕捞公约区域公约所涵盖的物种，且该物种既不在 WCPFC 核准渔船的记录上，也不是在其船旗国管辖水域内专门捕鱼渔船上；

（b）未经沿海国许可或违反其法规，在该沿海国管辖海域内进行捕鱼活动；

（c）不按照 WCPFC 措施的规定记录或报告其在公约区域的渔获量，或作虚假报告；

（d）捕捞或卸载幼鱼，破坏 WCPFC 的养护和管理措施；

（e）在禁渔期或禁渔区捕鱼，破坏 WCPFC 的养护和管理措施；

（f）使用禁用渔具，破坏 WCPFC 的养护和管理措施；

（g）与列入 IUU 渔船名单中的船只、支持船或补给船一起转运，参与联合捕鱼作业；

（h）无国籍且在公约区域捕捞公约管理的物种；

（i）从事任何破坏公约条款或任何其他养护和管理措施的捕鱼活动；

（j）受 IUU 渔船名单中的任一渔船的船主控制（本款适用程序见附件 1）。

涉嫌从事 IUU 捕鱼活动的信息

4. CCMs 应于技术和履约分委会（TCC）年会召开前至少 70 天向 WCPFC 执行主任

提交被认为其在该年度或上一年度在公约区域从事 IUU 活动的渔船名单，并附上第 2 款规定的关于推定从事 IUU 活动的适当证明文件资料。

5. 在向 WCPFC 执行主任发送被推测从事 IUU 活动渔船名单前或同时，该 CCMs 应直接或通过 WCPFC 执行主任通知有关船旗国将其某一艘渔船列入该名单，并提供一份相关的适当的文件信息的副本。船旗国应及时确认收到通知。如果在发送之日起 10 天内未收到确认，CCMs 应通过其他通信方式重新发通知。

IUU 渔船名单草案

6. WCPFC 执行主任应根据第 4 款收到的渔船名单和有适当文件的信息及由他处理的任何其他有适当文件的信息，拟定一份 IUU 渔船名单草案，并应至少在 TCC 年会召开前 55 天，将该名单连同所提供的所有支持信息一并传送给所有 CCMs 以及名单上有船只的非 CCMs。

7. 执行主任应要求其渔船列于 IUU 渔船名单草案的各 CCMs 和非 CCMs，通知船主将其渔船列入该名单，以及渔船经确认被列入名单的后果。

8. CCMs 在收到 IUU 渔船名单草案后，应密切监测名单所列的渔船，以便跟踪其活动，包括可能变更船名、船旗或注册船主。

9. 在适当的情况下，其渔船列于 IUU 渔船名单草案的 CCMs 和非 CCMs 应至少在 TCC 年会召开 10 天前将其意见提交至执行主任，包括适当的文件信息，表明列于草案的渔船以符合 WCPFC 养护和管理措施的方式捕鱼，或以符合沿海国法律法规的方式在沿海国管辖海域捕鱼，或只捕捞公约未包括的物种。

10. 执行主任应于 TCC 年会 7 天前，将 IUU 渔船名单草案连同依第 4 款和第 9 款提供的所有适当文件的信息，重新传送给有关 CCMs 和非 CCMs。

11. CCMs 和非 CCMs 可随时向 WCPFC 执行主任提交任何有关 IUU 渔船名单草案中任何渔船的补充信息，执行主任应在收到这些补充信息后立即将这些信息传送给所有相关的 CCMs 和非 CCMs。

暂定和当前 IUU 渔船名单

12. 上一年度通过的 WCPFC 的 IUU 渔船名单及任何关于此名单的新的证明文件信息，包括闭会期间的修订，应连同 IUU 渔船名单草案及第 6 款所述资料一并转交给有关 CCMs 和非 CCMs。

13. 有渔船列入现有 WCPFC IUU 渔船名单的 CCMs 和非 CCMs，应至少于 TCC 年会 30 天前，但可在任何时间，向 WCPFC 执行主任提交现行 WCPFC IUU 渔船名单中任何渔船的适当文件信息，包括适当时，如第 25 款规定的适当文件信息。WCPFC 执行主任应于 TCC 年会前 2 周，将现行 WCPFC IUU 渔船名单连同依第 12 款和本款提供的所有信息，再次传送给有关 CCMs 和非 CCMs。

14. TCC 在每年年会上，应：

（a）在审议 IUU 渔船名单草案和根据第 6 款、第 10 款和第 11 款规定的适当文件信息后，通过 IUU 渔船暂定名单；

（b）在考虑现行 IUU 渔船名单和根据第 12 款和第 13 款规定的适当文件信息后，建议委员会将某些渔船（如有）从现有 IUU 渔船名单中除名。

15. TCC 不应将一渔船列入 WCPFC 的 IUU 渔船暂定名单，如果该渔船的船旗国证明：

（a）该渔船以符合 WCPFC 养护和管理措施的方式捕鱼，或根据沿海国的法律和法规在该国管辖海域捕鱼，或只捕捞公约不涵盖的物种；

（b）已采取有效行动应对有关 IUU 捕鱼活动，如除其他外，起诉或处以足够严厉的处罚；

（c）涉嫌渔船从事 IUU 捕鱼活动的事件已解决，原提交渔船列入名单的 CCMs 和所涉船旗国对解决结果满意。

16. 如果通知 CCMs 没有遵循第 5 款的规定，TCC 不应将一渔船列入 IUU 渔船暂定名单。

17. 只有当渔船船旗国向 WCPFC 执行主任提交本措施第 25 款所列的信息时，TCC 才应建议将渔船从现行的 WCPFC IUU 渔船名单中除名。

18. 经第 14 款所述的检查后，TCC 应向委员会提交 IUU 渔船暂定名单供其审议，并在适当时就现行 WCPFC IUU 渔船名单的任何拟议更改提出建议。

19. IUU 渔船名单草案、IUU 渔船暂定名单和 IUU 渔船名单，应包括每艘渔船的下列详细信息：

（a）船名及以前船名（若有）；

（b）船旗国及以前船旗国（若有）；

（c）船主及以前船主，包括受益船主（若有）；

（d）渔船经营者及以前经营者（若有）；

（e）渔船进行 IUU 捕捞时的船长以及该船长的国籍（或多国籍）；

（f）无线电呼号及以前的呼号（若有）；

（g）劳氏/国际海事组织（IMO）号；

（h）渔船照片（若可获得）；

（i）首次列入 IUU 渔船名单的日期；

（j）证明渔船列入名单的活动摘要，连同报告和证明渔业活动的所有相关文件信息。

WCPFC 的 IUU 渔船名单

20. 委员会应在其年度会议上审议 IUU 渔船暂定名单，考虑与 IUU 渔船暂定名单上渔船有关的新的证明文件信息，并考虑任何依前述第 18 款修正现行 IUU 渔船名单的建议，以通过新的 IUU 渔船名单。CCMs 和非 CCMs 应尽最大可能，至少在委员会年会前 2 周提供任何新的证明文件信息。

21. 委员会通过 WCPFC 的 IUU 渔船名单后，应要求渔船列入此名单上的 CCMs 和非 CCMs：

（a）通知船主渔船已被列入 WCPFC IUU 渔船名单，以及被列入该名单的后果；

（b）采取一切必要措施消除这些 IUU 捕鱼活动，包括在必要时撤销这些渔船的注册或捕捞许可证，并将在此方面采取的措施通知委员会。

22. CCMs 应根据其适用的法律、国际法和 CCMs 的国际义务，并根据 IPOA-IUU 的第 55 款和第 66 款，采取一切必要的非歧视措施：

（a）确保悬挂其旗帜的渔船、补给船、母船或货船不与 WCPFC IUU 渔船名单上的船只、补给船或再补给船进行任何转运或与这些船舶进行联合捕捞作业；

（b）确保不允许 WCPFC IUU 渔船名单上自愿进港的渔船在港口卸货、转运、加油或再补给，但在其进港时进行检查；

（c）禁止租赁 WCPFC IUU 渔船名单上的渔船；

（d）根据 WCPFC 第 2018-06 号养护和管理措施 A 节第 1 款（f）项，拒绝将船旗授予 WCPFC IUU 渔船名单上的渔船；

（e）禁止与 WCPFC IUU 渔船名单上的渔船进行公约涵盖物种的商业交易、进口、卸货和/或转运；

（f）鼓励贸易商、进口商、运输商和其他有关业者，避免交易和转运 WCPFC IUU 渔船名单上的渔船捕捞的公约涵盖的物种；

（g）收集并和其他 CCMs 交换任何适当的信息，以搜寻、控制和防止 WCPFC IUU 渔船名单上的渔船伪造的公约涵盖物种的进口/出口证明。

23. WCPFC 执行主任应采取任何必要措施确保以符合任何适用的保密要求的方式公布 IUU 渔船名单，包括将其公布在 WCPFC 网站上。此外，为防止、制止和消除 IUU 捕鱼，WCPFC 执行主任应把 WCPFC 的 IUU 渔船名单传送给 FAO 和其他区域渔业组织，以加强 WCPFC 与这些组织之间的合作。

24. 在不损害 CCMs 和沿海国采取符合国际法行动权利的情况下，包括适用的 WTO 义务，CCMs 不得对依据第 6 款或第 14 款列入 IUU 渔船名单草案或暂定名单中的渔船，或依据第 17 款和第 20 款从 WCPFC IUU 渔船名单上除名的渔船，以其从事 IUU 捕鱼活动为由，采取任何单边贸易措施或其他制裁。

WCPFC 的 IUU 渔船名单的修改

25. 有渔船列入 IUU 渔船名单的 CCMs 或非 CCMs，在闭会期间的任何时候可通过向执行主任提交适当的有证明文件的信息要求将其渔船从该名单除名，包括：

（a）其已采取措施寻求确保该渔船遵守 WCPFC 的所有措施；

（b）其将能够有效地承担船旗国的责任，监督和控制该船在公约区域的捕捞活动；

（c）已针对导致该渔船列入 WCPFC IUU 渔船名单的 IUU 捕鱼活动采取有效行动，包括起诉或处以足够严厉的处罚；

（d）该渔船的所有权已变更，确定新船主先前的船主与该船再无法律、利益或财务关系或不再控制该渔船，且没有参与 IUU 捕鱼活动；

（e）该渔船从事 IUU 捕捞活动的案件已获原提交渔船列入 IUU 名单的 CCMs 和涉及的船旗国满意解决。

26. 执行主任应于收到除名请求的 15 日内，将该除名请求和所有支持信息传送CCMs。CCMs 应立即确认已收到除名请求。若自传送之日起 10 天内未收到确认，执行主任应使用其他可获得的方式重新传送以确保该请求被收到。

27. 各委员会成员应审核该渔船除名请求，并于接获执行主任通知后 40 日内，将其决定和理由书面通知执行主任。关于 IUU 渔船名单除名的决定应根据议事规则第三十条做出。

28. 若委员会成员在第 27 款所述期间同意将该渔船从 IUU 渔船名单除名，执行主任将通知 CCMs、非 CCMs、FAO 及其他区域渔业管理组织，并将该渔船从 WCPFC 网站公布的 IUU 渔船名单中除名。

29. 若委员会成员不同意将该渔船从 IUU 渔船名单除名，该船将保留在 IUU 渔船名单中，执行主任将通知提出该除名请求的 CCMs 和/或非 CCMs。

审议

30. 本养护和管理措施须经 TCC 审议，并在适当时加以修订。

附件 1   适用 WCPFC 的第 2010-06 号 CMM 第 3 款 j 项的程序

委员会在适用本 CMM 第 3 款 j 项时应遵循这些程序。这些程序必须与本 CMM 所述程序以及 TCC 和委员会的规则和职责相一致，不得发送冲突。

所有权和控制

1. 在本程序中，拥有和控制一艘渔船的自然人、法人或实体（注册船主）是指在 WCPFC 渔船名单或 WCPFC 非成员运输船和油轮临时名单上的船主。如果一艘渔船不在上述这些名单中，则注册船主是指该渔船国家注册文件登记的船主。

2. 在本程序中，如果 WCPFC 渔船名单或 WCPFC 非成员运输船和油轮临时名单上显示的一个或多个法人或自然人或实体是相同的，则该渔船应被视为具有相同的注册船主。如果一艘渔船不在上述名单中，则注册船主是指渔船国家注册文件登记的自然人、法人或实体。

3. 考虑是否依据本 CMM 的第 3 款 j 项和第 25 款 d 项将渔船列入 WCPFC 暂定 IUU 渔船名单或 IUU 渔船名单或从上述名单中除名时，除非新的注册船主向委员会提出适当的证明文件信息，显示该船所有权经委员会接受已变更，新的注册船主确定先前的注册船主已与该船无任何法律、财务或实际利益关系，且新的注册船主未参与 IUU 捕鱼活动，否则将不认为注册船主变更。

渔船的认定和提名

4. 在本程序中，若一艘渔船符合下述（a）项，并符合（b）项或（c）项所述的条件，则 CCMs 可根据本 CMM 的第 3 款 j 项提名。

（a）被提名的渔船：

　　（i）目前正在公约区域作业

　　（ii）自导致其被列入 WCPFC IUU 渔船名单[定义见下述第（b）项]的违规之日起，曾在公约区域作业

（iii）自导致被其列入 WCPFC IUU 渔船名单的违规之日起，依然或曾经被列入 WCPFC 渔船记录或 WCPFC 非成员运输船和油轮临时名单[定义见下述第（b）项]

（b）注册船主是目前在 WCPFC IUU 渔船名单上的 3 艘或 3 艘以上渔船（以下称为"相关渔船"）的注册船主。

（c）注册船主有一艘或多艘渔船在过去 2 年或 2 年以上被列入 WCPFCIUU 渔船名单（以下称为"相关渔船"）。

5. 在本程序中，与符合第 4 款（a）项的相关渔船相同注册船主全部或部分拥有的所有额外渔船应一并考虑，全部列入或全部不列入 WCPFCIUU 渔船名单。同样，与符合第 4 款（a）项的相关渔船相同注册船主全部或部分拥有的所有额外渔船应作为一体考虑，全部从 WCPFC IUU 渔船名单中除名或全部不除名。

提供的信息

6. CCMs 应提交证明文件信息显示其有意根据本 CMM 的第 3 款 j 项提名的渔船符合本程序第 4 款规定的标准。CCMs 应于 TCC 年会前至少 70 天，向执行主任提交上述信息及所提名的渔船名单（以下称为"3j 渔船"）。

7. 在向执行主任提交渔船名单前或同时，CCMs 应直接或通过执行主任通知相关船旗国其渔船被列入 3j 渔船名单，并提供证明文件信息复本。船旗国应立即确认已收到通知。若自通知日起 10 天内未收到确认，该 CCMs 应通过其他通信方式重新提供该通知。

IUU 渔船名单草案

8. 执行主任应将 CCMs 依据本程序提名的 3j 渔船列入依本 CMM 拟定并分发的 IUU 渔船名单草案。

9. 执行主任应通知相关船旗国其 3j 渔船被列入该名单草案，以及经确认该渔船被列入 IUU 渔船名单的可能后果。

10. 若适当，有 3j 渔船列入 WCPFC 的 IUU 渔船名单草案的相关船旗国，可至少于 TCC 年会前 10 天向执行主任传送适当证明文件信息，显示该 3j 渔船不符合本程序第 4 款的标准。执行主任在收到这类信息后应立即将此信息分发给所有 CCMs。

11. 小岛屿发展中国家可于 TCC 年会前或委员会年会前任何时间，向执行主任提供额外信息，通知这类 3j 渔船被列入 IUU 渔船名单将阻碍其渔业加工、转运设施或相关渔船的运行，或将破坏在太平洋岛国论坛渔业局（FFA）成员的现有投资。执行主任在收到这类信息时应立即将其分发给所有 CCMs。

暂定及现有 IUU 渔船名单

12. 关于列入 IUU 渔船名单草案的 3j 渔船，TCC 每年年会应：

（a）审议 CCMs 或非 CCMs 提供的适当证明文件信息（若有），任何关于相关渔船的调查、司法或行政程序状况的任何相关信息，以及注册船主在这些程序中的合作和响应；

（b）考虑小岛屿发展中国家根据第 11 款提交的关于 3j 渔船的信息；

（c）审议这些信息后，决定是否将提名的 3j 渔船列入根据本 CMM 规定确定的 IUU 渔船暂定名单。

13. 在适当情况下，有 3j 渔船被列入 WCPFC IUU 渔船名单的相关船旗国，应至少于 TCC 年会前 20 天，但可随时向执行主任传送适当的证明文件信息，或包括第 1 款提及的适当的证明文件信息在内的任何其他相关信息，显示该 3j 渔船不符合本程序第 4 款的标准。执行主任在收到这类信息时应立即将其传送所有 CCMs。

14. 如任何 CCMs 提供的适当的证明文件信息表明，这类渔船不再与按照第 4 款启动提名的相关渔船拥有相同的注册船主，则 TCC 不应将该 3j 渔船列入 IUU 渔船暂定名单。

15. 对于现行被列入 IUU 渔船名单的 3j 渔船，TCC 应在其年会上：

（a）审议 CCMs 或非 CCMs 提送的适当的证明文件信息（若有）、任何关于相关渔船的调查、司法或行政程序状况的任何相关信息，以及注册船主在该程序中的合作和响应；

（b）在考虑适当的证明文件信息后，向委员会建议该 3j 渔船是否应从 IUU 渔船名单除名。

16. TCC 应建议将 3j 渔船从现有的 WCPFC 的 IUU 渔船名单除名，若有适当的证明文件信息显示：

（a）这些渔船不再与按照第 4 款启动提名的相关渔船拥有相同的注册船主；

（b）解决启动 3j 渔船提名的相关渔船的案件方面已取得重大进展，且原提交 3j 渔船列入名单的 CCMs 表示满意。

WCPFC 的 IUU 渔船名单

17. 一旦 3j 渔船被列入 IUU 渔船暂定名单，根据本 CMM 第 20 款至第 24 款，它们将被视为该 IUU 渔船暂定名单的一部分，在适当情况下，也将被视为 WCPFC IUU 渔船名单的一部分。

WCPFC 的 IUU 渔船名单的修改

18. 相关船旗国可在休会期间的任何时候要求将 3j 渔船从 WCPFC IUU 渔船名单中除名，通过向执行主任提交适当的证明文件信息显示：

（a）该渔船不再与按照第 4 款启动提名的相关渔船拥有相同的注册船主；

（b）解决启动 3j 渔船提名的相关渔船的案件方面已取得重大进展，且原提交 3j 渔船列入名单的 CCMs 表示满意。

19. 小岛屿发展中国家可在闭会期间向执行主任提交列入 3j 渔船导致其渔业加工、转运设施或相关渔船的运行方面承担了不成比例的负担，或破坏了在太平洋岛国论坛渔业局（FFA）成员现有投资的信息，而要求将 3j 渔船从 WCPFC 的 IUU 渔船名单除名。

20. 将 3j 渔船除名的请求应根据本 CMM 第 26 款至第 29 款处理。

21. 如果相关渔船从 WCPFC IUU 渔船名单中除名，所有与相关渔船相同的注册船主全部拥有或部分拥有并根据本 3j 程序列名的额外渔船，将同时被自动除名。

第 2021-01 号：关于中西部太平洋大眼金枪鱼、黄鳍金枪鱼和鲣鱼的养护和管理措施

WCPFC 回顾《中西部太平洋高度洄游鱼类种群养护和管理公约》的目标是根据 1982 年公约和协定的规定，通过有效的管理措施，确保中西部太平洋高度洄游鱼类种群的长期养护和可持续利用；

进一步回顾 2000 年多边高级别大会（MHLC）主席的最后声明："然而，重要的是澄清公约适用于太平洋水域，但需要特别提及的是，公约的西部水域不包括非太平洋组成部分的东南亚水域，也不包括南海海域，因为这会涉及一些未参与本次会议的国家"（2000 年 8 月 30 日至 9 月 5 日第 7 届及最后一届会议报告第 29 页）；

意识到科学分委会：

（a）确定大眼金枪鱼资源没有资源型过度捕捞，也可能未经历强度型过度捕捞，并重申委员会可继续考虑采取措施，降低捕捞幼鱼的渔业的捕捞死亡率，以期增加大眼金枪鱼产量，并减少对热带海域该种群产卵生物量的任何进一步影响；并建议，作为一种预防性做法，在委员会商定适当的目标参考点之前，不应提高大眼金枪鱼的捕捞死亡率，维持其产卵生物量在 2012～2015 年水平；

（b）确定黄鳍金枪鱼资源没有资源型过度捕捞，也未经历强度型过度捕捞，目前种群的开发水平相对较低，建议委员会注意到黄鳍金枪鱼捕捞死亡率的进一步增加可能会影响当前由于 WCPFC 渔业中捕捞黄鳍金枪鱼的多鱼种或多渔具相互作用而被适度开发的其他种群或物种；并建议，作为一种预防性做法，在委员会商定适当的目标参考点之前，不应提高黄鳍金枪鱼的捕捞死亡率，维持其产卵生物量在 2012～2015 年水平；

（c）确定鲣鱼资源没有资源型过度捕捞，也未经历强度型过度捕捞，目前种群处于适度开发的水平，捕捞死亡水平是可持续的，同时注意到成鱼和幼鱼的捕捞死亡率在持续增加，产卵生物量达到历史最低水平，并建议委员会采取适当的管理行动，确保生物量消耗水平在目标参考点附近波动（如通过一项捕捞控制规则）；

进一步意识到大眼金枪鱼、黄鳍金枪鱼和鲣鱼渔业之间的相互影响；

注意到公约第三十条 1 款要求委员会充分认识到公约缔约方的发展中国家，特别是小岛屿发展中国家、参与领地和属地在养护和管理公约区域的高度洄游鱼类种群以及发展与这些种群有关的渔业方面的特殊需要，包括提供资金、科学和技术援助；

进一步注意到公约第三十条 2 款要求委员会考虑发展中国家，特别是小岛屿发展中国家和参与领地的特殊需求，包括确保通过的养护和管理措施不会直接或间接地将资源养护行动的负担不成比例地转移到发展中国家缔约方和领地；

注意到公约第八条 1 款要求为公海制定的养护和管理措施与为国家管辖区制定的养护和管理措施兼容；

回顾公约第八条 4 款要求委员会对公约区域内被专属经济区（EEZ）包围的公海给予特殊关注；

注意到瑙鲁协定缔约方（PNA）已通过并实施《关于设立进入缔约方渔区附加条款的实施瑙鲁协定的第三次安排》；

再注意到 PNA 已制定并执行在缔约方海域的延绳钓渔业船天数计划、围网船天数计划和集鱼装置（FAD）登记制度，以及可能在其专属经济区建立延绳钓努力量限额制度或等效的渔获量限额制度；

进一步注意到太平洋岛国论坛渔业局成员表示，打算采用一种基于区域的延绳钓渔业限额制度，以取代目前在其专属经济区内，基于船旗的大眼金枪鱼捕捞限额制度；

承认委员会已通过大眼金枪鱼、黄鳍金枪鱼和鲣鱼的限制性参考点（LRP），其值是在没有捕捞的情况下，估计近期平均产卵生物量的 20%；

承认委员会通过了关于制定中西部太平洋关键渔业和种群的捕捞策略和工作计划的第 2014-06 号 CMM，以此指导制定捕捞策略的关键部分，包括记录管理目标、通过参考点和制定捕捞控制规则；

认识到联合国气候变化可持续发展目标是"采取紧急行动应对气候变化及其影响"，气候变化对小岛屿发展中国家和参与领地的负面影响尤其严重，并注意到公约第五条（c）项要求采用预防性做法，以及公约第五条（d）项要求评估捕捞、其他人类活动和环境因素对目标种群、非目标种类以及与目标种群属于同一生态系的种类或依赖种类或相关种类的影响；

注意到向 SC11、SC12 和 SC13 会议提交的空间生态系统和种群动态模型（SEAP-ODYM）分析报告，其中预测了气候变化对金枪鱼的分布、幼鱼数量和种群生物量的影响，WCPFC 需要将建立恢复力纳入中长期规划，并以预防性做法管理中西部太平洋鱼类种群。公约第三十条 2 款（c）项要求委员会确保发展中国家缔约方和参与领地不承担不合比例的养护行动负担。

依据公约第十条，通过如下关于中西部太平洋的大眼金枪鱼、黄鳍金枪鱼和鲣鱼的养护和管理措施。

目的

1. 本措施旨在支持公约区域的大眼金枪鱼、黄鳍金枪鱼和鲣鱼渔业，使各成员方及其渔区受益，并以对所有成员方公平的方式解决小岛屿发展中国家和参与领地的特别需求。本措施规定是根据以下具体种群的暂定目标以及公约的其他相关规定和委员会的决定制定的。随着热带金枪鱼种群和（或）其相关渔业捕捞策略的发展，本措施的目标和 t 条款将做相应修订。

适用本措施的原则

兼容性

2. 为公海建立的养护和管理措施和为国家管辖范围制定的措施应相互兼容，以确保对大眼金枪鱼、黄鳍金枪鱼和鲣鱼种群的整体养护和管理。在根据有关环境和经济条件，包括公约第五条阐述的公约区域发展中国家的特殊需求，就捕捞策略办法组成部分的目标参考点达成共识前，措施应至少确保这些种群维持在能够产生最大可持续产量的水平。

适用范围

3. 本措施适用于公约区域所有公海和所有专属经济区，本措施另有规定的除外。

4. 鼓励沿海国在群岛水域和领海采取符合本措施的措施，并通知委员会秘书处在其海域将适用的相关措施。

小岛屿发展中国家

5. 除第 14～24 款、第 29 款、第 31～36 款和第 47～50 款外，本措施的任何内容均不应损害公约区域小岛屿发展中国家和参与领地寻求发展其渔业的权利和义务。

6. 为避免疑惑，在本措施中使用"SIDS（小岛屿发展中国家）"一词，该术语包括参与领地。术语"CCMs"是指成员、合作非成员和参与领地。

7. 在实施本措施时，委员会应注意：

（a）由不毗连的岛屿群组成，有自己独特的经济和文化特征，但被公海海域隔开的小岛屿发展中国家的地理情况；

（b）一国被其他国家的专属经济区包围并拥有自己有限专属经济区的特殊情况；

（c）需要避免对生计型渔民、小型渔业渔民和手工渔业渔民的负面影响。

通则

租赁安排

8. 就第 37～38 款和第 42～46 款而言，渔获量和捕捞努力量应归属船旗国所有，但依第 2021-04 号 CMM 或其替代通知租赁的渔船的渔获量和捕捞努力量应归属租赁方或参与领地的除外。本措施中的归属不妨碍确立权利和分配目的的归属。

9. 就第 37～38 款和第 42～46 款而言，美国渔船根据与其参与领地签订的协定作业获得的捕捞努力量和产量应归属参与领地所有。此类协定应按第 2021-04 号 CMM 或其替代以通知的形式通知委员会。本措施中的归属不妨碍确立权利和分配目的的归属。

重叠区

10. 如果船旗 CCMs 选择在重叠区内实施 IATTC 措施，任何基于历史产量或努力量水平计算公约区域（不包括重叠区）的限额，应排除重叠区内的历史产量或捕捞努力量。尽管有关于适用产量和/或努力量限额的决定，本措施的所有其他条款适用于在重叠区内捕鱼的所有渔船。

捕捞策略及大眼金枪鱼、鲣鱼和黄鳍金枪鱼的临时目标

大眼金枪鱼

11. 在就目标参考点达成协议前，产卵生物量消耗率（$SB/SB_{F=0}$：目前产卵生物量与未开发状态下产卵生物量之比）应维持或超过 2012～2015 年的平均水平。

鲣鱼

12. 鲣鱼产卵资源量要平均维持在与临时目标参考点一致的水平，依据第 2015-06 号 CMM，其为未开发状态下产卵生物量的 50%。

黄鳍金枪鱼

13. 在就目标参考点达成协议前，产卵生物量消耗率（SB/SB$_{F=0}$）要维持或超过 2012~2015 年的平均水平。

围网渔业

集鱼装置投放管理

14. 每年 7 月 1 日 00:01 时至 9 月 30 日 23:59 时（世界统一时 UTC）3 个月（7 月、8 月和 9 月）禁止在北纬 20 度和南纬 20 度[①]之间的专属经济区和公海的所有围网船、供给船和任何支持围网捕捞的其他辅助船投放 FAD、提供服务或在 FAD 上投网。

15. 在第 14 款的 3 个月禁用 FAD 之外，不包括在邻近基里巴斯专属经济区公海海域捕鱼的基里巴斯籍渔船和按附件 2 在第一小公海（HSP-1）捕鱼的菲律宾籍渔船，每年还应另外连续 2 个月禁止在公海投放 FAD、提供服务或在 FAD 上投网。每一 CCMs 应决定在 2022 年和 2023 年哪两个连续月份（4~5 月或 11~12 月）禁止其船队于公海在 FAD 上投网，并于每年 3 月 1 日前通知秘书处。如果某一个 CCMs 在决定本措施适用的任何一年更改通知日期，应在该年 3 月 1 日前通知秘书处。

16. 第 2009-02 号 CMM 的第 3~7 款适用于公海禁用 FAD。

非缠绕型 FAD

17. 为减少鲨鱼、海龟或任何其他海洋物种被缠绕的风险，自 2024[②]年 1 月 1 日起，CCMs 应确保投放于或漂流进公约区域的任何 FAD 的设计和构造应符合以下规范：

（a）FAD 的任何部分禁止使用网片；

（b）如果筏体部分被覆盖，应只可使用非缠绕材料和设计；

（c）表面结构只能使用非缠绕材料制作。

18. 为减少合成海洋废弃物的数量，应当提倡使用天然或可生物降解材料的 FAD。在建造 FAD 时，鼓励使用非塑料和可生物降解材料。

19. 科学分委会应继续审议有关 FAD 使用非缠绕和生物降解材料的研究结果，并在 2022 年向委员会提供具体建议，包括生物可降解 FAD 的定义，逐步引入生物可降解 FAD 的时间表，潜在的不足或需求以及任何其他相关信息。

20. 委员会在其 2023 年年会上，根据闭会期间 FAD 管理选择工作组定义的具体指南，以及 SC19 和 TCC19 的建议，应考虑通过实施 FAD 使用非缠绕和/或生物降解材料的措施。

---

① PNA 成员方可依 2008 年 5 月瑙鲁协定第三次实施安排来执行 FAD 投放管理措施。PNA 成员向委员会提交不适用 FAD 禁用期的国内渔船的通知。在该安排批准后的 15 天内提交上述通知。秘书处每年应向科学服务提供者和 TCC 提交上一年度不适用 FAD 禁用期的渔船名单以及各渔船在禁用期 FAD 投放的数量。

② 如果出现不可能实施的特殊情况，该时间框架可能会延长。由于立法限制，印度尼西亚将有额外 2 年的时间来执行（a）项。

卫星定位浮标

21. 船旗 CCMs 应确保其每艘围网船在任何时候不得在海上投放超过 350 个装有已激活的卫星定位浮标的漂流 FAD。卫星定位浮标的定义是具有清晰标记的参考编号以便于识别，并装有卫星跟踪系统以监测其位置的浮标。该类浮标应仅在船上激活。船旗 CCMs 应确保其在沿海国海域作业的船舶遵守该沿海国有关 FAD 管理的法律，包括 FAD 追踪。

22. CCMs 也应鼓励渔船：

（a）负责管理每年投放的漂流 FAD 的数量；

（b）船上携带装备方便回收丢失的漂流 FAD；

（c）努力找回丢失的漂流 FAD；

（d）报告漂流 FAD 的丢失，如果丢失发生在某一沿海国专属经济区内，则向有关沿海国报告丢失。

23. 委员会在其 2023 年年会上，应根据 FAD 管理选择工作组的考虑，审议第 21 款规定的 FAD 投放数量限制的有效性，以及目前的 350 个限制或任何限制是否合适，并对 FAD 的监测提出建议。

基于区域的围网捕捞努力量控制

24. 公约区域沿海 CCMs 应根据附件 1 附表 1 中确定并通知委员会的努力量限额，限制其专属经济区围网捕捞鲣鱼、黄鳍金枪鱼和大眼金枪鱼的努力量和/或渔获量。尚未向委员会通知限额的沿海 CCMs 应在 2022 年 12 月 31 日前通知。

公海围网捕捞努力量控制①

25. 除菲律宾在公海依附件 2 采取措施外，非小岛屿发展中国家的 CCMs 应将其在北纬 20 度和南纬 20 度之间公海海域的捕捞努力量水平限制在附件 1 附表 2 所列限额的水平。

26. CCMs 应确保围网渔业捕捞努力量限额的效力不因以天数计的捕捞努力量转移到公约区域南纬 20 度以南海域而受到削弱。为不削弱围网渔业捕捞努力量限额的效力，CCMs 不应将以天数计的捕捞努力量转移到公约区域北纬 20 度以北海域。

27. 附件 1 附表 2 所列的限额并不赋予任何 CCMs 权利分配，也不影响委员会今后的决定。委员承诺考虑过渡到公约第八条、第十条 3 款和第三十条的公海捕捞机会更公平的分配框架。委员会将在 2022 年开始制定该框架，使委员会在 2023 年商定公约区域公海的捕捞努力量或渔获量限额，以及充分考虑到公约第八条、第十条 3 款和第三十条的情况下，就所有成员和参与领地之间的公海限额分配的框架达成协议。委员会还应审议各 CCMs 利用其限额的各种选项。

28. 如果第 24 款和第 25 款的渔获量和捕捞努力量限额被超过，某一 CCMs 年度限额或某一组 CCMs 的联合年度限额的任何超过部分应在该 CCMs 或该组 CCMs 下一年

---

① 在整个措施中，对 5 艘围网船或更少的小型围网船队，确定限额的捕捞努力量基数水平应是任何时期的最大捕捞努力量而不是平均值。

度的限额中扣除。

渔获物存留：围网渔业

29. 为激励减少非故意捕捞幼鱼，防止浪费和鼓励渔业资源的有效利用，CCMs 应要求其在专属经济区和北纬 20 度和南纬 20 度之间的公海作业的围网船保留捕获的所有大眼金枪鱼、鲣鱼和黄鳍金枪鱼，然后在港口卸载或转运（第 2009-02 号 CMM 第 8～12 款确定的委员会公海渔获物存留的规则），本款的唯一例外应是：

（a）在一个航次中最后投网阶段，没有足够的鱼舱空间容纳该网次捕获的所有渔获物，如果适用的国内法不禁止这样做，可将最后一网捕到的多余渔获物转移并保留在另一艘围网船上；

（b）渔获物因规格以外的原因不适于人类食用；

（c）设备发生严重故障。

30. 第 14～16 款和第 29 款的任何规定都不应影响沿海国决定如何在其海域内实施这些管理措施或采用额外或更严格措施的主权权利。

监督和控制：围网渔业

31. 尽管有 VMS SSP（VMS 标准、规范和程序），围网船在禁用 FAD 期内不得在人工报位下作业，但在秘书处根据 VMS SSP 采取所有合理步骤重新建立 VMS 位置的正常自动接收之前，不会指示该围网船返回港口。如果根据第 2014-02 号 CMM 或其替换的 CMM 和本措施第 35 款规定的时间间隔内未收到 VMS 数据，应通知船旗国。

32. CCMs 应确保悬挂其旗帜在北纬 20 度和南纬 20 度之间水域仅在公海作业、在公海和一个或多个沿海国管辖海域作业的围网渔船，或在两个或两个以上沿海国家管辖海域作业的围网渔船，应携带一名区域观察员计划（ROP）的观察员（第 2018-05 号 CMM）。

33. CCMs 应确保仅在北纬 20 度和南纬 20 度之间其国家管辖海域作业的所有围网船携带一名观察员。鼓励这些 CCMs 提供观察员收集到的数据，供委员会进行各种分析使用，包括资源评估，但应保护数据的所有权和保密性。

34. 秘书处和委员会的科学提供方应优先对 FAD 禁用期内的 ROP 航次报告进行数据录入和分析。

35. 禁用 FAD 期内 VMS 调取频率应增加至每 30 分钟一次。因执行本款增加的费用将由委员会承担。

大眼金枪鱼和黄鳍金枪鱼的研究

36. 鼓励 CCMs 和委员会开展和促进研究，以确定围网船把大眼金枪鱼和黄鳍金枪鱼幼鱼死亡率降至最低的方法，特别是按照委员会通过的任何研究计划。

延绳钓渔业

37. 作为一项临时措施，附件 1 附表 3 所列的 CCMs 应将大眼金枪鱼渔获量限制在附表 3 规定的水平。如果超过附表 3 所列限额，附表 3 所列的某一 CCMs 渔获量的超限额部分应从该 CCMs 下一年渔获量限额中扣除。

38. 附件 1 附表 3 所列的 CCMs 应于次月底前，每月向委员会秘书处报告悬挂其旗帜渔船的大眼金枪鱼渔获量。当某一 CCMs 的渔获量超过 90%时，秘书处应通知所有 CCMs。

39. 附件 1 附表 3 所列的限额不是将权利分配给任何 CCMs，也不影响委员会今后的决定。

40. 根据第 5 款规定，2004 年渔获量不足 2000 吨的 CCMs，应确保其每年大眼金枪鱼产量不超过 2000 吨。

41. 委员会承诺过渡到考虑公约第八条、第十条 3 款和第三十条的捕捞机会更公平的分配框架。委员会将于 2022 年启动制定该框架，使委员会能够在 2023 年就所有成员和参与领地之间的大眼金枪鱼的硬性限额达成协议。

围网船和延绳钓船的捕捞能力管理

围网船限额

42. 除小岛屿发展中国家和印度尼西亚[①]外，各 CCMs 应将其在北纬 20 度和南纬 20 度之间水域作业船长大于 24 米具有冷冻能力的围网船（以下简称 LSPSV）的数量保持在第 2013-01 号 CMM 的适用水平。

43. 有关 CCMs 应确保为取代以前的渔船而建造或购买的任何新的 LSPSV 的装载容量或鱼舱容量不大于被替换的渔船，或不增加公约区域被替换渔船的渔获量和努力量水平。否则，船旗 CCMs 应立即撤销被更换渔船在公约区域的捕鱼许可。

具有冷冻能力的延绳钓船限额

44. 除小岛屿发展中国家和印度尼西亚外[②]，CCMs 不得将其具有冷冻能力的主捕大眼金枪鱼的延绳钓船的数量增加到超过第 2013-01 号 CMM 适用的水平[③]。

卸载冰鲜鱼的冰鲜延绳钓船限额

45. 除小岛屿发展中国家和印度尼西亚外[④]，CCMs 不得将其主捕大眼金枪鱼和专门卸载冰鲜鱼的冰鲜延绳钓船数量增加到超过第 2013-01 号 CMM 适用的水平，或不高于第 2013-01 号 CMM 适用的限制入渔计划下的许可证数量[⑤]。

46. 本措施不应限制小岛屿发展中国家或参与领地为发展其船队建造渔船或从其他 CCMs 购买渔船的能力。

其他商业性渔业

47. CCMs 应采取必要措施，确保其各自其他商业性金枪鱼渔业捕捞大眼金枪鱼、黄鳍金枪鱼和鲣鱼的总渔获量不超过 2001～2004 年的平均水平或 2004 年的水平，但渔

---

① 本款不构成对非 SIDS 的 CCMs 的豁免先例。
② 本款不应开创对非 SIDS 的 CCMs 豁免适用的先例。
③ 本款规定不适用于那些在法律/规则管理框架内采用国内配额（包括个体可转让配额）的 CCMs。
④ 本款不应开创对非 SIDS CCMs 豁免适用的先例。
⑤ 本款规定不适用于那些在法律/规则管理框架内采用国内配额（包括个体可转让配额）的 CCMs。

获量不足 2000 吨的热带金枪鱼（大眼金枪鱼、黄鳍金枪鱼和鲣鱼）渔业除外。

提供数据的要求

48. 为种群管理和依据公约第三十条与小岛屿发展中国家和参与领地合作，除手工小型渔业外，在北纬 20 度以南专属经济区和公海受本 CMM 约束的所有与捕鱼有关的作业层面渔获量和努力量数据应根据科学数据规则所附的关于提供作业层面渔获量和努力量数据的标准向委员会提供[1][2]。

49. 委员会应确保提供的非公共数据的保密性。

50. 有渔船在北纬 20 度以北专属经济区和公海作业的 CCMs，应确保向委员会提供该海域 1×1 的汇总数据，并应在有要求时在委员会对热带金枪鱼种群进行评估的情况下，依据每一 CCMs 与科学提供者签订的单独的处理数据的协议合作提供作业层面的数据。这些 CCMs 应向委员会报告该协议。

审议和最后条款

51. 委员会应每年审议本 CMM，确保各项规定具有预期效果。

52. 本措施取代第 2020-01 号 CMM。本措施应于 2022 年 2 月 16 日生效，直至 2024 年 2 月 15 日，除非委员会提前替换或修订。

附件 1

附表 1　EEZ 围网努力量限额[第 24 款]

沿海 CCMs 的 EEZ/组	船天数努力量/渔获量限额	注解
PNA	44 033 天	该限额将通过 PNA 船天数计划合作管理
托克劳	1 000 天	
库克群岛	1 250 天	
斐济	300 天	
纽埃	200 天	
萨摩亚	150 天	
汤加	250 天	
瓦努阿图	200 天	
澳大利亚	30 000 吨鲣鱼，600 吨大眼金枪鱼和 600 吨黄鳍金枪鱼	
法属波利尼西亚	0	
印度尼西亚	70 820 吨	
日本	1 500 天	
韩国	*	
新西兰	40 000 吨鲣鱼	

---

① 依据第 2014-01 号 CMM 有国内法律限制的 CCMs，当法律限制取消时应提交作业层面的数据。
② 本款不适用于印度尼西亚，直到该国改变其国内法律方可提供这些数据。此例外在更改国内法生效时失效，但无论如何不晚于 2025 年 12 月 31 日。印度尼西亚将在有要求时尽最大努力合作，在委员会对这些种群进行资源评估的情况下依据与科学提供者签订的单独的处理数据的协议提供作业层面的数据。

续表

沿海 CCMs 的 EEZ/组	船天数努力量/渔获量限额	注解
新喀里多尼亚	20 000 吨鲣鱼	
菲律宾	*	
中国台北	59 天（34 艘围网船）	
美国**	558 天	
瓦利斯和富图纳	*	

* 限额未通知委员会

** 美国通知秘书处有关 2016 年 7 月 1 日其专属经济区和公海结合的捕捞努力量限额（美国专属经济区和公海结合的捕捞天数为 1828 天）。美国专属经济区的限额可理解为此通知的限额减去附件 1 附表 2 设定的公海努力量

附表 2　公海围网努力量控制[第 25～27 款]

CCMs	努力量限额（天）
中国	26
厄瓜多尔	**
萨尔瓦多	**
欧盟	403
印度尼西亚	（0）
日本	121
新西兰	160
菲律宾	#
韩国	207
中国台北	95
美国	1270

** 取决于 CNM 参与权

\# 菲律宾将采取的措施在附件 2 中

附表 3　大眼金枪鱼延绳钓捕捞限额[第 37～39 款]

CCMs	捕捞限额（吨）
中国	8 224
印度尼西亚	5 889*
日本	18 265
韩国	13 942
中国台北	10 481
美国	3 554

* 临时性，可能需要经数据分析和核实后加以修订

注：日本将向中国一个年度一次性转让 500 吨大眼金枪鱼产量限额

附件 2　适用菲律宾的措施

1. 本附件适用于作为一组的菲律宾传统生鲜/冰鲜渔船。

适用海域

2. 本措施只适用于第一小公海（HSP-1），该公海区域北部和东部由密克罗尼西亚联邦专属经济区包围，西部是帕劳，南部由印度尼西亚和巴布亚新几内亚包围。在本措施中，该区域的确切坐标应是 WCPFC VMS 所使用的坐标。

报告

3. 菲律宾应要求有关船舶在进入 HSP-1 特别管理区时至少提前 24 小时向委员会报告，并在离开 HSP-1 特别管理区前不晚于 6 小时向委员会报告。这些信息又可以传送到相邻的沿海国/领地。报告格式如下：

VID/进入、离开：日期/时间；纬度/经度

4. 菲律宾应确保在 HSP-1 特别管理区生产的船舶向委员会秘书处报告任何目击渔船的情况。此类信息应包括：船舶类型、日期、时间、位置、标记、航向和速度。

观察员

5. 根据第 2018-05 号 CMM，本措施涵盖的渔船在 HSP-1 特别管理区生产时，应在整个期间雇佣一名 WCPFC 区域观察员。

6. 应优先考虑其他 CCMs 的区域观察员。为此，菲律宾和委员会秘书处应在预期出发 60 天前将派驻需求和要求通知 CCMs 和邻近沿海国。秘书处和拥有合格区域观察员的 CCMs 应在派驻前至少 30 天通知菲律宾有关区域观察员的准备情况和可用性。如果没有，将授权菲律宾派驻来自菲律宾的区域观察员。

船舶名单

7. 委员会应根据上述提交给委员会的船舶进出该公海的报告，保留一份更新的在 HSP-1 特别管理区作业的所有渔船名单。委员会成员可通过 WCPFC 网站获得该名单。

港口卸鱼（上岸）监督

8. 菲律宾应确保监督和解释本决定所包含的所有船舶的港口上岸量，以确保收集到可靠的分物种渔获物数据，用于处理和分析。

遵守

9. 所有根据第 2021-01 号 CMM 附件进行捕捞活动的渔船都应遵守所有其他相关 CMM。发现未遵守本决定的船舶，应按第 2019-06 号 CMM 和委员会通过的任何其他适用措施进行处理。

努力量的限制

10. 这些船舶的总努力量不应超过 4659 天[①]。菲律宾应把其在 HSP-1 特别管理区的渔船数量限制在 36 艘［菲律宾称为捕捞渔船（catcher fishing vessel）］。

---

① 参考 WCPFC 9-2012-IP09_rev3 表 2（b）。

第 2021-02 号：太平洋蓝鳍金枪鱼的养护和管理

WCPFC 认识到 WCPFC 第 6 届年会通过的太平洋蓝鳍金枪鱼的养护和管理措施（第 2009-07 号 CMM），并从那时起根据北太平洋金枪鱼和类金枪鱼国际科学委员会（ISC）关于该种群的养护建议对该养护和管理措施进行了 10 次修订（第 2010-04 号 CMM、第 2012-06 号 CMM、第 2013-09 号 CMM、第 2014-04 号 CMM、第 2015-04 号 CMM、第 2016-04 号 CMM、第 2017-08 号 CMM、第 2018-02 号 CMM、第 2019-02 号 CMM 和第 2020-02 号 CMM）；

注意到 2020 年 7 月 ISC 全会提供的最新资源评估结果显示：
* 产卵亲体生物量（SSB）在评估期间（1952～2018 年）波动；SSB 在 1996～2010 年稳定下降；自 2011 年以来，种群生物量持续缓慢增长；2018 年总生物量超过历史中位数，且幼鱼数量增加；捕捞死亡率（F%SPR）从 2004～2009 年占 1% SPR 的水平下降到 2016～2018 年占 14% SPR 的水平；
* 已经观察到 2016～2018 年 0～2 龄鱼捕捞死亡估计值相对于前几年出现实质性下降；
* 自 20 世纪 90 年代初期以来，中西部太平洋围网渔业，尤其是主捕幼鱼（0～1 龄）的围网渔业，对 SSB 的影响越来越大，其中 2016 年的影响比其他任何渔业都大；
* 捕捞幼鱼比捕捞相同重量的大鱼对未来 SSB 的影响更大；
* 预测结果表明，在所有检查的情景下，到 2024 年至少以 60% 的概率将资源恢复到 SSB 中间值的初始目标的概率达到 99% 或 100%，SSB 降至 SSB_{loss} 以下的风险可以忽略不计；
* 预测结果还表明，在所有检查的情景下，第二次生物量重建目标（20% $SSB_{F=0}$）在实现最初重建目标 10 年后或在 2034 年前（以较早的时间为准）实现的估计概率为 90%；

进一步回顾公约第二十二条 4 款，其中要求委员会与 IATTC 合作达成协议，协调在两个组织公约区域诸如太平洋蓝鳍金枪鱼等鱼类种群的养护和管理措施。

依据公约第十条，通过如下养护和管理措施。

总则

1. 本养护和管理措施是为实施太平洋蓝鳍金枪鱼（PBF）渔业捕捞策略（捕捞策略 2017-02）准备的，北方分委会应根据实施该捕捞策略的需要定期审议和提出修订建议。

管理措施

2. CCMs 应采取必要措施确保其渔船在北纬 20 度以北海域捕捞太平洋蓝鳍金枪鱼

的总捕捞努力量保持在 2002～2004 年平均水平之下；

3. 日本、韩国和中国台北应分别采取必要措施，确保个体小于 30 千克、30 千克或以上的蓝鳍金枪鱼的渔获量不超过表 1 和表 2 中的年渔获量限额。限制的依据如下：小于 30 千克的太平洋蓝鳍金枪鱼的年渔获量限额是 2002～2004 年平均水平的 50%，而 30 千克或以上的太平洋蓝鳍金枪鱼的年渔获量的限额是 2002～2004 年平均水平的 115%，或对于 2022 年之前捕捞 30 千克或以上太平洋蓝鳍金枪鱼无年初始渔获量限额的成员方，限额为 30 吨。

表 1　小于 30 千克的太平洋蓝鳍金枪鱼的年渔获量限额　　　（单位：吨）

	2002～2004 年平均水平	年初始渔获量限额
日本	8015	4007
韩国	1435	718

表 2　30 千克或以上的太平洋蓝鳍金枪鱼的年渔获量限额　　　（单位：吨）

	2002～2004 年平均水平	年初始渔获量限额
日本	4882	5614
韩国	0	30
中国台北	1709	1965

4. 未在第 3 款中描述的 CCMs，30 千克或以上太平洋蓝鳍金枪鱼的渔获量可在 2002～2004 年平均水平上增加 15%。对于 30 千克或以上太平洋蓝鳍金枪鱼的基线渔获量为 10 吨或不到 10 吨的 CCMs，只要不超过 10 吨，就可增加渔获量。

5. 超过或未达到渔获量限额，将在下一年度的限额中扣除或增加。CCMs 在任何给定年份可结转的最大未满渔获量不得超过其年初始渔获量限额的 5%[①]。

6. 第 3 款所述的 CCMs 可利用上述第 3 款规定的小于 30 千克的太平洋蓝鳍金枪鱼渔获量限额的一部分，在同年度捕捞 30 千克或以上的太平洋蓝鳍金枪鱼。在这种情况下，30 千克或以上的太平洋蓝鳍金枪鱼渔获量应计算在 30 千克以下的渔获量限额内[②]。CCMs 不应使用 30 千克或以上的太平洋蓝鳍金枪鱼渔获量限额去捕捞个体小于 30 千克的太平洋蓝鳍金枪鱼。

7. 除日本外，所有 CCMs 均应按日历年执行第 3 款的限制。日本应利用日历年以外的管理年对其某些渔业实施限制，并对其管理年的实施情况进行评估。为促进评估，日本应：

（a）使用以下管理年：

（i）经农林水产省发放许可证的渔业，以日历年为管理年

---

① 尽管有第 5 款的规定，但 CCMs 仍可将其 2021 年、2022 年和 2023 年的最初渔获量限额（仍未捕捞）的 17% 分别保留到 2022 年、2023 年和 2024 年。

② 在 2022 年、2023 年和 2024 年，一个 CCMs 可在其小于 30 千克的太平洋蓝鳍金枪鱼初始渔获量限额 10% 以内按换算系数 0.68（30 千克或以上太平洋蓝鳍金枪鱼的渔获量乘以 0.68）调整 30 千克或以上的太平洋蓝鳍金枪鱼的渔获量。尽管如此，一个 CCMs 在 2022 年之前没有 30 千克或以上的太平洋蓝鳍金枪鱼初始捕捞限制，可在同期适用换算系数 0.68，调整小于 30 千克的太平洋蓝鳍金枪鱼初始配额的 25%，而不是 10%。

（ii）其他渔业使用 4 月 1 日到次年 3 月 31 日为管理年①

（b）在其关于太平洋蓝鳍金枪鱼的年度报告中，针对上文第（a）项（i）和（a）项（ii）所述的每一类，填写管理年和日历年所需的报告模板，清楚地确定每个管理年的渔业。

8. CCMs 应在每年 7 月 31 日前向执行主任报告前 3 年按渔业分类的捕捞努力量，以及小于 30 千克和 30 千克或以上的太平洋蓝鳍金枪鱼的渔获量水平，包括所有渔获量、丢弃量。如果上述各款规定的措施和安排以及相关脚注适用，CCMs 应报告其年度渔获量限制和年度太平洋蓝鳍金枪鱼渔获量，并附有足够的计算细节，以说明第 5 款和第 6 款的实施情况。执行主任每年将这些资料汇编成适当的格式，供北方分委会使用。

9. 各 CCMs 应加强合作，以有效实施本 CMM，包括减少幼鱼捕捞量。

10. CCMs，尤其是捕捞太平洋蓝鳍金枪鱼幼鱼的 CCMs，应采取措施监测并及时获得每年的幼鱼补充量结果。

11. 若符合其在国际法下的权利和义务，CCMs 应根据其法律法规，尽可能采取必要措施，尤其是上述第 3 款规定的措施，防止削弱本 CMM 效力的太平洋蓝鳍金枪鱼及其产品的商业交易，CCMs 应为此进行合作。

12. CCMs 应根据本措施的附件合作建立适用太平洋蓝鳍金枪鱼的渔获文件计划（CDS）。

13. CCMs 还应采取必要措施，加强太平洋蓝鳍金枪鱼渔业和养殖的监测及数据收集系统，提高数据质量和加强所有数据报告的及时性。

14. CCMs 应在每年 7 月 31 日前向执行主任报告他们为实施本 CMM 第 2～4 款、第 7 款、第 10 款、第 11 款、第 13 款和第 16 款所采取的措施。CCMs 也应监测太平洋蓝鳍金枪鱼产品的国际贸易，并在每年 7 月 31 日前向执行主任报告结果。北方分委会应每年审议 CCMs 根据本款提交的报告，如有必要，建议 CCMs 采取行动加强其对本 CMM 的遵守。

15. WCPFC 执行主任应将该养护和管理措施通知 IATTC 秘书处以及其渔船在东太平洋海域捕捞太平洋蓝鳍金枪鱼的缔约方，并要求其采取与本措施一致的等效措施。

16. 为加强本措施的效力，鼓励 CCMs 与 IATTC 有关缔约方进行双边沟通，并在适当情况下进行双边合作。

17. 第 2 款和第 3 款规定不应损害公约区域那些目前对太平洋蓝鳍金枪鱼的捕捞活动有限，但有真正的兴趣捕捞该物种，并可能希望在未来发展自己的太平洋蓝鳍金枪鱼渔业的小岛屿发展中国家和参与领地在国际法下的正当权利与义务。

18. 第 17 款规定不得为发展中沿海缔约方以外，尤其是小岛屿发展中国家和参与领地以外利益方拥有或经营的渔船增加捕捞努力量提供依据，除非这种捕捞活动是为支持这些成员和参与领地为发展自身渔业而做出的努力。

---

① 对于第 7 款（a）项（ii）所述的类别，TCC 应在 20×× 年评估其在 20×× 年 4 月 1 日开始的管理年度中的执行情况。例如，在 2020 年履约评估中，TCC 将评估日本在 2019 日历年获得农林水产省许可的渔业以及 2019 年 4 月 1 日至 2020 年 3 月 31 日其他渔业的执行情况。

19. 本 CMM 取代第 2020-02 号 CMM。根据 ISC 2022 年进行的资源评估及其他相关信息，本 CMM 将在 2022 年进行审议，并可能酌情进行修订。

附件 制定太平洋蓝鳍金枪鱼渔获文件计划

背景

在 2016 年 8 月 29 日至 9 月 1 日在日本福冈举行的北方分委会和 IATTC 的第一次联合工作组会议上，与会者支持在下次联合工作组会议上推进渔获文件计划（CDS），与 WCPFC 制定的总体 CDS 框架保持一致，并考虑其他区域渔业管理组织现有的 CDS。

1. CDS 的目标

CDS 的目标是通过提供一种手段，防止认定为 IUU 捕捞活动捕获或源自 IUU 捕捞活动的太平洋蓝鳍金枪鱼及其产品通过商品链流通并最终进入市场，从而打击太平洋蓝鳍金枪鱼的 IUU 捕捞。

2. 使用电子计划

应首先决定 CDS 究竟是基于纸张的计划，电子计划，还是逐渐由纸张过渡为电子计划，因每种计划的要求会有很大不同。

3. 养护和管理措施草案应包括的基本要素

起草的养护和管理措施中至少要考虑下列要素：

（a）目标；

（b）总则；

（c）术语定义；

（d）验证机构、CDS 的核查过程以及再出口证明；

（e）进口和再进口认证机构和核查过程；

（f）如何处理手工渔业捕获的太平洋蓝鳍金枪鱼；

（g）如何处理休闲或游钓渔业捕获的太平洋蓝鳍金枪鱼；

（h）使用标记作为豁免验证的条件；

（i）出口的成员与进口的成员间的交流；

（j）成员与秘书处的交流；

（k）秘书处的职能；

（l）与非成员的关系；

（m）与其他 CDS 和类似项目之间的关系；

（n）对发展中成员的考虑；

（o）引入计划进程；

（p）附件，包括：

（i）渔获证明文件格式

（ii）再出口证明格式

（iii）填写表格的说明

（iv）秘书处拟提取和汇编的数据清单

4. 工作计划

以下时间表可能需要修改，具体取决于 WCPFC 热带金枪鱼 CDS 的进展。

• 2017 年　联合工作组将提交概念性文件给北方分委会和 IATTC 背书。北方分委会将向 WCPFC 年会推荐批准该文件。

• 2018 年　联合工作组将举行一次技术会议，最好是在会议前后举行，以便将概念性文件具体转化为养护和管理措施草案。联合工作组将分别通过北方分委会向 WCPFC 和 IATTC 报告进展情况。

• 2019 年　联合工作组将举行第二次技术会议，以改进养护和管理措施草案。联合工作组将分别通过北方分委会向 WCPFC 和 IATTC 报告进展情况。

• 20××年　联合工作组将举行第三次技术会议，最后确定养护和管理措施草案。一旦定稿，联合工作组将提交给北方分委会和 IATTC 通过。北方分委会将向 WCPFC 提出采纳该草案的建议。

第 2021-03 号：履约监测计划的养护和管理措施

WCPFC 注意到阻碍 WCPFC 在闭会期间完成加强 2020 年和 2021 年履约监测计划关键工作的各种情况；

依据公约第十条通过的委员会关于履约监测计划的养护和管理措施（第 2019-06 号 CMM）应继续有效至 2023 年 12 月 31 日，并进行了以下修订：

（a）履约监测报告（CMR）评估审议过程（暂定 CMR 和最终 CMR 过程），包括对汇总表的审议，应推迟到 2022 年，以便为 TCC 预留适当的时间完成 CMS 未来工作的组成部分；

（b）TCC18 应重点完成审核点的制定，基于风险的评估框架和观察员参与 CMS 指南的制定，并向 WCPFC19 提供建议，以支持 WCPFC19 采纳这些工作。TCC18 还应继续考虑：

（i）审议第 26 款（ii）项中提及的汇总信息的过程

（ii）履约监测计划未来工作的其他组成部分

（iii）进一步改进履约案件档案系统

（iv）适当的履约评估决策过程

（c）WCPFC19 应通过审计点和基于风险评估的框架，以便用于 2023 年 CMR 审议；

（d）尽管有上述（a）款的规定，但在 2022 年和 2023 年 CCMs 应向委员会提交国家报告第一部分和第二部分，提交科学数据和捕鱼及未捕鱼的报告（第 2018-06 号 CMM 第 9 款）；

（e）2023 年，TCC19 应考虑使用 WCPFC19 通过的商定的审计点和基于风险评估的框架，对前两年报告期（2021 年和 2022 年）内 CCMs 的履约进行评估。

第 2021-04 号：渔船租赁通报计划的养护和管理措施

WCPFC 承认渔船租赁对中西部太平洋渔业可持续发展的重要贡献；

关切确保渔船租赁安排不会促进 IUU 捕鱼活动或破坏养护和管理措施；

意识到 WCPFC 有必要建立渔船租赁程序；

依据公约第十条，通过以下养护和管理措施。

1. 本措施的条款应适用于委员会成员和参与领地，通过租赁、租借或其他机制符合下述第 4 款资格的其他国家或捕鱼实体的渔船，作为该租赁成员或参与领地国内船队的组成部分，在公约区域从事捕鱼作业。

2. 租赁的成员或参与领地应在 15 天内或在任何情况下，在租赁安排下的捕鱼活动开始前 72 小时内，将根据本措施确定为租赁船的任何船舶通知执行主任，在可能的情况下，以电子方式向执行主任通报每艘租赁船的如下信息：

（a）渔船船名；

（b）WCPFC 识别号（WIN）；

（c）船主姓名及地址；

（d）租赁人姓名及地址；

（e）租赁安排期限；

（f）渔船的船旗国；

（g）申请的海域（如租赁成员方的专属经济区和/或公海海域）。执行主任收到上述信息后，将立即通报船旗国以及科学服务提供方。

3. 每一租赁成员或参与领地应在 15 天内或在任何情况下根据租赁安排开始捕鱼活动前 72 小时内，向执行主任和船旗国通报：

（a）前述第 2 款提及的任何增加的租赁船的信息；

（b）前述第 2 款提及的租赁船的任何变更信息；

（c）前述第 2 款提及的任何租赁船的终止租赁。

4. 只有列入 WCPFC 授权渔船名单或 WCPFC 非 CCMs 的运输船和油轮临时名单的船舶，且未列入 WCPFC 的 IUU 渔船名单或其他 RFMO 的 IUU 渔船名单的渔船，才有资格租赁。

5. 执行主任应向所有 CCMs 提供第 2 款和第 3 款所要求的信息。

6. 执行主任每年应向委员会提交一份关于所有通报的租赁渔船的摘要以供审议。如有必要，委员会可审议和修订本措施。

7. 根据本 CMM 通报的租赁渔船的渔获量和努力量应归租赁成员或参与领地所有，除非其他 CMM 另有明确规定；租赁成员或参与领地应每年向执行主任报告上一年租赁船的渔获量和努力量，除非其他 CMM 另有明确规定。

8. 本措施应于 2025 年 2 月 28 日失效，除非委员会同意延期。

第四部分　WCPFC 船舶监测系统的标准、规范和程序

WCPFC 第 18 届年会电子会议 2021 年 12 月 1～7 日

WCPFC 船舶监测系统（VMS）的标准、规范和程序（SSP）^①

WCPFC 负责养护公约区域的高度洄游鱼类种群，根据《中西部太平洋高度洄游鱼类种群养护和管理公约》第二十四条 8 款及此后 WCPFC 第 4 届年会通过的第 2007-02 号养护和管理措施，被授权建立船舶监测系统（VMS）。本措施附件一就拟使用的通用设备、位置准确性、报告频率及数据传送时间等定义了 VMS 的基本功能规范。

本 SSP 旨在制定实施 VMS 的条款，包括确保自动位置发报器[ALC：与 FFA 的移动收发器/发报机或移动收发器单元（MTU）]符合附件一标准的要求，ALC 检查协议，调取规则，报告频率，篡改预防措施，以及渔船、CCMs、FFA 秘书处和委员会秘书处的义务和作用。

一、适用范围

本 SSP 应适用于覆盖公约区域公海的委员会 VMS。国家管辖海域内运行 VMS 计划的 SSP 由沿海国负责。

二、确保 ALC 符合 WCPFC 标准的措施

1. 在公约区域适用于委员会 VMS 的渔船，将要求配备完全可操作并符合第 2007-02 号 CMM 附件 1（以下简称附件 1）规定的所有最低标准的 ALC。

2. ALC 的安装和使用，将根据本 SPP 规定的原则，并根据委员会通过和公布的规则进行管埋。

3. 渔船配有符合附件 1 规定的最低标准的 ALC，但不能被远程调取，则必须每小时或更短间隔进行定期报告，或携带并运行除 ALC 以外的一种可通过声音（如无线电、卫星电话）或数据（如电报、传真和电子邮件）通信的双向通信装置，必要时在 CCMs 协助下，用英语与 WCPFC 秘书处实时联系。

4. 配有上述第 3 款规定的双向通信装置的渔船，在注册 VMS 时应申报此种通信方式以及相关用户 ID 和秘书处要求的能够与渔船建立联系的任何额外信息。

5. 船旗 CCMs 将负责对指定渔船是否符合附件 1 的规定进行核实。

6. WCPFC 秘书处在准备初步核准的 ALC 清单时，应参考现有区域及分区域 VMS

---

① 译注：WCPFC 第 5 届年会（2008 年 12 月）批准了首个 WCPFC 船舶监测系统的标准、规范和程序。本版本包含了：i）作为附件，WCPFC 第 9 届年会通过的关于 ALC 发生故障时手动报告的时间框架的修订（适用于 2013 年 3 月 1 日至 2017 年 3 月 1 日）以及这些手动报告的标准报告格式；ii）WCPFC 第 12 届年会（2015 年 12 月）同意的第二节第 7 款的修订；iii）养护和管理措施文献编号从第 2007-02 号 CCMs 更新为第 2014-02 号 CCMs（或者其后续措施）。WCPFC 第 13 届年会上的更新是将附件一的要求延长两年，WCPFC 第 15 届年会的更新是修改第 2 节第 7 款，并将附件一的要求延长两年，直至 2021 年 3 月 1 日。WCPFC 第 18 届年会的更新是修改第 2 节第 7 款，将附件一的要求延长至 2024 年 3 月 1 日。WCPFC 第 18 届年会也同意该规定此后继续有效，除非委员会另有指示。

计划已批准的清单以及 CCMs 批准的清单。

7. 秘书处将评估 CCMs 和设备制造商关于在该清单上列入其他 ALC 品牌和型号的提议。如果秘书处将其意向通知所有 CCMs 的 30 天内没有 CCMs 提出书面反对，并且如果在秘书处的评估中，ALC/MTU 的品牌和型号满足第 2014-02 号 CMM（或者其后续措施）附件 1 规定的委员会 VMS 的最低标准和相关的 WCPFC 的标准、规范和程序（SSP），并能确定这些 ALC/MTU 品牌或型号能够成功向委员会的 VMS 报告，并使用 FFA 建立的方法，由提议实体承担类型批准处理的费用，那么秘书处应在清单中列入该 ALC/MTU 品牌或型号。若秘书处在其评估中得出结论，认为提议的 ALC/MTU 品牌或型号不符合这些要求，或者某一 CCMs 提出书面意见反对秘书处批准新的 ALC/MTU 品牌或型号的建议，那么秘书处应在其年度报告中就拟议的 ALC/MTU 品牌或型号提出建议，供 TCC 审议和委员会批准。秘书处在必要时，应向 TCC 建议将那些确定不再满足第 2014-02 号 CMM（或者其后续措施）附件 1 规定的委员会 VMS 的最低标准，或者没有能力向委员会的 VMS 成功报告的 ALC/MTU 品牌和型号从目前的批准清单上移除。如果某一 ALC/MTU 品牌和型号从批准的清单中删除，船旗 CCMs 将确保其渔船在下一次更换 ALC/MTU 时，用批准的 ALC/MTU 替换品牌未经批准的 ALC/MTU，但不得迟于委员会决定后 3 年。

8. 秘书处应管理委员会 VMS 数据库。对于每一艘需要向委员会 VMS 报告的渔船，船旗 CCMs 应提交所有必需数据，以完成委员会 VMS 数据库中的数据文件。上述数据包括船名、唯一船舶识别码（UVI①）、无线电呼号、船长、总登记吨、发动机功率（千瓦/马力）、使用的渔具类型，以及渔船用于满足委员会 VMS 报告要求而使用的 ALC 品牌、型号、网络唯一验证码（用户 ID）和设备验证码（制造序列号）。

9. CCMs 应定期对安装的 ALC 代表性样品进行核查，以核实附件 1 规定的规范和标准是否得到遵守，并且没有明显的数据篡改证据。

10. 每年计划进行的核查次数将依据成本/效益、后勤和实际情况而定。

11. CCMs 负责确保核查工作由合格的操作人员进行，如目前根据 CCMs 渔业立法部门授权的官员。

12. 核查报告应包括对 ALC 位置精度的测定、数据发送与接收之间的用时，以及检查人员注意到的任何物理异常状况（连接、供电和篡改证据）。

13. CCMs 应在其向委员会提交的年度报告第二部分提交核查结果，秘书处将这些核查结果汇编成 VMS 核查报告文件。

14. WCPFC 秘书处，或其指定方，有权根据秘书处的裁量权和初步理由对任何 CCMs 的 ALC 进行独立核查，以核实是否符合标准。执行此类检查将以分析每艘船保存的持续数据文件为指导，结果将通过 TCC 向委员会报告。

三、ALC 检查协议

1. 当对授权在公约区域捕鱼的船只进行登临检查时，此种登临和检查在某一国家专

---

① 若委员会通过。

属经济区（EEZ）内应按照国家法律实施；在公海上时，应按照第 2006-08 号 CMM 实施。

2. 登临和检查时，船长必须按照授权渔业官员或检查员的指示，提供其 ALC 装置（包括天线、连接器和天线电缆）接受检查。

3. 如果船长拒绝授权渔业官员或检查员检查其 ALC 装置、天线和连接器，检查方将立即通知相关船旗 CCMs 和秘书处。船旗 CCMs 将命令渔船立即遵守。任何违令渔船将在船旗 CCMs 或租赁 CCMs 指示下，直接驶往可以对有关设备进行全面检查的港口。

4. 拒绝执行上述命令的渔船，可能会导致船旗 CCMs 暂停或撤回对该船在公约区域作业的授权。公海登临和检查期间渔船船长的职责详见第 2006-08 号 CMM。

5. 每次检查结果报告的签发将确认 ALC 设备和安装是否符合附件 1 规定的要求。该报告副本将交给船长并发送至该船旗 CCMs。

6. 如检查过程中发现设备与规定有出入，检查员将通知船旗 CCMs、秘书处和租赁 CCMs（如适用）。自该日起，渔船经营者将有 30 天时间来纠正问题，并递交接受新的检查以验证安装。在这期间，渔船必须以秘书处认可的其他通信方式每 4 小时报告船位。

7. 检查机构应根据第 2006-08 号 CMM 以及公约第二十五条的规定，将每份检查报告递交船旗 CCMs 及委员会。

四、不能调取的 ALC 设备的调取和报告规则

1. WCPFC 监督机构对渔船当前位置提出的任何要求，必须在该请求发出后 90 分钟内给予答复。回复内容应包括渔船经纬度、信息的传送日期和时间。

2. 对配备 ALC 并使用 AGROS 系统向委员会 VMS 报告的渔船，委员会 VMS 将使用专门的 AGROS 定位系统，作为验证该渔船 ALC 提供的 GPS 计算船位的手段。

五、渔船报告（包括船位报告频率）

1. 根据附件 1，安装在适用于委员会 VMS 的渔船上的 ALC 必须能够每小时传输数据。委员会可根据渔业、适用的养护和管理措施或用于监测、控制和监督目的，修改这些标准。

2. 秘书处将要求渔船经营方书面授权下载数据网络身份号（DNID）或相当信息。如渔船经营方拒绝这种授权，则有关船旗 CCMs 可能会使该船的捕鱼授权无效。

3. 委员会 VMS 应包括自动报警，以便当渔船进/出公约区域公海时报告。适用于委员会 VMS 的渔船，在进入公约区域前必须通过自动方式向委员会报告，并连续报告，直至离开公约区域。若 ALC 无法报告或出现故障，上述报告应由渔船以手动方式提供。渔船船旗 CCMs 有责任确保其遵守这些要求。

4. 若连续 2 次收不到以程序调取的公海 VMS 船位信息，且秘书处已用尽所有可行步骤以重新建立 VMS 船位的正常自动接收，秘书处应通知渔船船旗 CCMs 和船长，船旗 CCMs 应通知船长开始手动报位。从报位设备故障时起，船长要在 30 天内重新建立自动报告或在 30 天内回到首个停靠港。在此期间，渔船应每 4 小时向秘书处手动报告船

位。如 30 天内未能重新建立自动报位，CCMs 应命令渔船停止作业，收起所有渔具并返回港口。只有在船旗 CCMs 通知秘书处该船的自动报告系统符合本 SSP 规定的规则，并经秘书处确认 ALC 可以正常使用后，该船方可重新开始在公海作业。

5. 在特殊情况下，船旗 CCMs 可将上述第 4 款规定的期限连续延长 15 天。在此期间，渔船在公海时将继续每 4 小时向秘书处手动报告一次其位置。如准许上述延期，船旗 CCMs 应向秘书处提交一份报告，说明此特殊情况的性质和为恢复自动报告所采取的步骤。按照第七（三）9 款的规定，此报告应列入秘书处向 TCC 提供的委员会 VMS 运行情况的年报中。

6. 秘书处应保持目前要求手动报位的渔船名单和手动报告期限，并应提供给所有CCMs。

六、防止篡改的措施

1. 在批准渔船在公约区域作业之前，ALC 必须列入 WCPFC 批准的 ALC 清单中。

2. 在型号审批过程中指定的 ALC 将配备物理安全机制，防止进入处理单元。

3. WCPFC 将负责向 CCMs 提供物理安全方面的要求。在选择物理安全要求时应考虑费用、安装便利、安全质量及相关 ISO 标准。

4. 从 ALC 至委员会 VMS 的数据路径，将使用认可的电信机构提供的国际数据通信服务。这些机构的系统和操作应符合现行国际标准化组织（ISO）网络数据安全指南，或符合将来可能取代这些指南的标准或等同标准。

5. 本部分"一、适用范围"所述核查过程，将用于确保防篡改、防拆封及确保 ALC 标准得到满足。

6. 委员会秘书处 VMS 数据的安全性将反映秘书处作为公约区域公海 VMS 保密数据守护者的作用。

7. 所有安全标准、程序及惯例应与委员会信息安全政策（ISP）相一致。

8. 使用秘书处 VMS 数据电脑系统，应符合委员会 ISP 的要求。

9. 将制定一套标准操作程序，由秘书处拟定，并经委员会根据 TCC 的建议批准，以处理所有 VMS 操作异常情况，如船位报告中断、下载数据网络身份号（DNID）和等同数据以及对提供不连贯数据的报告作出反应（如渔船在陆地上、船速过快等）。

10. 秘书处 VMS 数据的完整性将每年由秘书处工作人员以外的合格人员核查。

七、渔船、CCMs 和 WCPFC 秘书处的义务和作用

（一）渔船的义务

1. 登记、配备符合附件 1 所列标准以及委员会通过的其他标准、规范和程序的 ALC，并使其处于连续工作状态。

2. 在公海或港口内，应根据有关检查规定，按照授权的渔业官员、检查员或其他授权个人或组织的指令，允许对 ALC、相关连接设备和天线进行检查。

3. 必要时，在船旗方协助下，在船上配备一台可随时监测的双向通信设备，以支持渔船和委员会 VMS 进行实时通信。

4. 根据上述"五、渔船报告"的要求，确保 ALC 的操作、数据传输及数据完整性免受干预。

（二）CCMs

1. 通过适用上述"二、确保 ALC 符合 WCPFC 标准的措施"规定的检验程序，确保渔船和经营者遵守附件 1 及 WCPFC 的其他任何标准、规定和程序，包括此后可能制定的与公海 VMS 数据管理和使用有关的标准、规定和程序。

2. 根据为上述目的制定的程序，进行 ALC 检查并报告结果。结果包括上述"二、确保 ALC 符合 WCPFC 标准的措施"规定的数据资料。

3. 根据委员会的养护和管理措施以及委员会制定的所有标准、规定和程序，使用委员会 VMS。

4. 按照船旗和船舶类型向 WCPFC 秘书处提供 ALC 检验清单，包括每次检验结果的汇总报告。

5. 通过电子邮件、传真或委员会制定的数据输入程序，在 5 天内向秘书处报告任何似乎不符合第 2007-02 号 CMM（或其后续措施）和/或委员会商定的规定和程序的已注册的 ALC，包括连接设备和天线、相关船舶（按船名和船旗）和船长，以及不符合规定的详细情况。秘书处应就每一报告签发确认函。如果发送后 72 小时内没有收到确认函，要求 CCMs 再次发送未经确认收到的报告。

6. 实施足够的制裁和处罚，以制止违反适用 VMS 要求和标准，并报告所采取的行动和实施的制裁，以确保遵守。

（三）WCPFC 秘书处

1. 根据委员会 ISP 和特别数据工作组（AHTG[数据]）制定并经委员会通过的相关规则和程序，确保委员会 VMS 收到的数据，不会以任何方式被变更、访问、篡改、复制或干扰，或被未经授权的任何人员使用。

2. 提供稳定、可靠、全面维护和支持的委员会 VMS，并符合委员会 ISP 规定的安全标准。

3. 与 FFA 就提供 VMS 服务制定和管理服务水平协议（SLA）。WCPFC 秘书处和软件供应商之间就提供 VMS 软件、技术支持以及可能的外包 VMS 服务方面，可能还需要额外的 SLA。

4. 服务水平协议（SLA）将包括：保密和禁止泄露条款；服务协议合同条款；根据 SLA 提供的服务、服务率、目标响应时间、服务台支持、计费、可能提供的外包 VMS 服务（如一线 ALC 管理）。

5. 与移动通信服务提供商签订并维持直接协议，将 ALC 船位（和其他）数据提供给委员会 VMS。如可能，将采取一项加入合作区域渔业管理组织的策略，以达成谈判上述服务可能的最佳费率目标。

6. 以符合公约、委员会的养护和管理措施，以及委员会通过的与 VMS 有关的任何标准、规范和程序的方式使用委员会 VMS。除非沿海国根据公约第二十四条 8 款明确要求，委员会不得访问、干涉或使用沿海国拥有的任何 VMS 数据。

7. 管理批准用于委员会 VMS 的 ALC 清单。

8. 汇总并向所有 CCMs 分发向委员会报告的遵守或不遵守委员会第 2007-02 号 CMM（或其后续措施）以及委员会商定的这些标准、规范和程序的按船舶和船旗划分的注册 ALC 清单。

9. 监督并每年向 TCC 报告委员会 VMS 的表现及其应用，必要时，对为支持 VMS 而制定的系统、标准、规范和程序提出改进或修改建议，以确保委员会 VMS 继续作为一个稳定、安全、可靠、经济、高效、充分维护和支持的系统运行。

10. 向 TCC 提交的委员会 VMS 运行情况年报中，应包括前 12 个月发现的违反 ALC 的所有详情。作为制止违规的手段，TCC 可向委员会建议适当的处罚或制裁。

附件一　WCPFC9 通过的 WCPFC11、WCPFC13、WCPFC15 和 WCPFC18 延伸的对船舶监测系统（VMS）的标准、规范和程序（SSP）的修正

委员会的船舶监测系统的标准、规范和程序的"五、渔船报告"第 4 款修改如下：

4. 若连续 2 次收不到以程序调取的公海 VMS 船位，且秘书处已用尽所有可行步骤①以重新建立 VMS 船位的正常自动接收，秘书处应通知渔船的船旗 CCMs，船旗 CCMs 应通知船长开始手动报位。在此期间，渔船应每 6 小时向秘书处手动报告一次船位。如果在开始手动报位后 30 天内未能重新建立向委员会 VMS 自动报位，船旗 CCMs 应命令该渔船停止作业，收起所有渔具立即回港。只有当船旗 CCMs 通知秘书处该渔船的自动报位系统符合本 SSP 规定，并经秘书处确认 ALC 可以正常使用后，该船方可重新开始在公海作业。

上述第 4 款规定的标准在 2013 年 3 月 1 日至 2024 年 3 月 1 日期间适用，除非委员会另有指示，否则继续有效。TCC 也将审议 CS 的有效性。

5. 在特殊情况下②，船旗 CMM 可将上述第 4 款规定的期限再延期连续 15 天。在此期间，该渔船在公海时将继续每 4 小时向秘书处手动报告一次位置。如准许上述延期，船旗 CCMs 应向秘书处提交一份报告，说明此特殊情况的性质和为恢复自动报告所采取的步骤。此类报告应按照"七、渔船、CCMs 和 WCPFC 秘书处的义务和作用"中"第（三）款第 9 项"的要求列入秘书处向 TCC 提供的委员会 VMS 运行情况的年度报告中。

WCPFC9 商定的 ALC/MTU 故障或报告位置失败时手动报告位置的标准格式：

1. WCPFC 识别号（VIN）。

2. 渔船名称。

3. 日期：日/月/年。

4. 时间：24 小时格式时：分（UTC）。

5. 纬度：度-分-秒（北纬/南纬）。

6. 经度：度-分-秒（东经/西经）。

7. 活动（捕捞/寻找/经过/转运）。

---

① 船旗 CCMs 将与秘书处协调，并酌情通过与船长联系，努力恢复 VMS 船位的自动接收。如果此类努力显示该船成功地向船旗 CCMs 的 VMS 或分区域机构的 VMS 报位（显示该船的 VMS 硬件功能正常），秘书处通过与船旗 CCMs 协调，将采取额外步骤重新获取该船向委员会 VMS 的自动报位。

② "特殊情况"包括诸如非 MTU/ALC 导致的卫星故障，以及由于渔船机械设备故障而影响该船在 30 天内回港的能力等情况。

第五部分　已经被取代的养护和管理措施

已经被取代的养护和管理措施

养护和管理措施编号	养护和管理措施	状态	后续养护和管理措施编号
CMM 2004-01	渔船记录与捕鱼许可	被取代	CMM 2009-01
CMM 2004-02	关于合作非成员	被取代	CMM 2008-02
CMM 2005-01	关于大眼金枪鱼、黄鳍金枪鱼的养护和管理措施	被取代	CMM 2006-01
CMM 2005-02	南太平洋长鳍金枪鱼的养护和管理措施	被取代	CMM 2010-05
CMM 2005-03	北太平洋长鳍金枪鱼的养护和管理措施	被取代	CMM 2019-03
CMM 2006-01	关于中西部太平洋大眼金枪鱼、黄鳍金枪鱼的养护和管理措施	被取代	CMM 2008-01
CMM 2006-02	减少捕捞高度洄游鱼类种群对海鸟的影响的养护和管理措施	被取代	CMM 2007-04
CMM 2006-03	西南太平洋剑鱼的养护和管理措施	被取代	CMM 2008-05
CMM 2006-05	中西部太平洋鲨鱼的养护和管理措施	被取代	CMM 2008-06
CMM 2006-06	委员会船舶监测系统	被取代	CMM 2007-02
CMM 2006-09	关于建立 WCPO 被认定从事了非法、不报告和不管制捕鱼活动渔船名单的养护和管理措施	被取代	CMM 2007-03
CMM 2007-01	关于区域观察员计划的养护和管理措施	被取代	CMM 2018-05
CMM 2007-02	委员会船舶监测系统的养护和管理措施	被取代	CMM 2011-02
CMM 2007-03	关于建立 WCPO 被认定从事了非法、不报告和不管制捕鱼活动渔船名单的养护和管理措施	被取代	CMM 2010-06
CMM 2007-04	减少捕捞高度洄游鱼类种群对海鸟的影响的养护和管理措施	被取代	CMM 2012-07
CMM 2008-01	关于中西部太平洋大眼金枪鱼、黄鳍金枪鱼的养护和管理措施	被取代	CMM 2012-01
CMM 2008-02	关于合作非成员	被取代	CMM 2009-11
CMM 2008-05	剑鱼的养护和管理措施	被取代	CMM 2009-03
CMM 2008-06	关于鲨鱼的养护和管理措施	被取代	CMM 2009-04
CMM 2009-01	渔船记录与捕鱼许可	被取代	CMM 2013-10
CMM 2009-04	关于鲨鱼的养护和管理措施	被取代	CMM 2010-07
CMM 2009-07	太平洋蓝鳍金枪鱼的养护和管理措施	被取代	CMM 2010-04
CMM 2009-08	渔船租赁通报的养护和管理措施	被取代	CMM 2011-05
CMM 2009-11	关于合作非成员	被取代	CMM 2019-01
CMM 2010-02	东部小公海特别管理区的养护和管理措施	被取代	CMM 2016-02
CMM 2010-03	履约监管计划的养护和管理措施	被取代	CMM 2011-06
CMM 2010-04	太平洋蓝鳍金枪鱼的养护和管理措施	被取代	CMM 2012-06
CMM 2010-05	南太平洋长鳍金枪鱼的养护和管理措施	被取代	CMM 2015-02
CMM 2010-06	关于建立 WCPO 被认定从事了非法、不报告和不管制捕鱼活动渔船名单的养护和管理措施	被取代	CMM 2019-07
CMM 2010-07	关于鲨鱼的养护和管理措施	被取代	CMM 2019-04
CMM 2011-01	养护和管理措施第 2012-01 号临时扩展的养护和管理措施	被取代	CMM 2012-01

养护和管理措施编号	养护和管理措施	状态	后续养护和管理措施编号
CMM 2011-02	委员会船舶监测系统的养护和管理措施	被取代	CMM 2014-02
CMM 2011-04	长鳍真鲨的养护和管理措施	被取代	CMM 2019-04
CMM 2011-05	渔船租赁通报的养护和管理措施	被取代	CMM 2012-05
CMM 2011-06	履约监管计划的养护和管理措施	被取代	CMM 2012-02
CMM 2012-01	关于中西部太平洋大眼金枪鱼、黄鳍金枪鱼和鲣鱼的养护和管理措施	被取代	CMM 2013-01
CMM 2012-02	履约监管计划的养护和管理措施	被取代	CMM 2013-02
CMM 2012-04	关于围网作业的鲸鲨养护和管理措施	被取代	CMM 2019-04
CMM 2012-05	渔船租赁通报的养护和管理措施	被取代	CMM 2016-05
CMM 2012-06	太平洋蓝鳍金枪鱼的养护和管理措施	被取代	CMM 2013-09
CMM 2012-07	减少捕捞高度洄游鱼类种群对海鸟的影响的养护和管理措施	被取代	CMM 2015-03
CMM 2013-01	关于中西部太平洋大眼金枪鱼、黄鳍金枪鱼和鲣鱼的养护和管理措施	被取代	CMM 2014-01
CMM 2013-02	履约监管计划的养护和管理措施	被取代	CMM 2014-07
CMM 2013-03	中西部太平洋渔业委员会渔船记录的标准、规范和程序	被取代	CMM 2014-03
CMM 2013-08	镰状真鲨的养护和管理措施	被取代	CMM 2019-04
CMM 2013-09	太平洋蓝鳍金枪鱼的养护和管理措施	被取代	CMM 2014-04
CMM 2013-10	渔船记录与捕鱼许可	被取代	CMM 2017-05
CMM 2014-01	关于中西部太平洋大眼金枪鱼、黄鳍金枪鱼和鲣鱼的养护和管理措施	被取代	CMM 2015-01
CMM 2014-04	建立太平洋蓝鳍金枪鱼多年重建计划的养护和管理措施	被取代	CMM 2015-04
CMM 2014-05	鲨鱼的养护和管理措施	被取代	CMM 2019-04
CMM 2014-07	履约监管计划的养护和管理措施	被取代	CMM 2015-07
CMM 2015-01	关于中西部太平洋大眼金枪鱼、黄鳍金枪鱼和鲣鱼的养护和管理措施	被取代	CMM 2016-01
CMM 2015-03	减少捕捞高度洄游鱼类种群对海鸟的影响的养护和管理措施	被取代	CMM 2017-06
CMM 2015-04	建立太平洋蓝鳍金枪鱼多年重建计划的养护和管理措施	被取代	CMM 2016-04
CMM 2015-05	渔船租赁通报的养护和管理措施	被取代	CMM 2016-05
CMM 2015-07	履约监管计划的养护和管理措施	被取代	CMM 2017-07
CMM 2016-01	关于中西部太平洋大眼金枪鱼、黄鳍金枪鱼和鲣鱼的养护和管理措施	被取代	CMM 2017-01
CMM 2016-03	关于保护 WCPFC 区域观察员计划的观察员的养护和管理措施	被取代	CMM 2017-03
CMM 2016-04	建立太平洋蓝鳍金枪鱼多年重建计划的养护和管理措施	被取代	CMM 2017-08
CMM 2016-05	渔船租赁通报的养护和管理措施		CMM 2019-08

续表

养护和管理措施编号	养护和管理措施	状态	后续养护和管理措施编号
CMM 2017-01	关于中西部太平洋大眼金枪鱼、黄鳍金枪鱼和鲣鱼的养护和管理措施	被取代	CMM 2018-01
CMM 2017-05	渔船记录与捕鱼许可	被取代	CMM 2018-06
CMM 2017-06	减少捕捞高度洄游鱼类种群对海鸟的影响的养护和管理措施	被取代	CMM 2018-03
CMM 2017-07	履约监管计划的养护和管理措施	被取代	CMM 2018-07
CMM 2017-08	太平洋蓝鳍金枪鱼的养护和管理措施	被取代	CMM 2018-02
CMM 2018-01	关于中西部太平洋大眼金枪鱼、黄鳍金枪鱼和鲣鱼的养护和管理措施	被取代	CMM 2020-01
CMM 2018-02	太平洋蓝鳍金枪鱼的养护和管理措施	被取代	CMM 2019-02
CMM 2018-07	履约监管计划的养护和管理措施	被取代	CMM 2019-06
CMM 2019-02	太平洋蓝鳍金枪鱼的养护和管理措施	被取代	CMM 2020-02
CMM 2019-06	履约监管计划的养护和管理措施	被取代	CMM 2021-03
CMM 2019-08	渔船租赁通报的养护和管理措施	被取代	CMM 2021-04
CMM 2020-01	关于中西部太平洋大眼金枪鱼、黄鳍金枪鱼和鲣鱼的养护和管理措施	被取代	CMM 2021-01
CMM 2020-02	太平洋蓝鳍金枪鱼的养护和管理措施	被取代	CMM 2021-02